AF166609

Mutmacher: Unternehmen stärken durch mutige Führung

Michael Kres

Mutmacher: Unternehmen stärken durch mutige Führung

3. Auflage

Michael Kres
ProMove TM GmbH
Schaffhausen, Schweiz

ISBN 978-3-658-14287-2   ISBN 978-3-658-14288-9   (eBook)
DOI 10.1007/978-3-658-14288-9

Die Deutsche Nationalbibliothek verzeichnet diese Publikation in der Deutschen Nationalbibliografie; detaillierte
bibliografische Daten sind im Internet über http://dnb.d-nb.de abrufbar.

Springer Gabler
© Springer Fachmedien Wiesbaden GmbH 2013, 2015, 2017
Das Werk einschließlich aller seiner Teile ist urheberrechtlich geschützt. Jede Verwertung, die nicht
ausdrücklich vom Urheberrechtsgesetz zugelassen ist, bedarf der vorherigen Zustimmung des Verlags.
Das gilt insbesondere für Vervielfältigungen, Bearbeitungen, Übersetzungen, Mikroverfilmungen und die
Einspeicherung und Verarbeitung in elektronischen Systemen.
Die Wiedergabe von Gebrauchsnamen, Handelsnamen, Warenbezeichnungen usw. in diesem Werk berechtigt
auch ohne besondere Kennzeichnung nicht zu der Annahme, dass solche Namen im Sinne der Warenzeichen- und
Markenschutz-Gesetzgebung als frei zu betrachten wären und daher von jedermann benutzt werden dürften.
Der Verlag, die Autoren und die Herausgeber gehen davon aus, dass die Angaben und Informationen in
diesem Werk zum Zeitpunkt der Veröffentlichung vollständig und korrekt sind. Weder der Verlag noch
die Autoren oder die Herausgeber übernehmen, ausdrücklich oder implizit, Gewähr für den Inhalt des
Werkes, etwaige Fehler oder Äußerungen. Der Verlag bleibt im Hinblick auf geografische Zuordnungen und
Gebietsbezeichnungen in veröffentlichten Karten und Institutionsadressen neutral.

Lektorat: Juliane Wagner

Gedruckt auf säurefreiem und chlorfrei gebleichtem Papier

Springer Gabler ist Teil von Springer Nature
Die eingetragene Gesellschaft ist Springer Fachmedien Wiesbaden GmbH
Die Anschrift der Gesellschaft ist: Abraham-Lincoln-Str. 46, 65189 Wiesbaden, Germany

Vorwort zur dritten Auflage

Seit den ersten beiden Auflagen dieses Buches haben uns viele aufmunternde Reaktionen erreicht. Hunderte von Mails, Kontakten – aber auch die bereichernde tägliche Arbeit mit Führungskräften – haben uns darin bestätigt, dass die Mutmacher ein Bedürfnis darstellen. Das offenbar steigende Bedürfnis nach Führung, die wirkt, hat uns bestärkt, weitere Beispiele zu sammeln und Mut machende Gedanken in dieser dritten Auflage weiter zu vertiefen.

Dabei wird klar: Um in Zeiten ohne Klarheit klar zu denken braucht es mehr Mut als Verstand. Altes Wissen hilft nicht, sich auf unbekanntem Terrain zu bewegen. Wir müssen und dürfen lernen zu entlernen. Die Beispiele in diesem Buch lassen erkennen, dass Mut erfrischend vielschichtig ist. Er kommt auf allen Hierarchiestufen vor, in allen Branchen, proportional vielleicht in kleineren Firmen etwas mehr als in größeren Unternehmen, aber stets initiiert durch ganz gewöhnliche Menschen, die an eine Sache geglaubt und auf sie fokussiert haben. Insgesamt gewinnen wir die beruhigende Erkenntnis: Mutige Führung braucht keine Budgets. Wir müssen dafür weder planen noch kontrollieren. Wir müssen nicht „mehr von Demselben" tun – sondern dürfen uns getrost von alten Denk- und Verhaltensweisen verabschieden, die uns mehr schaden als nützen. Die Beispiele zeigen auch: Mut braucht keine Helden. Sie entsteht durch Normalos, die ein gesundes Selbstverständnis mitbringen, sich selbst genügen und sich gerade deswegen nicht an Superstars zu orientieren brauchen. Um die Kraft mutiger Führung zu nutzen, dürfen wir uns also getrost von einer Übertragung der Vorgehensweisen von Ausnahmeunternehmern wie Richard Branson, Dietrich Mateschitz oder Elon Musk auf unser Umfeld verabschieden. Deren Geschichten dienen vielleicht der Unterhaltung, kaum jedoch dazu, Menschen in ihrem Innern zu stärken.

Großes hat seinen Ursprung stets im Kleinen. Wir brauchen in unseren Unternehmen mehr Denkräume, in denen Menschen ihr Potenzial entdecken können. Wer solche Freiräume nutzt, erkennt: Führung beruht immer auf Selbstführung. Dabei geht es nicht in erster Linie darum, Vorbild zu sein. Menschen dürfen ihren eigenen Weg gehen. Nicht Normung bringt uns weiter, sondern die Fähigkeit, mit Widersprüchen umzugehen. Es gehört zu einer gesunden Selbstführung, sich der eigenen Denkmuster und

Verhaltensweisen, sich der eigenen Widersprüche und Wirkung bewusst zu werden und daraus zu lernen. Dann können wir unser inneres Gleichgewicht, unsere selbst gesteuerte Balance leben.

Dann ist die Basis gelegt, um von der Selbstführung auf die Ebene der mutigen Führung von anderen zu gelangen. Auch hier gilt: Wir müssen keine Dissonanzen ausräumen, dürfen aber von ihnen lernen. Am besten gelingt uns das, wenn wir unsere Teams nicht von innen betrachten, sondern uns auf eine andere Meta-Betrachtungsebene begeben. Dann erhalten wir eine andere Sicht auf die Dinge, die uns erlaubt, uns nicht an den Fehltönen zu orientieren, sondern die Musik hinter den Dissonanzen zu erkennen. So erkennen wir die Ressourcen, die in den Menschen stecken und das Potenzial, das wir gemeinsam nutzen können. Von dieser Metaposition aus können wir reflektieren, was uns beflügelt, welche Ängste und Annahmen uns gegenseitig ausbremsen und welche Wirkung dies auf unsere Leistung hat.

Wenn wir als Team gelernt haben, von Dissonanzen zu lernen, sind wir so weit, an den organisationalen Rahmenbedingungen zu arbeiten, die mutige Führung im Unternehmen ermöglichen. Sie bilden den Resonanzkörper, in dem die unterschiedlichen Dissonanzen in Teams, Bereichen oder Abteilungen zu einer kraftvollen Melodie zusammengeführt werden. Dabei werden wir gewahr, inwiefern sich Menschen in ihren Prozessen, Strukturen und Verhaltensweisen gegenseitig blockieren: Während einige Gas geben, treten andere auf die Bremse. So wird positive Energie durch korrosive Energie wieder aufgehoben.

Auf organisationaler Ebene werden Sinnfragen und Widersprüche sichtbar: Wie sinnvoll ist es, 5 % zu wachsen, während wir 15 % unseres Potenzials blockieren? Wie wirkungsvoll ist in einer unsteuerbaren Welt eine Restrukturierung, die uns jährlich vermeintlich 60 Mio. einsparen lässt, die jedoch unwiderruflich Anpassungskosten von 100 Mio. mit sich bringt? Der Dialog über Sinn und Unsinn unreflektierter Glaubenssätze, über unbewusste Mutschlucker, muss in Unternehmen reifen. Dann eröffnen sich neue Erfolgspotenziale. Dass sich diese Betrachtung auch ökonomisch lohnt, belegen weltweite Studien. So zeigt eine empirische Untersuchung der Universität St. Gallen mit mehr als 15.000 Mitarbeitenden in 96 Unternehmen, dass gesunde und authentische Führungskräfte eine um bis zu 38 % erhöhte Performance liefern, weil sie emotionale Erschöpfung vermeiden und der Beschleunigungsfalle entkommen können (Bruch 2013, S. 14). Die individuelle Performancesteigerung wirkt auf der Ebene der Gesamtorganisation. Das Organizational Energy Programm der Universität St. Gallen, an der weltweit mehr als 800 Unternehmen – u. a. ABB, Alstom, Hilti, Lufthansa oder Tata – mit 360.000 Teilnehmenden mitgemacht haben, brachte eindeutige Resultate zutage: Firmen mit einem hohen Maß an produktiver Energie sind massiv wirkungsvoller als solche mit einem hohen Grad an korrosiver Energie. In der Untersuchung gab es insgesamt eine Steigerung der Unternehmensleistung um 39 %, um 33 % effizientere Geschäftsabläufe und um 25 % höhere ROIs. Auch das Wachstum verlief überdurchschnittlich, ganz zu schweigen von der erhöhten Kunden- und Mitarbeiterzufriedenheit (Bruch 2013, S. 8).

Mutige Führung scheint sich also zu lohnen. Die Zeit ist reif. Wie wir täglich erfahren dürfen, wächst die die Zahl derer, die den Mut haben, sich ihres eigenen Verstandes zu bedienen und sich nicht länger wie „Eigenfeilspäne am Kraftfeld von Zeitgeist und Massenmeinung auszurichten" (Miegel 2014, S. 187). Mutige Führungskräfte gehen ihren eigenen Weg, leise und bescheiden. Sie vertrauen darauf, dass sie und die sie umgebenden Menschen willens und fähig sind, Großes zu leisten.

Sie fokussieren auf dem, was geht und sind sich bewusst, dass ein soziales System nur dann Bestleistungen erbringt, wenn es nicht auf maximaler sondern auf optimaler Drehzahl läuft. Sie steuern ihre Unternehmen bewusst unter der Leistungsgrenze. Dadurch werden sie insgesamt erfolgreicher. Mutige Führung beinhaltet die Kunst der Beschränkung. Dazu gehören:

- die Fähigkeit, zu genießen
- seine Sinne zu nutzen
- Vorhandenes zu schätzen und nicht zuletzt
- Grenzen, namentlich auch Leistungsgrenzen, zu erkennen, anzunehmen und zu respektieren (Miegel 2014, S. 222).

Das mag für Führungsaufgaben ungewohnt sein. Wir werden mit Widerständen zu kämpfen haben. Der Weg zur mutigen Führung ist nicht einfach zu gehen. „Zweifel sind das Tor, durch das jeder hindurchmuss, der zu ergründen sucht, was er, was sie wirklich will" (Miegel 2014, S. 223). Aber es lohnt sich! Führung wird dadurch einfacher und wir werden ein reicheres, differenzierteres Leben erfahren dürfen.

Wir hoffen, dass Sie und Ihr Unternehmen durch dieses Buch weiter an Kraft gewinnen.

Schaffhausen, Schweiz   Michael Kres
im Dezember 2016

Literatur

Bruch H (2013) Hochleistung in der Arbeitswelt von morgen. Wie Führungskräfte die Energie ihrer Mitarbeiter fördern und erhalten können. CFO Tagung der UBS vom 7. und 8. November 2013
Miegel M (2014) Hybris. Die überforderte Gesellschaft, 2. Aufl. Ullstein, Berlin

Inhaltsverzeichnis

Einführung

Probleme kann man niemals mit derselben Denkweise lösen, durch die sie entstanden sind.
Albert Einstein

Die Arbeitswelt verändert sich. Wir erleben gerade großflächig eine schöpferische Zerstörung im Sinne Schumpeters. Die Digitalisierung, das Internet of Things, Online-Handel aber auch die demografische Verschiebung und den Arbeitskräftemangel erschüttern die Wirtschaft und die Führung in ihren Grundfesten. Der Anteil an Mitarbeitenden und Führungskräften, die mit dieser Veränderung nicht Schritt halten können und erschöpft sind, nimmt zu. Unternehmen als Ganzes geraten in unternehmerische Burn-outs. Wir müssten meinen, dass sich durch diese Entwicklung auch unser Umgang mit der Arbeitswelt verändert – davon aber lässt sich wenig erkennen. Im Gegenteil: Weil wir nicht wissen, wie wir mit einer sich verändernden Umwelt umgehen sollen, behelfen wir uns mit Altbekanntem. Wir planen, kontrollieren und reporten, was das Zeug hält in der irrigen Annahme, dass ein „Mehr vom Gleichen" uns besser auf die Herausforderungen von heute vorbereitet. Dabei hat schon Albert Einstein erkannt: „Probleme kann man niemals mit derselben Denkweise lösen, durch die sie entstanden sind."

In Zeiten zunehmender Volatilität, Unsicherheit, Komplexität und Ambiguität – der bekannten VUKA-Formel[1] – nützt bestehendes Wissen immer weniger. Wissen ist konsolidierte Erfahrung. Wir wissen aber schlicht noch nicht, wie sich die neue Welt auf uns auswirkt:

---

[1]Der Ausdruck „VUKA" – im Original „VUCA" – wurde ursprünglich im US Army War College geprägt, um die zunehmend volatile (volatile), unsichere (uncertain), komplexe (complex) und widersprüchliche (ambigious) Welt zu beschreiben, die mit dem Ende des Kalten Krieges entstand. Der Begriff hat seither Einklang gefunden in Leadership und Führungslehre.

© Springer Fachmedien Wiesbaden GmbH 2017
M. Kres, *Mutmacher: Unternehmen stärken durch mutige Führung*,
DOI 10.1007/978-3-658-14288-9_1

- V = Volatilität. Die Natur von Veränderungen an sich, die Dynamik und die Geschwindigkeit von Veränderungen haben sich in nie gekanntem Ausmaß erhöht.
- U = Unsicherheit. Dadurch lassen sich die Dinge nicht mehr planen. Die mangelnde Vorhersehbarkeit macht Menschen und Unternehmen zunehmend zu schaffen.
- K = Komplexität. Das Zusammenspiel unterschiedlicher Einflüsse auf Dinge, der Ablösung klassischer Kausalzusammenhänge durch systemische Einflüsse, die ein Unternehmen oder eine Gesellschaft durchdringen, erschweren zunehmend die Orientierung.
- A = Ambiguität. Die zunehmende Unschärfe der Realität, das steigende Potenzial von Fehlinterpretationen, widersprüchliche Machtgefüge und Entscheidungsstränge in Unternehmen würgen Potenzial ab und gefährden die Entwicklung.

Experten schätzen, dass Unternehmen heute bis zu 30 % ihrer potenziellen Wertschöpfung durch den unprofessionellen Umgang mit ihren Ressourcen verlieren. Tendenz steigend. Wenn es uns gelänge, dieses Potenzial auch nur annähernd zu nutzen, könnten wir der Wachstumsdiskussion in unserer Gesellschaft wesentliche Impulse geben. Gefragt ist allerdings ein Umdenken der Art und Weise, wie wir uns und andere führen.

Wir leben in einer Gesellschaft, die wesentlich mehr Wert auf Sicherheit als auf Mut legt. Für alle möglichen Probleme verlangen wir im Voraus Absicherungen, Kontroll- und Rückzugsmöglichkeiten. Ein hoher Anteil produktiver Führungsenergie wird mittlerweile für Planung, Zielerarbeitung, Kontrolle und Reportings aufgewendet. Auf diese Weise entfernen sich Unternehmen immer mehr von Markt. Sie beschäftigen sich zunehmend mit sich selbst, ersticken die Eigeninitiative ihrer Mitarbeitenden im Kern und sorgen dafür, dass das letzte Bisschen individueller Verantwortung ans System delegiert wird. So verkommen einst blühende Unternehmen zu standardisierten Klonen, in denen der Komplexität unplanbarer Märkte Planbarkeit entgegengesetzt wird. Durch Planung verschwindet Authentizität. Statt authentisch zu leben, leben heute viele Menschen im „man" wie der Philosoph Martin Heidegger es ausdrückt. Was systemkonform ist, bietet Orientierung und bestimmt unser Leben. Systemkonformität wird zum Rahmen, in dem sich Individualität und Mut nicht mehr lohnen.

Das Resultat unserer Mutlosigkeit sehen wir täglich: Wir sind müde. Müde ob all der Planung und der dafür zu verarbeitenden Informationen – müde aber auch, weil wir trotz all unserer Anstrengungen den Eindruck haben, uns kaum mehr vom Fleck zu bewegen. Was ist los mit uns? Der Anteil der Führungskräfte, deren Batterien leer sind, steigt – genauso wie der Anteil an Unternehmen, die in Planung ersticken und in ein organisationales Burn-out schlittern. Wir scheinen in vielerlei Hinsicht an einem Wendepunkt angekommen zu sein.

Dabei sind wir fit. Noch nie konnten Menschen so gesund so alt werden. Noch nie waren wir besser geschult, hatten mehr Wissen und Informationen zur Verfügung. Noch nie konnten wir uns de facto so frei und eigenverantwortlich bewegen. Doch diese Fitness ist trügerisch. Wir glauben, dass unsere Hochleistungsorganisationen, die wir über

Jahre mit klassischen Management-Methoden fit getrimmt haben, auch wirklich fit sind. Wir glauben, dass fittere Menschen bessere Führungskräfte abgeben. Wie die Realität zeigt, ist dem nicht so. Wir haben zunehmend Mühe, am Markt zu bestehen. Klassische Management-Methoden helfen uns nicht mehr weiter, unsere Firmen fit zu halten, weil unser Fitnessverständnis im Wesentlichen physisch – also quantitativ – begründet ist. Durch Superlative wie „best in class", „höchster Marktanteil", „Preisführerschaft" etc. möchten wir alle Höchstleistungen bringen, wie sie im besten Fall Lionel Messi oder Usain Bolt erreichen. Wenn die beiden wüssten, wie oft sie zu Firmenhelden hochstilisiert werden, erlitten wohl auch sie ein Burn-out. An physischer Fitness ist nichts auszusetzen. Sie hat einfach ihre natürlichen Grenzen: Zum einen haben nur wenige Menschen und Organisationen die Prädisposition zu Hochleistungssportlern. Das Anwenden allgemeiner Managementregeln bringt bei ihnen nicht den gewünschten Erfolg. Zum anderen nimmt selbst für die wenigen, die auf höchstem Niveau bestehen, der Aufwand, um physisch fit zu bleiben, mit dem Lebensalter exponentiell zu. Mit der demografischen Entwicklung werden diesem Treiben also automatisch Grenzen gesetzt. Was für Menschen gilt, gilt erst recht für Organisationen. Ab einer gewissen Reifephase ist der Grenznutzen einer Investition in physische Fitness negativ. Physische Fitness ist also endlich. Quantitative Management-Methoden, die in VUKA-Zeiten weiterhin die physische Fitness von Unternehmen erhöhen wollen, verlieren also zunehmend an Wirkung. Zum Glück gibt es noch die psychische Fitness, die sich an Qualität orientiert. Sie ist tendenziell unendlich. Der Fantasie der Menschen sind keine Grenzen gesetzt. Diese qualitative Fitness jedoch wird in Unternehmen großflächig sabotiert: Überall finden sich Barrieren, Abteilungsgrenzen, Reportinglines, Vorschriften, Stellenbeschriebe, die etwa so viel zu tun haben mit dem Potenzial eines Menschen wie Karl Marx mit Peter Drucker. Die meisten Unternehmen nutzen das Potenzial ihrer Menschen nicht, sie ersticken es. Mit den erwähnten Folgen: Die Menschen fühlen sich ausgebrannt, nicht anerkannt, sehen keine Perspektiven mehr und kriegen dafür Status und Schmerzensgeld.

Wir müssen und dürfen umdenken. Umdenken nicht im Sinne eines „Mehr vom Gleichen", sondern eines „radikal anders". In unseren Unternehmen steckt mehr drin, als wir glauben. Lassen wir zu, dass die qualitative Fitness mehr Gewicht erhält in der Führung von Unternehmen. Nutzen wir die Energie, die in unseren Unternehmen vorhanden ist, um in VUKA-Zeiten nachhaltig fitter und produktiver zu werden. Dafür genügt allerdings ein Umdenken innerhalb unserer bestehenden Werte- und Handlungsmuster nicht. Wir brauchen mutiges Umdenken unseres Denkrahmens an und für sich. Womit wir beim Thema wären: den Mutmachern. Wir möchten uns in diesem Buch mit mutigen Ansätzen befassen, die heute uns als Menschen und Führungskräfte helfen können, in unseren Unternehmen ungenutztes Potenzial zu nutzen, ohne Zusatzinvestitionen, ohne noch mehr Planung, ohne ein „Mehr vom Gleichen", einfach dadurch, indem wir die Dinge anders machen, indem wir den Mut haben, Bestehendes zu hinterfragen und uns von dem Ballast zu trennen, der für diese neue Betrachtungsweise unnütz ist. Mut ist ein vielschichtiges Gebilde. Schon Platon tat sich schwer, eine präzise Definition des

Mutes zu finden. Die Messlatte liegt also hoch. So hoch, dass es wenig zielführend ist, eine eigene Definition bilden zu wollen. Bedienen wir uns also lieber der intelligenten Formulierung von Andreas Dick, dem mutigen Psychologen und Therapeuten, der sich umfassend des Themas annimmt. „Mut bezeichnet die Fähigkeit, aus einer überlegten und freien Entscheidung heraus eine persönliche Gefahr einzugehen oder auszuhalten aus Liebe zum Guten in der Hoffnung auf einen glücklichen Ausgang" (Dick 2010, 48). Mut, nach Dick, umfasst die folgenden fünf Elemente:

1. Mut entsteht durch einen freien Willensentschluss. Wer zu etwas gezwungen ist, handelt nicht mutig.
2. Wer mutig ist nimmt eine Gefahr, ein Risiko oder eine Widerwärtigkeit auf sich. Er opfert eine Sicherheit oder Annehmlichkeit. Ein Firmenkauf oder grenzenloses Wachstum sind nicht mutig, da Entscheider dadurch kaum je wirklich etwas opfern müssen. Mutig ist, seine eigene Meinung auch gegen den Widerstand anderer kundzutun, da dies zu Machtverlust oder auch zu Kündigung fuhren kann.
3. Wer mutig ist, ist durch Klugheit zur Erkenntnis gelangt, was in einem bestimmten Moment richtig und was falsch ist. Aristoteles charakterisiert den Mut als Mittelmaß zwischen den beiden Extremen der Furcht und der Zuversicht. Sich in einen aberwitzigen Wettbewerb zu begeben ist nicht mutig, sondern höchstens Zeichen der Furcht vor Positionsverlust. Ebenso wenig mutig ist es, sich naiv in neue Märkte zu stürzen, ohne sich der Gefahren für die Firma bewusst zu sein. Mutig hingegen ist ein Entscheid, eine Restrukturierung nach sorgfältigem Abwägen nicht durchzuführen, weil sie der Firma mehr schadet als sie bringt.
4. Wer mutig ist, hat Hoffnung und Zuversicht auf einen glücklichen, lohnenswerten und sinnvollen Ausgang einer Aktion. Es ist nicht mutig, sich mit einer wagemutigen Aktion gegen die herrschenden Machtverhältnisse im Unternehmen zu stellen. Das ist höchstens naiv. Mutig hingegen ist es, einer Aktion, die Bestehendes durch den Dialog infrage stellt, Schützenhilfe zu bieten.
5. Mut beruht stets auf einem Motiv der Liebe. Liebe verstanden als Akzeptanz und Toleranz von Andersartigkeit, nicht als Eigenliebe und Selbstabhärtung durch eiserne Disziplin. So verstanden wird Führen zum Dienen am System, werden Führungskräfte zu Coaches ihrer Mitarbeitenden und zu Koordinatoren guter Ideen.

Um mutig zu sein, müssen alle fünf Elemente zusammenspielen. Mutmacher können auf unterschiedlichen Ebenen aktiv sein. Je nach der Situation, in der wir uns befinden, können wir uns bei der Lektüre auf unterschiedliche Absätze beschränken.

Im ersten Teil des Buches beschreiben wir die Mutschlucker. Mutschlucker sind unreflektierte Glaubenssätze und Annahmen, die in unseren Unternehmen Produktivität verschlucken. Mutschlucker haben eine enorme Beharrungstendenz. Sie zu erkennen, tut Not, um sich aus ihren Fesseln zu befreien. Sie sind die Hauptgründe dafür, dass wir durch mutloses Verhalten Kreativität und Eigenverantwortung der Mitarbeitenden ersticken. Dieser Teil ist die Basis dafür, mit dem Rest des Buches sinnvoll arbeiten zu können.

Im zweiten Teil des Buches beschreiben wir die Mutmacher. Mutmacher sind Beispiele, die Mut machen. Anhand verschiedener Firmenbeispiele zeigen wir auf, wie durch ein Umdenken des Bestehenden unerwartetes Potenzial gehoben wird. Neben der Praxis geben wir einige theoretische Inputs. Zuerst erklären wir Arnold Beissers paradoxe Theorie der Veränderung. 70 % aller Changeprogramme in unseren Unternehmen gehen schief. Die paradoxe Theorie der Veränderung erklärt, warum das logisch ist: Wir können – paradoxerweise – nur dann die Dinge ändern, wenn wir sie nicht ändern wollen. Wir können nur Rahmenbedingungen dafür schaffen, dass sich die Dinge ändern. Transformation kann weder durch vom Management verordnete Programme noch Pläne erreicht werden, sondern dadurch, dass wir die wirklichen Kräftefelder im Unternehmen sichtbar machen, sie akzeptieren und gemeinsam von ihnen lernen. Dann stellt sich der Wandel gewissermaßen von selbst ein. Beissers Theorie bildet die Basis für die gesamten Ausführungen im zweiten Teil.

Wir können nur dann führen, wenn wir uns selbst führen können. Konsequenterweise widmen wir uns also als nächstes der mutigen Selbstführung. Auf Basis des Lernzyklus von David Kolb erfahren wir, wie wir selbst unsere Muster erkennen, hinterfragen und an den eigenen Widerständen wachsen können.

Sodann betrachten wir mutige Führung. Wir übertragen Kolbs Lernzyklus auf die Entwicklung von Teams und erfahren, dass wir die Reflexion, die wir für uns selbst gemacht haben, auch im Team durchlaufen können. Dadurch erhalten wir eine kollektiv ermutigte und gestärkte Belegschaft.

Sodann betrachten wir das Unternehmen als Ganzes. Hier erarbeiten wir geeignete Rahmenbedingungen, um als Unternehmen gesamthaft mutiger zu werden. Wir hinterfragen Spannungsfelder auf der Strategie- und Zielebene, der Kultur- und Verhaltensebene aber auch auf der Struktur- und Prozessebene. So gelingt es uns, entgegengesetzte Energien systemisch im Unternehmen aufzuzeigen und zu lernen, wie wir daran wachsen können.

Um die Transformation in der Praxis zu unterstützen, stellen wir jeweils am Ende eines Abschnittes eine Methode dar, die Führungskräfte darin unterstützt, mutige Führung in ihrem Umfeld auszuprobieren. Das Methodensetting ist Teil eines international validierten Check-Systems, anhand dessen Unternehmen sowohl ihre Mutschlucker als auch ihre Mutmacher darstellen können, um darauf wirkungsvolle Interventionen für die eigene Transformation abzuleiten.

Im dritten Teil des Buches stellen wir anhand Fallstudien und Interviews mutige Unternehmen vor. Anhand von Firmenberichten unterschiedlicher Branchen und Größen erfahren wir, dass qualitative Fitness und mutiges Management auf gänzlich unterschiedliche Weise erreicht werden kann.

Dieses Buch ist ein Erfahrungsbericht. Von Unternehmern für Unternehmer – oder für Manager, Leader und Organisationsentwickler. Für Menschen, denen das Gedeihen der

Gesellschaft und ihrer Organisation am Herzen liegt. Wer die Gedanken mutig durch-
denkt, kann es schaffen, mit weniger Aufwand mehr zu erreichen; er wird zum Mutmacher, der durch mutige Führung sein Unternehmen stärkt.

Schaffhausen, im Dezember 2016

Literatur

Dick A (2010) Mut – Über sich hinauswachsen. Huber, Bern

Unternehmen verlieren bis zu 30 % ihrer Produktivität durch falsche Annahmen, unreflektierte Glaubenssätze und entsprechende Fehlallokation ihrer Ressourcen. Trotz ausgeklügelter Führungsmethoden gelingt es uns nicht, dieses Potenzial zu nutzen. Was steckt dahinter? In diesem ersten Teil gehen wir der Frage nach, wo die größten Produktivitätskiller stecken. Wir nennen sie die Mutschlucker – da es mutiger Selbstreflexion bedarf, sie zu entdecken und allenfalls zu verändern. Wir beginnen mit den *schwarzen Löchern der Führung,* den irreführendsten Glaubenssätzen im Management. Die schwarzen Löcher führen zur *korrosiven Energie,* unserem nächsten Abschnitt, in dem wir aufzeigen, wie Glaubenssätze das gesamte Unternehmen lahmlegen können. Sodann widmen wir uns der *Beschleunigung.* Der Nettonutzen unseres absurden Tempos in der Wirtschaftswelt geht je länger, desto stärker gegen null. Es folgt ein Abschnitt über *hinderliche Menschenbilder.* Unsere Idealvorstellung zur Person der Führungskraft engt unsere Vorstellungen ein – und lässt viel Potenzial ungenutzt. In der *Defizitorientierung* legen wir dar, wie unser Fokus auf das, was nicht geht, Energien von dem abzieht, was geht. So versickern wertvolle Ideen im Sand. Führung ist stets auch ein gesellschaftliches Konstrukt. Gegen Ende des Kapitels lösen wir uns von eigentlichen Führungsthemen und gelangen zu den sie einbettenden gesellschaftlichen Fragestellungen. Wir leben in einer Gesellschaft mit *erfüllten Erwartungen.* Die Erwartungshaltungen einer satten Gesellschaft unterscheiden sich von denjenigen einer Gesellschaft im Aufbruch. Wer diese Anspruchshaltung in der Führung nicht berücksichtigt, wird stets mehr Energie dafür einsetzen müssen, das Unternehmen am Laufen zu halten anstatt es zu entwickeln. Den Abschluss des Kapitels bildet unser *Zwang zur Risikominimierung.* Unsere Risikogesellschaft bringt steigende Risiken mit sich, die wir mit Expertenwissen und vermeintlich zuverlässigen Modellen zu reduzieren suchen. Paradoxerweise führt diese reduktionistische Sichtweise dazu, dass die Risiken sogar noch steigen.

Eine Vielzahl von Mutschluckern, die es zu hinterfragen gilt. Lassen Sie uns beginnen!

Die schwarzen Löcher der Führung

First we shape our structures, and afterwards they shape us.
Winston Churchill

Die komplexe Dynamik globaler Wirtschaftsströme erreicht mittlerweile auch die peripherste Region: Vom lokalen Schornsteinfeger in Biedermannsdorf bis zur Privatschule in München – kaum eine Firma, kaum eine Branche oder Region bleibt von den Einflussfaktoren der Globalisierung verschont. Der ominöse Schmetterling, der in Brasilien mit den Flügeln schlägt, führt längst zum Sturm im Schwarzwald. Globalisierung als das Phänomen der zunehmenden Verflechtung auf politischer, wirtschaftlicher und kultureller Ebene ist nicht neu. Schon in der Antike wurden durch die griechischen Fernhandelsbeziehungen nach Eurasien Güter weltweit gehandelt. Im Mittelalter intensivierten sich die politischen Interaktionen in Europa stark. Aber erst mit der Industrialisierung hat ein schleichender Prozess im Wirtschaftsleben Einzug gehalten, der für Menschen, Märkte, ja das ganze uns umgebende System weitreichende Konsequenzen hatte: die Entfremdung. Über Jahrhunderte haben Menschen im Wesentlichen ihre lokalen Bedürfnisse befriedigt. Sie hatten einen Bezug zu den Produkten, die sie mit großem handwerklichem Geschick herstellten und selbst nutzten. Mit der Industrialisierung konnten Produkte zum ersten Mal in Massen hergestellt werden, was es zwar einer zunehmend breiteren Bevölkerungsschicht erlaubte, Güter zu erwerben, was aber auch dazu geführt hat, dass der Bezug zu diesen Gütern abnahm. Richard Sennett beschreibt in seinem Buch *Handwerk* diesen Prozess treffend: „Wenn Produkte nicht selbst mehr von Hand hergestellt werden, dann entfremden sich die Menschen von ihrem Schaffen. Ohne Tiefe entsteht keine Verankerung, ohne Verankerung kein Stolz und ohne Stolz keine Bindung zu dem, was wir tun" (vgl. Sennett 2008, S. 33). Nun wissen wir, dass Engagement und Bindung wesentlich für die Qualität sowohl der Leistungserbringung als auch des Endprodukts sind. Wenn also das Handwerk verloren geht, müssen wir überproportional mehr Energie einsetzen, um dieselbe Qualität zu erbringen. Wir brauchen Planung, Ziele, Kontrolle – das System hat

© Springer Fachmedien Wiesbaden GmbH 2017
M. Kres, *Mutmacher: Unternehmen stärken durch mutige Führung*,
DOI 10.1007/978-3-658-14288-9_2

längst mit uns zu spielen begonnen, ohne dass wir es merken. „First we shape our structures, and afterwards they shape us", meint dazu lakonisch Winston Churchill.

Die zunehmende Globalisierung bringt eine Verlagerung von Agrar- und Produktions- zu Dienstleistungssektoren mit sich. Dienste können heute dank Internet rund um die Uhr von jedem beliebigen Standort der Welt aus gebucht und gehandelt werden. Dies führt dazu, dass der effektive globale Handel an Produkten und Dienstleistungen um ein Vielfaches höher hegt als der effektive jährliche Warenverbrauch. Thomas L. Friedman beschreibt in seinem Buch *Globalisierung verstehen,* wie frühere Globalisierungsrunden die Welt von „Large" auf „Medium" schrumpfen ließ, das aktuelle Tempo sie jedoch auf „Small" zusammenschnurren lässt (vgl. Friedmann 1999, S. 18). So fühlen sich Menschen heute mit Twitter und Blogs als Teil einer weltweiten Community, in der man sich – mangels weltübergreifender Sprachkompetenz – mit einem Rumpfgerüst von 2500 englischen Worten austauscht. Die Menschen empfinden diese Oberflächlichkeit, diese Entfremdung vom eigentlichen Schaffungsakt in der Arbeit, als befremdlich. Sie sind sich des Unbehagens bewusst, wissen aber nicht recht, wie sie damit umgehen sollen.

Also glauben wir, die Welt steuern zu müssen. So dominieren in den Wirtschaftsetagen alte Glaubenssätze und Methodenboxen, mit denen wir glauben, durch Managementmethoden von gestern die anstehenden Probleme von morgen zu lösen. Dabei ist uns die Kontrolle längst entglitten, unsere Managementmethoden laufen längst ins Leere. Je mehr Management, desto mehr falsch genutzte Energie. Management braucht sehr viel Energie, gibt aber wenig davon wieder ab. So entstehen jene schwarzen Löcher, die bis zu 30 % der Produktivität von Unternehmen physisch verschlucken. Dabei treffen wir immer wieder auf dieselben Glaubenssätze und Annahmen, die Unternehmen daran hindern, ihr wirkliches Potenzial zu nutzen:

- Macht macht mächtig.
- Zahlen schaffen Sicherheit.
- Planung programmiert Zukunft.
- Kostenfokus statt Gesamtfokus.
- Reorganisationen reduzieren Komplexität.
- Mehr ist besser: The sky is the limit.
- Erfolg ist harte Arbeit.
- Die falschen Dinge richtig tun.
- Führungskräfte müssen entscheiden.

Lassen Sie uns diese schwarzen Löcher der Führung etwas detaillierter betrachten.

2.1   Macht macht mächtig

Das wahrscheinlich tiefste schwarze Loch ist unser ambivalentes Verständnis von Macht als „das Vermögen, einen Willen gegen einen Widerstand durchzusetzen" (Bauer-Jelinek 2007, S. 14). Jedes soziale System enthält Machtkomponenten. Macht ist ein Naturgesetz. Zum Problem wird sie erst dann, wenn Machtmenschen den Erfolg nicht ihrem Umfeld, sondern ihrem eigenen Können zuschreiben; wenn wir glauben, dass wir selbst klug und die anderen blöd sind. Ein gefährlicher Schwachsinn. Wer mit Macht führen möchte, erzeugt in einer vernetzten Welt Gegenmacht. So wird Macht zum Bumerang und führt in Unternehmen zu gigantischen Leerläufen. Alle Menschen haben den Urinstinkt, sich zu verteidigen. Auf den mit der Komplexität einhergehenden Kontrollverlust reagieren wir mit dem Wunsch nach mehr Kontrolle. Wenn nichts mehr geht, dann geht es eben mit Macht. Die Firma macht zu wenig Profit? Also kaufen wir andere Firmen auf, dann kriegen wir Skalenvorteile und Synergien. Was natürlich nicht funktioniert, denn je mehr Einfluss wir nehmen, desto mehr Energien werden auf der Gegenseite mobilisiert, auf die wir dann wiederum mit dem Einsatz noch stärkerer Gegenmittel reagieren. Wir sind weniger mächtig, als wir glauben. Wir verwechseln Erfolg mit Macht und übersehen gerne, dass die Erfolge nur zum geringsten Teil von uns selbst abhängen.

Macht schafft Angst. Der 1837 verstorbene deutsche Journalist Ludwig Börne hat uns einen Satz überliefert, der wunderbar erhellt, worum es geht: „Das Geheimnis jeder Macht besteht darin, zu wissen, dass andere noch feiger sind als wir." Ein kluger Satz. Wer anderen Angst macht, sie mutlos hält und feige, der erhöht die eigene Macht. Er steht immer zuvorderst in der Reihe, denn die anderen trauen sich nicht, nach vorne zu treten. Menschen, die Angst haben, verstecken sich, warten ab, was das Leben ihnen möglichst risikofrei bietet. Sie verfallen in Passivität, übernehmen weder Initiative noch Eigenverantwortung, sondern folgen in ihrer Ohnmacht den Mächtigen.

Angst gehört zum Leben, als uralter Begleiter der Evolution. Die Angst bezieht sich auf alles Unwägbare und Unbekannte, auf alles, was man nicht ändern kann, wie etwa nicht kalkulierbare Risiken (vgl. Lotter 2012, S. 46). Doch irgendwann wird es den Menschen zu blöd. Sie finden einen Ausweg aus ihrer Ohnmacht. Stark ausgeprägte Macht dreht fast immer ins Gegenteil um. Mündige Menschen wehren sich gegen zu viel Macht. Sie versuchen, wenn sie schon nicht eigene Macht haben, diese doch zumindest zu unterlaufen: Sie boykottieren Change-Prozesse, blockieren Entscheidungen, leiten Informationen nicht oder nur bruchstückhaft weiter und sichern sich so eine eigene Positions- und Wissensmacht. Das erkennen natürlich die Mächtigen, die nun wiederum versuchen, durch noch mehr Macht ihren Einfluss geltend zu machen. Dadurch erreichen sie jedoch das pure Gegenteil: Der Widerstand nimmt weiter zu.

Macht trägt dazu bei, im eigenen Denk-, Empfindungs- und Handlungssystem gefangen zu bleiben. Mit dem eigenen Handeln ist man mächtig geworden, warum also sollte man sich hinterfragen? Leider lassen sich aber mit den Erfolgsrezepten der Vergangenheit die Probleme der Zukunft nicht lösen. Durch ein Mehr vom Gleichen können wir kaum mehr an der Macht bleiben. Wir müssen umdenken.

Abb. 2.1 Macht und
Autorität. (Quelle: Eigene
Abbildung)

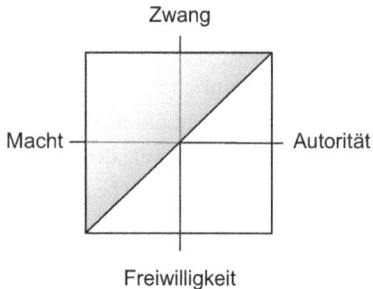

Wenn es gelingt, das kognitive Schema des Kontrollverlusts zu überwinden, dann kann ein anderer Umgang mit Macht gelingen (vgl. Schmitz 2012, S. 103). Anstelle stets mehr Macht *im System* ausüben zu wollen, würden wir gut daran tun, darüber nachzudenken, wie wir unsere Macht *am System* besser nutzen könnten. Mehr Leadership und weniger Management täte uns gut. Doch das fällt uns schwer. Wir geben Macht nur ungern ab, denn Macht macht aus uns Alphatiere und stärkt unser Selbstwertgefühl, womit sich durchaus gut leben lässt. Haben wir es einmal dank unseres Verhaltens in die gegenwärtige Position geschafft, dann haben wir bewiesen, dass wir gut sind. Wir haben gelernt, was wir tun müssen, um Erfolg zu haben. Mit Macht gelebte Eigenschaften drehen aber oft ins Gegenteil um. Eine Eigenschaft, die sehr stark ausgeprägt ist, hat eine Gegenseite, welche den Menschen im Weg steht. Wo Sonne ist, da ist auch Schatten. Das Problem dabei: wir haben nicht gelernt, was wir *nicht* mehr tun sollten, um weiterzukommen. Es fällt Führungskräften viel einfacher, mehr vom Gleichen zu tun, etwas Neues zu lernen, noch mehr Verantwortung zu übernehmen, noch mehr erledigen zu wollen, als von etwas loszulassen und die eigene Macht neu zu interpretieren. Marshall Goldsmith, einer der profiliertesten Management-Coaches, bringt es auf den Punkt: „Half the leaders I have met don't need to learn what to do. They need to learn what to stop" (Goldsmith 2008, S. 35). Wir müssen lernen, dass Macht nicht dazu da ist, andere Menschen zu manipulieren, sondern dass wir sie anders einsetzen können, indem wir Macht als Autorität verstehen (Abb. 2.1).

Macht ist stets von Zwang begleitet. Sie beruht auf formaler Autorität, die es ermöglicht, Menschen für ihr Handeln oder Nicht-Handeln zu belohnen oder zu bestrafen. Menschen folgen der Macht aus verschiedenen Gründen. Vielleicht denken sie, selbst keine Alternative zu haben. Oder sie werden durch materielle oder immaterielle Anreize belohnt. Vielleicht geht es auch nur darum, negative Konsequenzen zu vermeiden. In jedem Fall übt Macht einen gewissen Zwang aus.

Wenn Menschen einer Führungskraft jedoch freiwillig folgen, weil sich die Person durch Professionalität Respekt erworben hat, dann wird Macht zur *natürlichen Autorität*. Autorität setzt massiv mehr Ressourcen in Bewegung als Macht – insofern lohnt es sich, darüber nachzudenken, wie sich formale Macht in natürliche Autorität umwandeln lässt.

2.2   Zahlen schaffen Sicherheit

Das nächste schwarze Loch ist der Irrglaube, durch Zahlen Wissen und Kontrolle schaffen zu können. Wir verfügen heute über ein numerisches Wissen, das sich alle vier Jahre verdoppelt. Das Internet trägt dazu bei, dass dieses Wissen geteilt werden kann. Werden wir dadurch doppelt so intelligent? Sind wir dadurch in der Lage, bessere Prognosen anzustellen? Die falschen Prognosen etwa bei der Trump-Wahl oder beim Brexit lassen grüßen. Orientiert sich der Markt an unseren Kennzahlen? Wohl kaum. Dafür wirbelt die zunehmende Konnektivität Bestehendes gehörig durcheinander. Firmenfinanzierungen erfolgen immer mehr über Crowdfunding, die Hotelbranche wird durch Airbnb aufgemischt, Uber verändert die Regeln des Taxigewerbes, Samsung wird zur ernst zu nehmenden Konkurrenz der Uhrenindustrie und Elon Musk veröffentlicht die Baupläne seiner Teslas auf dem Internet. Teilen wird zum neuen Haben. Wie wollen wir diese Entwicklungen in Zahlen fassen? Da erfinden wir doch lieber eine weitere Kennzahl für unser internes Reporting.

Durch unseren Fokus auf Kennzahlen erschaffen wir eine eigene Realität, die oft sehr weit weg ist von dem, was in der Praxis wirklich passiert. Es entsteht Scheinwissen, welches unsere Wirtschaft jährlich Milliarden kostet. Zahlen sind eines der zentralen Bindungselemente zwischen dem Management und dem, was zu managen ist. Zentralen sind im Allgemeinen ganz wild darauf, Zahlen und Daten zu erhalten, und verwechseln diese dann mit der Realität. Sie verzetteln sich in Kleinkram, der viel Energie absorbiert, aber keine produktiven Folgen hat. Über Zahlen wird eine Realität erzeugt, die nur eine sehr eingeschränkte Perspektive erlaubt, denn, wie schon der große englische Anthropologe und Kybernetiker Gregory Bateson schrieb: „The map is not the territory" (Bateson 1972).

Zahlen verdichten die Geschichte und die Realität unverhältnismäßig. Was geht alles verloren, wenn wir aus der quantitativen Datenflut etwa Wachstum, Gewinn, Risikobereitschaft, Innovationskraft, Konnektivität, Kundenzufriedenheit oder Mitarbeitermotivation erheben wollen? Für Professor Walter Krämer, bis ins Jahr 2004 immerhin gewählter Fachgutachter für Statistik und Fachausschussvorsitzender für die gesamten Wirtschaftswissenschaftler der Deutschen Forschungsgemeinschaft, ist denn auch eine Zahl ein Instrument, das – richtig manipuliert – eine Illusion von Präzision erzeugt (vgl. Wüthrich et al. 2007, S. 211). So jagen wir mit unserem Zahlenwahn konstant Phantomen nach. Weil wir instinktiv spüren, dass uns der Bezug zu dem, was wir tun, abhandenkommt und dass wir nicht mehr verstehen, was unser wirklicher Beitrag in stets komplexeren Wertschöpfungsketten eigentlich ist, versuchen wir dieses Manko durch mehr Zahlen zu kompensieren.

Führungskräfte entwickeln einen fast unstillbaren Hunger nach Zahlen, der nur noch von Aktionären und Analysten zu toppen ist. Deren Drang nach dem stets aktuellsten Quartalswissen führt zu immer absurderen Verhaltensweisen: Mitarbeiter aller Hierarchiestufen müssen einen steigenden Teil ihrer produktiven Zeit für Reportings aufwenden. Sie quetschen Quasiwissen in Zahlen und legen diese irgendwelchen Entscheidern vor. Da diese keine Zeit haben, den ganzen Zahlensalat zu lesen, werden scharenweise

Zahlenfreaks eingestellt, die diese Zahlen dann verdichten und in verständnisvolle Häppchen unterteilen sollen. Natürlich liefern aggregierte Zahlen niemals die Wahrheit und so versucht man, die Messsysteme weiter zu verfeinern: Zu den Quartalsbilanzen gesellen sich die Monatsbilanzen, zu wöchentlichen Aktivitäts-Reports müssen wir nun täglich mehrmals in die Zentrale melden, wie hoch unsere Auslastung ist. Dies soll Transparenz schaffen und Licht ins Dunkel bringen – vor allem in börsennotierten Unternehmen, wo am meisten kreatives Potenzial vernichtet wird.

Der Ruf nach Transparenz wird dort laut, wo das Vertrauen schwindet. Wenn aber kein Vertrauen mehr da ist, wird Transparenz durch Kontrolle ersetzt (vgl. Han 2012, S. 47). Wir nutzen eine beachtliche Zeit unseres Daseins für Informationssammlung, -verarbeitung und -kontrolle in dem Glauben, dadurch besser führen zu können. Und weil wir unsere Führungskräfte natürlich bestmöglich unterstützen müssen, investieren wir in entsprechende Infrastruktur, etwa in Form von sündhaft teuren Informationssystemen, die abbilden sollen, was wir als Wertschöpfungsströme zu verstehen glauben. Wir glauben dann zu wissen, was wo passiert, und fühlen uns in eine komfortablere Lage versetzt, die richtigen Entscheidungen zu fällen. Leider jedoch passiert oft nicht das, was wir möchten. Das System reagiert anders, als wir es erwarten. Wir geben dann Gegensteuer und verlangen noch genauere, noch mehr Informationen. Was das Problem weiter verschärft, denn nun verbraten wir noch mehr Energie, Zeit und Geld in der Informationswüste. Mehr Informationen bringen also nicht bessere Entscheidungen oder wie der Wahrscheinlichkeitsforscher Nassim Nicholas Taleb es nennt: „More is not better … the more information you give someone, the more hypothesis they will formulate along the way, and the worse off they will be" (Taleb 2007, S. 144). Wenn alle über alles Bescheid wissen wollen, wird Analyse zur Paralyse. Mehr Informationen machen Menschen ohnmächtig. Anstatt sich auf ihre Erfahrung und ihren Instinkt zu verlassen, verlieren sie sich in Zahlenwüsten und wissen nicht mehr, wo ihnen der Kopf steht. Und der Irrsinn hört an der Unternehmensgrenze nicht auf. Weil wir Erfahrung großflächig durch Wissen ersetzen, stellt sich die Frage nach dem *richtigen* Wissen. Dieses Wissen lassen wir durch Experten zertifizieren und in Rankinglisten unterbringen. Dadurch entsteht ein Markt; vielleicht einfach nicht der, auf dem wir aktiv Werte schöpfen wollen, sondern wo andere sich an uns satt verdienen. In Unternehmen tummeln sich Heerscharen von Beratern, die den Firmen Studien und Zertifikate bescheren, die sie nicht brauchen. Audits sind ein weitverbreitetes Beispiel oder Rankings. Der Ranking-Wahn nimmt geradezu groteske Züge an: Wenn etwa der Wert eines Universitätsabschlusses daran gemessen wird, wie viel die Abgänger danach verdienen, so lässt dies zumindest Raum für Interpretation. Rankings verschleiern den Mut zur eigenen Meinung. Verantwortung versteckt sich hinter der Scheinobjektivität von Zahlen. Albert Einstein schrieb: „Nicht alles, was zählt kann gezählt werden. Und nicht alles, was gezählt werden kann, zählt."

Doch nicht nur Institutionen werden heimgesucht, auch für Individuen wird einiges geboten, um im Zahlensumpf zu versinken. Ein gutes Beispiel ist die Bologna-Reform. Dank vergleichbarer Studienabschlüsse entsteht eine Jagd nach Credit-Points, die nicht wirklich zu einem Erfahrungsgewinn beiträgt, dafür jedoch zu einem Diplom, das die eigene Arbeitsmarktfähigkeit erhöhen soll. Da ein Abschluss auf einem stets kompetitiveren Markt nicht reicht, folgt ein Diplom dem nächsten, braucht die Kindergärtnerin noch vor ihrem ersten Kontakt mit Kindern erst einmal einen höheren Lehrabschluss, muss der Organisationsentwickler eine Change-Management-Ausbildung machen, obwohl er noch kaum je aktiv einen Veränderungsprozess mitgestaltet und umgesetzt hat. Von Erfahrung also keine Spur. Von Wertschöpfung auch nicht.

Allan Guggenbühl, der bekannte Jugendpsychologe, nimmt das Sammeln von Punkten, das Schreiben von Papers und das Beantworten von Multiple-Choice-Prüfungen als „kollektive Unterwerfungsrituale" wahr (Guggenbühl 2012, S. 48). In seinen Augen ist die Jagd nach Titeln irreführend, weil wichtige Erlebnisse, wie etwa die Möglichkeit des Scheiterns und des wagemutigen Experimentierens, in derartigen Karriereplanungen fehlen. Nur wenn „Handlungen und Aussagen unmittelbare Auswirkungen auf die Umwelt haben" (Guggenbühl 2012, S. 48), werden Menschen wach, übernehmen sie Verantwortung für das Leben. Bei der ständig wilderen Hast nach Titeln werden jedoch Unternehmen und Studierende gleichsam zu Jägern und Gejagten. Wir drehen uns also im Kreis. Es geht nicht darum, mehr zu wissen. Es geht darum, wie es Hans A. Wüthrich in seinem lesenswerten Buch *Musterbrecher* beschreibt, vertrauter Kontrolle zu misstrauen (vgl. Wüthrich et al. 2007, S. 63 ff.), sie zu hinterfragen und zu gewichten. Aber bitte nicht mit neuen Zahlen, sondern mit Herz! Wir müssen nicht an den Zahlen, sondern an uns selbst arbeiten.

2.3 Planung programmiert Zukunft

Schon Friedrich Dürrenmatt meinte: „Je planmäßiger die Menschen vorgehen, desto wirkungsvoller vermag sie der Zufall zu treffen." Unser Planungswahn ist effektiv ein schwarzes Loch. Er beruht auf dem Glauben, dass sich Wertschöpfung aus Planung und daraus abgeleiteten Zielen und Maßnahmen ergibt. Führungskräfte benötigen für die regelmäßig wiederkehrenden Prozesse der Zielerarbeitung, -findung, -beurteilung und -kontrolle einen substanziellen Teil ihrer produktiven Zeit. Mit viel Aufwand werden andauernd Pläne, Budgets und andere Orientierungsgrößen erstellt, um daraus Bereichs-, Produktions- oder Mitarbeiterziele abzuleiten. Natürlich müssen wir deren Zielerreichungsgrad messen, die Umsetzung aufwendig kontrollieren, Abweichungen erkennen und allenfalls Gegensteuer geben. Costas Markides, Leiter der Strategieabteilung der London Business School, schätzt, dass Manager heutzutage aber mehr als 60 % ihrer Zeit mit Planung verbringen (vgl. Wüthrich et al. 2007, S. 103). Wie, bitte schön, wollen wir da noch arbeiten?

Planung und Ziele per se sind nicht falsch, wenn sie jedoch Unternehmen in den Würgegriff nehmen, dann ist es höchste Zeit, über Sinn und Unsinn unseres Planungswahns nachzudenken. Jede Planung basiert auf einer Analyse, einer rational weit möglichst objektivierten Annahme der Realität. Jede Analyse wiederum beruht auf subjektiven Wahrnehmungen und Interpretationen der beobachteten Realität. Daran ändert sich auch nichts, wenn wir die Analyse externalisieren und für teures Geld an Unternehmensberatungen oder Trendforschungsbüros delegieren. Auch dort arbeiten Menschen mit subjektiven Wertetreibern und individuellen Sozialisierungsmustern. Die allermeisten unserer Zielsysteme tragen nicht zu wirklichen Verbesserungen bei, sondern bilden die Ausgangslage dafür, dass Heerscharen von Analytikern und Managern das System kontrollieren können. Selbstverständlich kennen erfahrene Planer diese Grenzen. Sie erkennen den Nutzen der Planung primär im Prozess und nicht im Ergebnis. Sie wissen, dass langfristige Planung erweiterte Perspektiven mit sich bringen kann. Zu oft jedoch geht diese Erkenntnis im internen Controllingprozess verloren, wo kurzfristige Zielerreichung mehr gilt als langfristige Orientierung.

Pläne sind nie mehr als Prognosen und Orientierungsgrößen. Sie bilden niemals die Realität ab und dürfen somit auf keinen Fall der Zielorientierung dienen. Wir müssen uns lösen von dem Gedanken, dass es ohne kaskadenartig vom Unternehmen auf das Team und vom Team auf das Individuum heruntergebrochene Ziele keine Leistung gibt. Wir müssen aufhören, alles kontrollieren zu wollen. Seien wir ehrlich: Es geht beim Führen mit Zielen nicht um die bestmögliche Einschätzung und Bewertung von Leistung, sondern um Fremdkontrolle und Machtausübung. Im Kern will man den anderen zu etwas zwingen. Egal, ob er freiwillig ohnehin sein Bestes gibt oder nicht. Auf Dauer werden die realen Leistungen durch Ziele gemindert: Sie ersticken die Eigenverantwortung.

Noch schlimmer wird es, wenn wir das Gehalt an die Leistung, an die Zielerreichung knüpfen: Was erwarte ich von einem Verkaufsleiter, dessen Ziel jedes Jahr höhergesteckt wird? Gibt er nicht heute schon sein Bestes? Was ist, wenn der Markt einfach ausgeschöpft ist? Wenn die Kaufkraft abnimmt? Wenn neue Konkurrenten aufgetaucht sind? Auf diese Weise sperren wir durch Planung konsequent alles Denken aus, statt neues Denken zu fördern und nach Innovationen zu suchen. Es ist nur eine Frage der Zeit: Irgendwann wird der Verkaufsleiter beginnen, entweder den Kunden oder die Zahlen zu manipulieren. Er braucht schließlich den Bonus. So werden Aufträge vorgezogen, Bestellungen zurückgehalten, je nachdem was im Sinne des Anreizsystems vielversprechender ist. Schauen wir doch einmal in unsere Statistiken: Verkäufe treten gehäuft am Ende des Monats auf. Verkäufer managen Verkaufsquoten, anstatt zu verkaufen und Kundennutzen zu generieren. Durch die Ausrichtung der Gehälter an den Zielen investieren Mitarbeiter einen bedeutsamen Teil ihrer Arbeit in die Erfüllung der Ziele, nicht jedoch in die eigentliche Arbeit. Niels Pfläging, einer der bedeutendsten Kritiker klassischer Managementmethoden, bringt es auf dem Punkt: „Sie bringen Zahlen, nicht reale Leistung" (Pfläging 2009, S. 144). So erreichen wir das Gegenteil von dem, was wir erreichen möchten: Wir wollen durch Ziele Werte schaffen, stattdessen vernichten wir Produktivität.

2.4   Kostenfokus statt Gesamtfokus

Ein tiefes schwarzes Loch ist die Mär, dass der Fokus auf Kostensenkungen Werte schafft. Das Gegenteil ist der Fall: Der Fokus auf Kosten kostet uns jedes Jahr Milliarden. Wenn wir nur die Hälfte der Energie, die wir für Kostensenkungsprogramme aufwenden, für Ertragssteigerungsmaßnahmen einsetzen würden, könnten wir die Produktivität in unseren Unternehmen wesentlich steigern. Beispiele gefällig? Ein sehr verbreitetes Spiel ist die interne Umlagerung von Kosten. Da werden interne Service-Center-Organisationen gegründet, Prozesskostenrechnungen eingeführt, Headcounts verschoben, um die eigene Abteilung zu entlasten. Der Nutzen all dieser Aktionen für das Unternehmen ist gleich null. Die Kosten sind genauso hoch wie vorher, die Produktivität ist nicht gestiegen, dafür wurden Unsummen in die Umschichtungen investiert. Ein weiterer Kurzschluss ist die Verlagerung von Jobs ins billigere Ausland. Dort verbleiben sie dann eine Weile, bevor sie wieder verlagert werden. All die Verlagerungskosten wiegen die allfällige Kostensenkung – die in der Praxis auch recht selten wirklich erfolgt – wieder auf. Kostenkontrolle desillusioniert Menschen. Sie trägt kaum dazu bei, die Produktivität im Unternehmen zu erhöhen.

Selbstverständlich dürfen die Kosten nicht aus dem Ruder laufen. Das können wir aber anders handhaben als durch kontinuierliche Kostenkontrolle. Wir könnten etwa auf die Steigerung der Erträge fokussieren und dann Margen definieren, die es einzuhalten gilt. Aber dies nicht als zweitrangige Parallelaktion zu laufenden Kostensenkungsprogrammen, sondern als absolut vorrangiges Ziel der Optimierung. Wir können nicht gleichzeitig mehr Erträge generieren und auf der Kostenseite das Potenzial eindampfen. Wir brauchen stets den Gesamtfokus, um vor überstürzten Mutschluckern zu bewahren.

2.5   Reorganisationen reduzieren Komplexität

Das nächste schwarze Loch ist der Irrglaube, durch Reorganisationen Komplexität zu reduzieren. Laut einer Studie des Beratungsunternehmens Bain & Company sind 80 % von fast 400 weltweit befragten Führungskräften der Meinung, interne Komplexität – nicht etwa mangelndes Marktpotenzial – sei der lautlose Killer profitablen Wachstums (vgl. Zook und Allen 2012). So ist es verständlich, dass Komplexitätsreduktion ein Lieblingsthema vieler Manager ist. Fortwährend verändern wir Organisationsstrukturen und optimieren Prozesse. Mit der Unterstützung teurer Beratungsfirmen lassen wir nach der für uns idealen Organisationsform suchen – und erhalten als Resultat ein generisches Konstrukt, das für alle Institutionen ähnlich aussieht. Auf die Logik des Ansatzes vertrauend, planen wir sodann unsere Restrukturierungen und wundern uns am Ende, dass die meisten Restrukturierungen nicht den erhofften Erfolg bringen. Sie scheitern, weil wir uns an Kästchen und Linien orientieren statt an den Menschen. Sie misslingen, weil wir durch eine Neuorganisation dessen, was schon in der Vergangenheit wenig Erfolg gehabt hat, nun hoffen, besser zu werden.

Eine Reorganisation bringt wenig, wenn wir glauben, dass durch Strukturen und Prozesse das wirkliche Leben im Unternehmen abgebildet wird. An der Misere ändert auch der Versuch nichts, Prozessverantwortliche zu benennen, die die neuen Gegebenheiten in Handbüchern dokumentieren, die von niemandem gelesen und, falls doch, kaum je verstanden werden. Auch die Einführung zentraler Servicecenter, neuer Berichtswege oder besser strukturierter Informationsprozesse bringen uns nicht weiter: Menschen halten sich nicht an Prozesse, sondern an das, was sich im Alltag für sie bewährt. Wenn also eine Reorganisation Erfolg hat, dann kaum aufgrund ihrer selbst, sondern aufgrund der Menschen, die sie umsetzen. Der Erfolg hätte sich mit hoher Wahrscheinlichkeit auch ohne Restrukturierungen eingestellt, wenn man mit den Menschen gesprochen hätte.

Kaum je machen wir uns Gedanken, wie viel es *kostet*, Prozesse zu optimieren. In den allermeisten Fällen sind diese Zusatzkosten höher als die dadurch eingeleitete Kostenersparnis. Es ist richtig, Organisationen regelmäßig auf ihre Funktionstüchtigkeit und ihre Marktfähigkeit zu überprüfen. Je größer eine Organisation, je weiter fortgeschritten sie ist in ihrem Lebenszyklus, desto größer sind die Reibungsverluste zwischen neu entstandenen Abteilungen, desto mehr Energie wird für die Abstimmung von Entscheidungen verwendet und desto undurchdringlicher werden Silos. Da wimmelt es von Matrixorganisationen, weltumspannenden Netzen virtueller Projektteams, Länderverantwortlichkeiten, zentralen Forschungs- und Entwicklungsabteilungen und dezentralen Marketingdivisionen. Organigramme sind kaum fertiggestellt, da sind sie schon wieder veraltet. In der Not versuchen wir durch Stellenbeschreibungen, Realitäten blumig zu umschreiben, ohne jedoch den geringsten Bezug zu dem zu haben, was wirklich in der Praxis abläuft. Oder kennen Sie einen Kunden, der sich um eine Stellenbeschreibung schert? Kunden wollen Probleme gelöst haben, unabhängig von unserer internen Organisation.

Ein regelmäßiger Blick auf die Funktionsfähigkeit unserer Organisation macht also Sinn. Es ist aber falsch, bei diesen Optimierungen Organisationen als Selbstzweck zu sehen. Die meisten Organisationen dienen im Wesentlichen sich selbst, nicht jedoch ihren Kunden oder Mitarbeitenden. Ihre gesamte Energie wird in den Selbsterhalt investiert, in künstliche Identitäten, Abteilungen, Prozesse, Regeln und Beschreibungen. Dabei sind Organisationen nicht produktiv – die Menschen sind es. Viele Organisationsformen machen es ihren Mitarbeitern unmöglich, Höchstleistungen zu erbringen und Kundennutzen zu erzielen. So vernichten Organisationen Produktivität.

Rigide Strukturen und Prozesse werden dort gebraucht, wo Vertrauen fehlt, wo das Leben durch Verwaltung ersetzt wird. Unternehmen sind aber nun einmal lebendig, sie durchlaufen ihre Lebenszyklen. Die meisten starten mit einer unternehmerischen Idee, wo der Geist eines Start-ups herrscht. Wenn die Start-up-Phase vorübergeht, wächst das Unternehmen. Das ist ein Problem, denn das Wachstum muss irgendwie gelenkt werden. Mehr Leute, unterschiedliche Meinungen, neue Probleme. Deshalb braucht es Strukturen in der Wachstumsphase. Normalerweise bekommt das Unternehmen hier seine funktionale Unterteilung. Es gibt fortan Controller, Personaler, Marketer und andere interne Dienstleister. Was aber nach Erfolg riecht, ist in Wahrheit Bürokratisierung. Und Bürokratisierung bedeutet einen Verlust der Verantwortung des Einzelnen. Die allermeisten Unternehmen bleiben in dieser Wachstumsphase hängen und wundern sich, warum sie es nicht schaffen, wieder daraus auszubrechen. Sie geben Unsummen aus, per Dekret wieder den Geist der Anfänge wehen zu lassen. Doch die meisten dieser Unterfangen sind verpuffte Energie. Die Prozesse und Strukturen lassen es nicht mehr zu, dass sich Menschen frei bewegen. Noch schlimmer wird es, wenn ein Unternehmen in die Sättigungsphase gelangt. Hier sind Kostenreduktionen und Prozessoptimierungen angesagt. Da haben sich Menschen erst mühsam in neue Strukturen und Abläufe gequetscht – und schon werden sie wieder abgeschafft! Wer wird denn hier noch mitmachen? Die Folge ist eine weitgehende Indifferenz gegenüber Prozessverbesserungsvorschlägen der Führung. Apathie und Desillusion machen sich breit, die Energie sinkt auf den Nullpunkt.

2.6   Mehr ist besser: The sky is the limit

Ein weiteres schwarzes Loch ist das herrschende Erfolgsdenken in unserer Gesellschaft. Die Geschichte des Erfolgsbegriffs ist aufschlussreich. Ursprünglich bezeichnete „Erfolg" lediglich die allgemeine Folge, Konsequenz oder den Effekt eines Handelns. Mitunter wurde mit dem Wort das Erfolgen bzw. der oft schicksalhafte Verlauf eines Ereignisses beschrieben. Erst später, insbesondere mit der Industrialisierung, erhielt Erfolg die Bedeutung eines wertfreien, neutralen Resultats.[1] Heute stehen Handeln und Erfolg meist in einem deutlichen, planvollen und positiven Zusammenhang. Erfolg wird als das Erreichen eines definierten oder allgemein als erstrebenswert anerkannten Ziels verstanden. Der komplexe Bezugsrahmen, die Betrachtung des jeweiligen Systems und die damit verbundenen Bewertungskomponenten führen zu dem Problem einer objektiven Erfolgsdefinition. In welcher Form oder mit welchem Aufwand Ziele erreicht werden, hängt wesentlich davon ab, was in einem bestimmten Kulturraum als positiv beurteilt wird. Wer Erfolg haben will, folgt generell gültigen Werten und Normen, die von der Mehrheit der Bevölkerung als richtig empfunden werden. Wer also querdenkt oder Bestehendes kritisiert, der hat es schwer mit Erfolg.

In der globalen Wirtschaft basiert Erfolg auf dem Prinzip „The sky is the limit". Mehr ist besser. Wer Erfolg haben will, muss wachsen, muss besser werden, muss seine Ziele jedes Jahr anspruchsvoller in die Höhe schrauben. Wenn ein Unternehmen nicht wächst, wird es an der Börse abgestraft. Wessen Gehalt nicht steigt, der wird zum Verlierer. In der Höhe jedoch wird die Luft dünner – man schnappt zunehmend ins Leere und der Aufwand, an der Spitze zu bleiben, nimmt auf Dauer exponentiell zu. Wenn alle nach oben wollen, gibt es dort Stau, Platzprobleme, Rangeleien und Missgunst um die sonnigsten Örtchen.

---

[1]Vgl. http://de.wikipedia.org/wiki/Erfolg.

Unser Erfolgsdenken frisst enorm viel Energie. Wir nehmen absurde Arbeitswege in Kauf, leben unter der Woche von unserer Familie getrennt, kennen Hotelzimmer besser als die eigenen Kinder – und betrachten dies als Erfolg. „Das Streben nach Perfektion", mahnte schon Voltaire, „führt eher zu Trübsinn, denn zu Erfolg". Unser heutiges Erfolgsverständnis hängt eng mit unserer Einstellung zum Geld zusammen: Wir gehen davon aus, dass wir mit einem hierarchischen Aufstieg auch mehr Wohlstand erwirtschaften können, und glauben, dass dieses Geld glücklich macht. Das durchschnittliche Glücksempfinden und die Zufriedenheit der Menschen in entwickelten Ländern nehmen nun aber schon lange nicht mehr zu, obwohl die durchschnittlichen Einkommen mit dem Wirtschaftswachstum stets ansteigen. Es ist längst wissenschaftlich belegt, dass mehr Wohlstand nur bis zu einem gewissen Schwellenwert glücklich macht, darüber hinaus jedoch eher zu Unzufriedenheit führt.[2]

Ab einem gewissen Grenzwert, wenn die Grundbedürfnisse befriedigt sind, geht es nur noch um Relationen und Distinktion: Nur wer mehr hat als die anderen, erachtet sich als glücklich. Und dieses Mehr drückt sich in unseren Breitengraden in Status, Gehalt und anderen Treibern aus, die in einem direkten Zusammenhang mit dem verfügbaren Einkommen stehen. Es ist nur so eine Sache mit diesem Einkommen: Im Allgemeinen haben Menschen mit hohem Einkommen weniger Freizeit – und damit auch weniger Zeit, um Freude zu treffen und zwanglos mit ihnen zusammen zu sein und sich zu entspannen.[3] Und, wenn man den weltweiten Untersuchungen glaubt, entsteht Glück nicht im Berufsleben. Das Zusammensein mit Freunden etwa, regelmäßige Bewegung, ja selbst Schlafen und Kochen werden höher gewichtet als bezahlte Arbeit (vgl. Kahneman et al. 2004). Steigendes Einkommen führt somit paradoxerweise dazu, dass tendenziell weniger Zeit für glücklich machende Tätigkeiten zur Verfügung steht. Wir sind auf dem besten Weg, zu einer glücklosen Pendlergesellschaft zu degenerieren (vgl. Binswanger 2006, S. 41). Mit unserem vielen Geld kompensieren wir das Glück, das wir nicht haben, und lassen uns Schmerzensgeld zahlen für unser entgangenes Sozialleben. Dennoch glauben wir weiterhin: „The sky is the limit."

2.7   Erfolg ist harte Arbeit

Das klassische Hierarchiedenken orientiert sich am Oben. Wer Karriere machen will, muss führen, am besten eine Vielzahl von Menschen, dessen Einflussbereich muss eine stets größere Region, stets mehr Profit-and-Loss-Verantwortung umfassen. Es ist selbstredend, dass man sich für dieses Karriereverständnis auch mächtig ins Zeug legen muss. So ist Erfolg harte Arbeit. Dieser Glaube ist ein weiteres schwarzes Loch der Führung. In Zeiten der Konnektivität ist „hard work" jedoch weit weniger effektiv als „smart work".

---

[2]Vgl. die weltumspannenden Studien unter www.worldvaluessurvey.com.
[3]Vgl. Powdthavee 2005 anhand von Daten aus dem britischen „Household Panel".

Der Schriftsteller Hans Magnus Enzensberger hat in seiner Biografie „Hammerstein oder Eigensinn" ein Analyseraster publiziert, dass auf der Philosophie des Preußen Kurt von Hammerstein-Equord basiert. Der Preuße war nicht gerade durch seinen Fleiß bekannt. Trotzdem hatte er es im Heer von Kaiser Wilhelm II. zum Offizier im Generalstab des Generalkommandos geschafft. Er bestimmte in der Weimarer Republik als Chef des Truppenamts der Reichswehr den Wiederaufbau maßgeblich mit. Hammerstein machte mit einer Rekruteneinteilung von sich reden, die heute in der Personalentwicklung wilde Blüten treibt. Er beurteilte Rekruten in einer Vier-Felder-Matrix auf den Achsen „Dumm und Klug" sowie „Faul und Fleissig" (Abb. 2.2).

In einer Person, so die Logik, kommen immer zwei dieser Eigenschaften zusammen, die sie wiederum für bestimmte Aufgaben qualifizieren oder für andere ungeeignet erscheinen lassen. Die Matrix aus der Weimarer Zeit ist einfach zugänglich. So verwundert es nicht, dass sie in den Führungsalltag vieler Unternehmen Eingang gefunden hat – allerdings mit verheerenden Konsequenzen. Den meisten von uns wurde im Verlaufe ihrer Karriere eingetrichtert, wie man Charts richtig liest: oben und rechts ist gut. Auf unsere Matrix angewandt bedeutet dies: Handeln ist wichtiger als Passivität. Wer faul ist, ist ein Verlierer, ein Ausführer oder ein Mitläufer. Da spielt es keine Rolle ob klug oder nicht: Hauptsache Aktivismus. So wird in den Unternehmen auch gehandelt, wenn es klüger wäre nichts zu tun. Diese Lesart der Matrix entspricht jedoch nicht der Idee ihres Erfinders. Hammerstein betrachtete die Klugen und Faulen als die wirklich Erfolgreichen. Nur wenn sich Intelligenz mit Trägheit paare, hätten Führungskräfte „die geistige Klarheit und die Nervenstärke für schwere Entscheidungen" (zit. in Lotter 2015, S. 75).

In einer Zeit, die immer unvorhersehbarer und unplanbarer wird, ist Aktivismus jedoch mindestens genauso falsch, wie immerzu faul zu sein. Wenn aber alle beim geringsten Vorkommnis ganz schnell in wilden Aktivismus verfallen, schafft das Management oft erst die Probleme, die es zu lösen vorgibt. Manager sind für den renommierten Managementberater Reinhard Sprenger, oft, gerade wenn sie unreflektiert handeln, „Defizitgeneratoren". Die richtige Haltung für ihn sei Enthaltung. In seinem erhellenden Buch „Das anständige Unternehmen" wagt Sprenger eine Ode an die Enthaltung: „Das Nichttun der Führungskraft zielt auf das Selbertun des Mitarbeiters" (Sprenger 2015, S. 355). Und weiter: „Lassen ist das neue Tun" (Sprenger 2015, S. 355). Es geht darum, Dinge nicht mehr zu tun

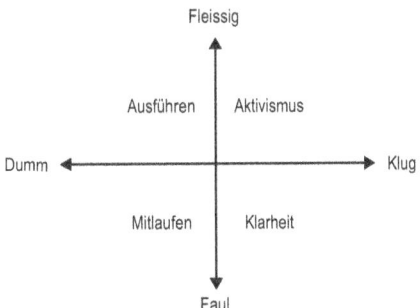

Abb. 2.2 Die Hammerstein-Matrix. (Quelle: in Anlehnung an Enzensberger 2008)

bzw. gar nicht erst einzuführen. Was hält uns davon ab? Wir sind hyperaktiv, weil wir den allgemeinen Erwartungen an Führungskräfte entsprechen wollen. Nicht mutig wollen wir uns exponieren, sondern unreflektiert funktionieren. Durch den grassierenden Aktivismus jedoch geht der Wirtschaft jährlich ungeheures Potenzial verloren. Ein bisschen mehr Achtsamkeit täte Führungskräften gut. Anstelle die „mind full" zu haben, wäre „mindful" wohl eine sinnvollere Art, mit den herrschenden Herausforderungen in der Führung umzugehen. Achtsamkeit und die eigene Resilienz werden denn auch immer mehr zu treibenden Erfolgsfaktoren der Führung in einer unplanbaren Zeit (vgl. Schmalbach 2016).

2.8   Die falschen Dinge richtig tun

Ergründen wir ein weiteres schwarzes Loch: die Effizienz. Effizienz verstanden als der Glaube, die Dinge *richtig* tun müssen. Wir dürfen keine Zeit verlieren. Sehen wir zu, dass wir mit dem geringsten Input das Maximum herausholen. Und dabei grandios Schiffbruch erleiden. Schon in unserer frühesten Kindheit werden wir darauf konditioniert, die Dinge richtig zu tun. In der Schule geht es darum, auf den Punkt genau zu lernen und Wissen exakt zum Prüfungszeitpunkt abrufen zu können. Ob die Schüler verstanden haben, was sie lernen, ist nicht relevant. Ob sie es einmal anwenden können, ebenso wenig. Im Erwerbsleben geht es uns nicht anders. Mitarbeiter deutscher Unternehmen und Institutionen verbringen mittlerweile im Durchschnitt sechs Stunden pro Woche in Meetings. Die Hälfte dieser Stunden, so das ernüchternde Ergebnis neuer Studien, ist unproduktiv. An der Spitze der Unternehmen ist die Situation weit gravierender. Top-Manager verbringen 90 % ihrer Arbeitszeit in Meetings. Dieselben Manager, die diese Treffen einberufen, kreuzen dann auf den einschlägigen Fragebögen der Forscher an, dass diese „reine Zeitverschwendung" seien (vgl. Kowitz 2014, S. 100 f.). Wir sind auf Effizienz gepolt, tun die Dinge richtig, fragen aber selten nach der Effektivität, danach, ob wir die *richtigen* Dinge tun.

   Wie viel Zeit vergeuden wir damit, die falschen Dinge richtig zu tun? Genau genommen verbringen wir einen erheblichen Teil unserer produktiven Zeit in Unternehmen mit Unwichtigem. Wir verwechseln Effizienz mit Effektivität. Dabei ginge es auch anders. Vilfredo Pareto hat in seinem weltbekannten *Pareto-Gesetz* festgestellt: 20 % des Aufwands sorgen für 80 % des gesamten Outputs. Dieses Gesetz lässt sich je nach Kontext beliebig interpretieren:

- 80 % der Konsequenzen erfolgen aus 20 % der Ursachen;
- 80 % der Ergebnisse resultieren aus 20 % des gesamten Aufwands;
- 80 % der Unternehmensgewinne werden mit 20 % der Produkte erwirtschaftet;
- 80 % der Aktiengewinne werden von 20 % der Anlagen gemacht.

Weil wir allerdings nicht zu wissen glauben, welche unserer vielfältigen Aktivitäten effizient und welche effektiv sind, versuchen wir beides zu erreichen. Am häufigsten geschieht dies dadurch, dass wir unsere Arbeitszeiten verlängern. So werden aus 40 Wochenstunden deren 70, auf die wir erst stolz zurückblicken – und dann feststellen müssen: Es hat sich nichts getan. Nur weil etwas viel Zeit oder Arbeit gekostet hat, folgt daraus nicht automatisch, dass es produktiv oder der Mühe wert ist.

Verschlimmert wird das Ganze durch das *Parkinson'sche Gesetz:* Es besagt, dass sich die (scheinbare) Wichtigkeit und die Komplexität einer Aufgabe in genau dem Maße ausdehnen, wie Zeit für ihre Erledigung zur Verfügung steht. Auf magische Art und Weise hat die bevorstehende Deadline Einfluss darauf, wie lange wir brauchen, um eine bestimmte Aufgabe zu erledigen (vgl. Ferris 2012, S. 95). Je mehr Zeit wir für eine Aufgabe vorsehen, desto komplexer wird sie. Da werden Berater angeheuert, unzählige Meetings für den Einbezug sämtlicher Interessensgruppen anberaumt, Projektdokumentationen geschrieben und an das Management weitergeleitet, das ohnehin keine Zeit hat, diese zu lesen: je mehr Zeit, desto mehr Komplexität. Im Umkehrschluss bedeutet dies: Je weniger Zeit ich für die Lösung eines Problems zur Verfügung habe, desto einfacher muss die Lösung sein. Probleme sind nicht immer so komplex, wie wir sie uns machen. Mal ehrlich: Wie viele Projekte würden effektiver abgeschlossen, wenn wir ihnen weniger Zeit zugeständen? Unser Drang nach Effizienz kostet eine Unmenge an Produktivität, ohne dass wir uns dessen gewahr werden.

2.9 Führungskräfte müssen entscheiden

Ein letztes schwarzes Loch, das uns in unserer Praxis fast täglich begegnet, ist der sinnentleerte Anspruch an Führungskräfte, alles und überall entscheiden zu müssen. Der langwierige Weg zu Entscheidungen legt ganze Firmen lahm. Einige Beispiele gefällig? Was passiert, wenn jemand, der einen Firmenwagen ausleihen muss, erst sechs Unterschriften einholen muss? Welches sind die Konsequenzen davon, wenn Manager jahrelang Budgets verwalten, die kleiner sind als Ihr Jahresgehalt? Die Energie, Zeit und das Geld für diesen Blödsinn müssen dann selbstredend wieder in Kosteneffizienzmaßnahmen eingespart werden.

Wenn Führungskräfte entscheiden müssen, entstehen zwangsläufig Entscheidungsengpässe. Führungskräfte haben – wie alle Menschen – beschränkte Zeit. Wenn aber alles den engen Weg der Entscheidungsfindung gehen muss, steht am Ende des Wegs ein Meeting – wo immer zu wenig Zeit für Wesentliches bleibt und sich somit Entscheide stauen, manchmal über Monate hinweg, ohne dass irgendetwas geschieht. Im Buch „Mad Business" interviewen Jörg Bartussek und Oliver Weyergraf, zwei ehemalige Manager, Dutzende Führungskräfte über Leben und Leben in großen Organisationen. Dabei kommen erhellende Einsichten bezüglich Meetings an den Tag (vgl. Bartussek und Weyergraf 2015): Meetings erfüllen ihre Funktion nicht. Vor allem in großen Unternehmen sind Meetings Alibiveranstaltungen, in denen alle über den Stand der Dinge informiert oder ins Boot geholt werden sollen. Dabei werden weder Lösungen erarbeitet noch gemeinsame Entscheidungen getroffen. Zusammenarbeit in Unternehmen bedeutet in unserem

Entscheidungsverständnis, ständig Kompromisse zu schließen und die dann gemeinsam umzusetzen. Das Grundproblem ist jedoch, dass weder Mitarbeitende noch Führungskräfte Spielraum oder Interesse an Kompromissen haben. Sie werden im Wesentlichen durch die Ziele der eigenen Abteilung und die eigenen Annahmen angetrieben. Statt um einen Kompromiss zu ringen, wird der offene Konflikt gescheut – auf allen Ebenen. Und hier sind wir beim eigentlichen Thema: Menschen scheuen im Generellen Konflikte. Deswegen neigen sie dazu, keine Entscheide zu fällen. Dahinter versteckt sich meist die Angst, falsch zu entscheiden und dafür die Konsequenzen tragen zu müssen. Da entscheidet man lieber nicht, zieht es vor, neutral zu bleiben und Entscheide an ein System zu delegieren, dass ob der Antragsflut verstopft. So werden Entscheide vertagt und dafür immer mehr Meetings durchgeführt, in denen entschieden wird, ein neues Antragsformular oder Kennziffern einzuführen, die uns bei der Entscheidfindung helfen sollen.

Entscheidungskompetenz wäre nützlich. Nur sind wir davon weiter entfernt denn je. Das ist auch nicht weiter verwunderlich. Die Erwartungshaltungen an Führungskräfte steigen so kometenhaft an wie ihr Wissen um das effektive Unternehmensgeschehen abnimmt. Gerd Gigerenzer, Psychologe und Direktor am Max-Planck-Institut in Berlin, meint denn auch, dass Entscheidungskompetenz nicht in herkömmlichen Maßstäben gemessen werden können. „Wir müssen uns von den alten Vorstellungen verabschieden, dass wir optimal entscheiden können – also Informationen haben, bevor wir einen Haken dranmachen. Es genügt, wenn wir zufriedenstellende Entscheidungen treffen" (in Lotter 2016, S. 41). Die Frage lautet somit nicht: „Was ist perfekt?" Denn die führt nur dazu, dass nichts entschieden wird. Vielmehr müssen wir uns, so Gigerenzer, die Frage stellen: „Was ist gut genug?" Dies jedoch bedeutet mit Nichtwissen umzugehen. Für wissensbegierige Manager keine allzu frohe Botschaft. Der Einzelne befindet sich oft in einem Korsett an Zwängen, Abhängigkeiten, widersprüchlichen Aussagen und Ansprüchen, die seine Entscheidungen beeinflussen – was in der Regel keine klaren Entscheidungen fällen lässt. So wird Führung blockiert.

Wenn wir dies ändern wollen, müssen wir Entscheidungen dorthin delegieren, wo sie Wirkung entfalten: in den Betrieb, an die Basis, wo Menschen selbst täglich mit den Dingen zu tun haben, die irgendwo für sie entschieden werden. Dies bedeutet für Führungskräfte ein Hinterfragen der eigenen Rolle, der eigenen Verantwortlichkeiten und der eigenen Einflussmöglichkeiten. Nur dann kann es gelingen, die schwarzen Löcher der Führung zu stopfen.

Literatur

Bartussek J, Weyergraf O (2015) Mad Business – Was in den Führungsetagen der Konzerne wirklich abgeht. Campus, Frankfurt a. M.

Bateson G (1972) Steps to an ecology of mind: collected essays in anthropology, psychiatry, evolution, and epistemology. University Press, Chicago

Bauer-Jelinek C (2007) Die Spielregeln der Macht und die Illusionen der Gutmenschen. Ecowin, Salzburg

Binswanger M (2006) Die Tretmühlen des Glücks. Wir haben immer mehr und werden nicht glücklicher. Was können wir tun? Herder, Freiburg im Breisgau

Enzensberger M (2008) Hammerstein oder der Eigensinn. Eine deutsche Geschichte. Suhrkamp, Frankfurt a. M.

Ferris T (2012) Die 4-Stunden Woche. Mehr Zeit, mehr Geld, mehr Leben. Ullstein, Berlin

Friedman TL (1999) Globalisierung verstehen. Zwischen Marktplatz und Weltmarkt. Ullstein, Berlin

Goldsmith M (2008) What got you here won't get you there. How successful people become even more successful! Profile Books, London

Guggenbühl A (2012) Der immer längere Weg ins Erwachsenenleben. Neue Zürcher Zeitung, 18. Juni, S 48 (Nr 139)

Han B-C (2012) Nur eine Maschine ist transparent. brand eins 2011(7):45–49

Kahneman D et al (2004) toward national well-being accounts. Am Econ Rev 94:429–434 (Papers and Proceedings)

Kowitz D (2014) Das grosse Blabla. brand eins 2014(4):100–105

Lotter W (2012) Die Ermutigung. brand eins 2012(6):40–48

Lotter W (2015) Das Leben der anderen. brand eins 2015(8):74–79

Lotter W (2016) Die Inventur. brand eins 2016(1):40–48

Pfläging N (2009) Die 12 neuen Gesetze der Führung. Der Kodex. Warum Management verzichtbar ist. Campus, Frankfurt a. M.

Powdthavee N (2005) Identifying causal effects with panel data: the case of friendship and happiness. The Institute of Education, University of London

Schmalbach M (2016) Gute Führung durch Yoga und Meditation. Springer, Berlin

Schmitz M (2012) Psychologie der Macht. Kriegen, was wir wollen. Kremayr & Scheriau, Wien

Sennett R (2008) Handwerk. Berlin Verlag, Berlin

Sprenger R (2015) Das anständige Unternehmen. Was gute Führung ausmacht und was sie weglässt. Deutsche Verlags Anstalt, München

Taleb NN (2007) The black swan. The impact of the highly improbable. Penguin, London

Wüthrich HA et al (2007) Musterbrecher. Führung neu leben, 2. Aufl. Gabler, Wiesbaden

Zook C, Allen J (2012) Repeatability. Build enduring businesses for a world of constant change. Harvard Business Review Press, Watertown

Korrosive Energie

3

Man muss die Organisation den Menschen anpassen, nicht umgekehrt.
Alexander Brochier

Unsere unreflektierten Glaubenssätze sorgen dafür, dass sich Unternehmen kaum mehr – oder höchstens noch mit nahezu heroischem Aufwand – steuern lassen. Ein Aufwand, der fälschlicherweise als herausragende Leistung der Führung gedeutet wird. Die Energie, die Führungskräfte heute benötigen, um ihre Unternehmen produktiv und wettbewerbsfähig zu halten, hat aber nichts mit Heldentum und schon gar nichts mit dem Dienst an einer Sache oder an Menschen zu tun. Sie geht einfach verloren. So führt sich selbst die beste Führung ad absurdum. In zahlreichen Unternehmen lässt sich beobachten, dass Daueranstrengungen – ein permanent höherer Einsatz, stetig steigende Geschwindigkeit und kontinuierlicher Aktivismus – kein Garant für Unternehmenserfolg sind. Im Gegenteil: je schneller wir drehen, desto hochtouriger fährt unser Motor, und dies ist mit viel Aufwand und Lärm verbunden. Gerade letzterer macht uns immer mehr zu schaffen. Lärm gilt als einer der größten Risikofaktoren für Herz-Kreislauf-Erkrankungen. Die Physikerin und Schallschutzexpertin Kerstin Giering von der Hochschule Trier hat in einer Präsentation mit dem Titel „Was kostet uns der Lärm?" aus dem Jahr 2013 die Folgen von Dauerschallpegeln dokumentiert. Ein deutlicher Leistungsabfall – und somit Produktivitätsverluste – sind bereits bei Werten zwischen 50 und 60 dB nachgewiesen. Das ist die Lautstärke eines normalen Gesprächs, etwa in einem Großraumbüro (vgl. Giering 2013). Um konzentriert arbeiten zu können – also bei Wissensarbeit generell – ist noch mehr Ruhe notwendig. Wer sich konzentrieren muss, es aber nicht kann, steht unter Dauerstress. Je mehr Menschen nun Kopfarbeit verrichten, desto kränker werden sie in einer Umgebung, wo lauter Aktivismus Erfolg symbolisiert. So geraten hochaktive Unternehmen leicht in die *Beschleunigungsfalle* (vgl. Zaugg und Thom 2003).

© Springer Fachmedien Wiesbaden GmbH 2017   27
M. Kres, *Mutmacher: Unternehmen stärken durch mutige Führung*,
DOI 10.1007/978-3-658-14288-9_3

Wenn wir unsere Unternehmen dauerhaft an die Grenzen der Belastbarkeit treiben, ist vernünftiges Arbeiten nicht mehr möglich. Daueranstrengungen sind oft begleitet von Energiemangel wie Change-Müdigkeit (vgl. Buchanan et al. 1999), Trägheit (Sull 1999 oder Tushman und O'Reilly 1996), Zynismus (vgl. Andersson und Bateman 1997 oder Dean et al. 1998) oder gar einem *organisationalen Burn-out*[1]. Ein organisationales Burn-out ist dann erreicht, wenn ein soziales System paralysiert und erschöpft ist, dies realisiert aber nicht mehr fähig ist, die Situation aus eigener Kraft positiv zu verändern (vgl. Greve 2015, S. 7). Für die Menschen ist das verheerend: Schätzungen zufolge sind alleine in Deutschland 20 bis 30 % der Berufstätigen Burn-out-gefährdet. Die Zahlen sind für andere Länder ähnlich. So zeigt etwa der „Job-Stress-Index 2016", den die Gesundheitsförderung Schweiz in Zusammenarbeit mit der Universität Bern und der Zürcher Hochschule für Angewandte Wissenschaften erstellt hat, dass ein Viertel aller Erwerbstätigen (25,4 %) Stress hat. Diese Menschen können die Belastungen am Arbeitsplatz nicht mit anderen Faktoren wie zum Beispiel Wertschätzung, Handlungsspielraum oder Unterstützung durch die Vorgesetzten abfedern. Fast die Hälfte der Befragten (46,3 %) befinden sich im sensiblen Bereich, in dem die Ressourcen nur mehr knapp ausreichen, um die Belastungen auszugleichen. Nur gerade 28,3 % der Befragten sagen aus, dass sie sich im Arbeitsumfeld nicht gestresst fühlen. Die Autoren schätzen die Kosten für die Schweizerischen Unternehmen, die durch Stress und Erschöpfung am Arbeitsplatz entstehen, auf rund 5,8 Mrd. Franken pro Jahr (vgl. Gesundheitsförderung Schweiz 2016).

Viele Unternehmen weisen eine so hohe negative Energie auf, dass ein Großteil des Engagements nicht mehr für produktive Arbeits- und Veränderungsprozesse, sondern für interne Machtkämpfe eingesetzt wird. Die aktivierten Kräfte entfalten ihre Energie destruktiv nach innen und können nicht produktiv zur Schaffung von Kundennutzen eingesetzt werden (vgl. Bruch und Vogel 2009, S. 20 f.). So führen unreflektierte Glaubenssätze einzelner Führungskräfte zu *korrosiver Energie* für ganze Unternehmen. Korrosive Energie weist zwar ein hohes Maß an Aktivität, Intensität und emotionaler Verbundenheit auf, sie ist jedoch negativ aufgeladen: Angst oder Wut können sich rasch zu negativ selbstverstärkenden Spiralen aufschaukeln (Abb. 3.1).

Korrosive Energie führt dazu, dass sich Unternehmensbereiche gegenseitig schwächen und gemeinsame Initiativen beeinträchtigt werden. Überzogene Aktivität und rasantes Tempo führen zu Oberflächlichkeit und mittelmäßigem Output. Oftmals reagieren Führungskräfte auf diesen Zustand durch noch mehr Druck. Ein fataler Fehler, denn korrosive Energie lässt sich nicht durch gesteigerten Aktivismus in positive Energie umwandeln. Im Gegenteil: Wenn wir korrosiver Energie noch mehr Aktivität zuführen, erlahmt das Unternehmen. Die Herausforderung für das Management besteht darin, nach Phasen intensiver Anstrengung und Produktivität bewusst Ruhephasen einzubauen, in denen die

---

[1]Der Begriff des organisationalen Burn-outs wurde eingeführt von Greenwood (1979).

Abb. 3.1 Zustände organisationaler Energie. (Vgl. Bruch und Vogel 2009, S. 40)

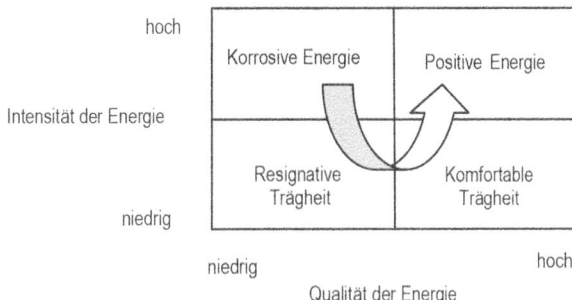

Intensität wieder sinken kann, wo die Mitarbeiter neue Kraft schöpfen und sich untereinander austauschen können, wodurch sodann die Qualität des gemeinsamen Arbeitens zunimmt. Stephan A. Jansen, Direktor des Civil Society Center an der Zeppelin Universität, beschreibt diese Energieumkehr sehr schön, wenn er meint: „Wir brauchen eine neue Wertschätzung für die Spannung zwischen Spannung und Entspannung, zwischen produktiver Ruhe und produktiver Unruhe, zwischen Rastlosigkeit und dem Zelebrieren der eigenen Zerstreuung" (Jansen 2014, S. 107). Auf diese Weise entsteht Bereitschaft für eine gemeinsame, positive Energie, mit der sich auch größte Herausforderungen konstruktiv meistern lassen. So wird aus einem lärmenden ein lernendes Unternehmen.

Literatur

Andersson LM, Bateman TS (1997) Cynicism in the workplace: some causes and effects. J Organ Behav 19:449–469

Bruch H, Vogel B (2009) Organisationale Energie. Wie Sie das Potenzial Ihres Unternehmens ausschöpfen, 2. Aufl. Gabler, Wiesbaden

Buchanan D et al (1999) Organisation development and change: the legacy of the nineties. Hum Resour Manag J 9:20–37

Dean JW et al (1998) Organizational cynicism. Acad Manage Rev 23:341–352

Gesundheitsförderung Schweiz (2016) Job-Stress-Index 2016

Giering K (2013) Was kostet uns der Lärm. Präsentation im Rahmen des „Tags für den Lärm" an der Hochschule Trier. http://www.umweltdaten.landsh.de/public/umgebungslaerm/ulr/doc/Giering_Was_kostet_uns_der_Laerm.pdf

Greenwood JW Jr (1979) Managing executive stress. Wiley, New York

Greve G (2015) Organizational Burnout. Das versteckte Phänomen ausgebrannter Organisationen, 3. Aufl. Springer Gabler, Wiesbaden

Jansen SA (2014) Lenken sich Studierende und Forscher durch Bildungsreformen selbst ab? Brand eins 2014(4):106

Sull DH (1999) Why good companies go bad. Harv Bus Rev 76:42–51

Tushman ML, O'Reilly CA III (1996) Ambidextrous organization: managing evolutionary and revolutionary change. Calif Manag Rev 38:29–36

Zaugg RJ, Thom N (2003) Excellence through implicit competencies: human resource management – organizational development – knowledge creation. J Change Manag 3:1–21

Beschleunigung

4

Es gibt wichtigere Dinge im Leben, als ständig dessen Geschwindigkeit zu erhöhen.
Mahatma Gandhi

Hektik bestimmt heute zunehmend unser Leben, die beschleunigte Welt hat uns fest im Griff. Smartphones und weltumspannende Teams sorgen dafür, dass wir rund um die Uhr in Alarmbereitschaft stehen und glauben, auf Auszeiten keinerlei Anrecht zu haben. Der Anteil der Stellen mit starren Präsenzzeiten von 9–17 Uhr nimmt ab, bei einer steigenden Anzahl der Beschäftigten sind flexible Arbeitszeitformen die Regel. Nachtarbeit, Teilzeit, Gleitzeit und Überstunden, Arbeitskontenmodelle oder Vertrauensarbeitszeit – die kaum je endet, weil man sich mental weiter mit dem Job beschäftigt – bestimmen zusehends unser Leben. Nach Expertenschätzungen fallen heute zwischen 20 und 30 % aller Erwerbstätigen unter solche flexiblen Arbeitsformen.

Damit gewinnt der Begriff des „Zeitwohlstands" an Bedeutung (Dettmer und Tietz 2012, S. 46). Lange wurde Wohlstand im Wesentlichen über materielle Güter definiert. Die Güte eines Arbeitsplatzes hat heute jedoch weniger damit zu tun, wie hoch das zu erzielende Einkommen ist, sondern wie viel Freiraum er dem Einzelnen im Privatleben lässt. Freiraum definiert sich dadurch, inwiefern sich Unternehmen und ihre Mitarbeiter entfalten können, inwiefern ein soziales System atmen kann. Wenn wir atmen wollen, müssen wir gleichmäßig ein- und ausatmen. Ebenso verhält es sich mit Unternehmen: auch sie müssen ein- und ausatmen können. Wenn wir jedoch einen genaueren Blick auf Firmen werfen, stellen wir fest, dass die Atemtechnik von Unternehmen schwer gestört ist. Viele Unternehmen hyperventilieren. Sie atmen kontinuierlich ein, um schlanker, schneller, effizienter und fitter zu werden. Für das Ausatmen haben sie keine Zeit. Das kann auf Dauer nicht gut gehen.

Eine steigende Anzahl von Unternehmen stellt ihre Beschäftigten nur noch über Arbeitszeitkonten und ausgeklügelte Schichtmodelle variabel ein und passt ihre Belegschaft mithilfe atypischer Beschäftigungsformen jeder Auftragslage an. So kann schnell auf die sich rasch veränderte Nachfrage reagiert werden. Die Folgen dafür sind jedoch

© Springer Fachmedien Wiesbaden GmbH 2017   31
M. Kres, *Mutmacher: Unternehmen stärken durch mutige Führung,*
DOI 10.1007/978-3-658-14288-9_4

verheerend, denn so verfestigt sich durch den Drang, rasch reagieren zu wollen, allmählich eine Dreiklassengesellschaft: Der innerste Zirkel wird durch die Stammbelegschaft
gebildet, zu der Manager und wichtige Mitarbeiter gehören. In einer nächsten Schicht
folgen externe Spezialisten, die zu Projekten hinzugezogen werden, und schließlich, im
äußersten Ring, flexible Arbeitskräfte, die je nach Bedarf eingestellt und wieder entlassen werden. In manchen Dienstleistungsbranchen wie etwa dem Einzelhandel, der
Gastronomie, dem Bildungsbereich, aber auch in Pflegeberufen sind atypische Arbeits-
verhältnisse inzwischen die Norm. Der ökonomische Erfolg hat seinen Preis. Er bietet
zwar mehr Verantwortung, Freiheit und Selbstständigkeit, kostet aber Sicherheit und
Berechenbarkeit. Während im Inneren des atmenden Unternehmens die steigende Präsenz und die zunehmende Verschmelzung von Arbeit und Freizeit die verbliebenen
Hochleistungssportler ermüden, gestaltet sich für die Menschen außerhalb der permanente Kampf, näher an das Unternehmen, an die vermeintliche Sicherheit heranzukom-
men, ebenfalls sehr anstrengend. Atmende Unternehmen führen zu atemlosen Menschen.

Unser Leben – und damit unsere Arbeit – setzt uns zunehmend unter Druck. Am Ende
dieser Entwicklung, sagt der französische Soziologe Alain Ehrenberg (2015), stehe das
erschöpfte Selbst. Depressive Erkrankungen nähmen zu, so Ehrenberg, weil viele Menschen es nicht schaffen würden, ihre Freiheiten und Wahlmöglichkeiten für ein glückli-
ches Leben zu nutzen. Ein Burn-out zu haben wird vielerorts zelebriert. Auch wenn bei
Experten umstritten ist, was unter Burn-out wirklich zu verstehen ist, als Vorstufe zur
Depression ist er absolut ernst zu nehmen. Die Ursachen für die zunehmenden Burn-out-
und Depressionsfälle sind vielschichtig und höchst gradig individuell, wiederum jedoch
im Kontext unserer Kultur zu sehen.

Wir sind Zeuge einer neuen Werteemanzipation. Subjektive Ideale wie die Freiheit
des Einzelnen, die Hedonismus, Authentizität und ein selbstverantwortliches, sich selbst
steuerndes Denken mit sich bringen sollten, sind zu bestimmenden Leitwerten geworden.
Diese Leitwerte führen in breiten Bevölkerungsschichten zu einem „Unbehagen", wie
der Sozialphilosoph Charles Taylor feststellt (vgl. Taylor 1995). Der Kern des Unbehagens liegt weniger in der Veränderung der Leitwerte als vielmehr in ihrer Trivialisierung
und Totalisierung. So drohen Freiheit und Authentizität zu einer Kultur der Selbstbezo-
genheit und der Wahlfreiheit beim Erwerb purer materieller Güter zu verkommen. Der
Soziologe und Zeitforscher Hartmut Rosa geht in seiner Analyse noch weiter. Er erkennt
in unserer modernen Gesellschaft eine „Beschleunigung", in der die Abhängigkeit von
äußeren Zwängen und Ansprüchen derart groß geworden ist, dass bei den Menschen
Angst besteht, abgehängt zu werden und nicht mehr mitzukommen (vgl. Rosa 2009,
S. 118). „Wir erleben in der Gegenwart eine dreifache Beschleunigung – die des tech-
nischen Fortschritts, des sozialen Wandels und des Lebenstempos" (zit. in Dettmer und
Tietz 2012, S. 47). Die traditionellen Rollenmuster verschieben sich und erhöhen den
Druck auf die Menschen, unabhängig von Status und Einkommen.

Wie gehen Menschen mit dieser Situation um? Rosa prägt als Ausweg das Bild eines
flexiblen Wellenreiters, der auf jeder Welle mitsurft, den Blick auf Strand und Horizont
dabei verliert und zunehmend weniger Bezug zu seinen eigenen Grenzen hat. Alles

unterwirft der flexible Wellenreiter seinem persönlichen „Kick", seinem unmittelbaren Glücksgefühl. Ulrich Böckling, ebenso Soziologe wie Rosa, beobachtet diese Tendenz auch in der Wirtschaft. Die heutige Intensität und Globalisierung vieler Märkte ruft einen Zwang nach kontinuierlicher Selbstoptimierung hervor, eine unerbittliche Auslese des Wettbewerbs, die nur wenige gewinnen können. Ständig sehen wir die Gefahr des Scheiterns und stemmen uns dagegen in einem Selbstoptimierungszwang bis hin zur Selbstausbeutung (vgl. Böckling 2007). Stets laden wir uns mehr Projekte auf, ersticken durch unseren Aktivismus jegliche Aktivität, in der irrigen Annahme, uns dadurch vielleicht am Markt differenzieren zu können. So wird die Belastung zur Überlastung, die gewollte Verdichtung zur Verstopfung, die angestrebte Beschleunigung endet im Stau. Die Beschleunigungsfalle schnappt zu und bringt zusehends negativen Stress ins Leben. Mit fatalen Folgen: Gemäß einer vom Staatssekretariat für Wirtschaft (SECO) in Auftrag gegebenen Studie fühlen sich rund ein Drittel der Erwerbstätigen in der Schweiz häufig oder sehr häufig gestresst. Dies sind 30 % mehr als noch vor 10 Jahren. Dies hat gravierende Auswirkungen auf das Wachstum. Man schätzt, dass der Deutschen Volkswirtschaft jährlich 45 Mrd. EUR, also 2,4 % des Bruttoinlandprodukts, durch Stress verloren gehen. In der Schweiz betragen vergleichbare Kosten 1,2 % des BIP, in Österreich etwa 2,2 % des BIP.[1] Die Beschleunigungsfalle nimmt also direkt Einfluss auf unseren Wohlstand und unsere Produktivität.

Wer gestresst ist, dient nicht mehr anderen, sondern nur noch sich selbst. Er kann gar nicht mehr anders. Neurologen untersuchen die Wirkung von Stress seit Jahren. Ihr Befund: Chronischer Stress verändert die Morphologie und die Anzahl der Neuronen und ihrer Fortsätze im menschlichen Hirn. Im Hypocampus und im präfrontalen Kortex werden Stammzellen vernichtet – in der Amygdala vergrößern sie sich. Das führt zu Konzentrations- und Merkfähigkeitsstörungen, schließlich zu Angst und Depression. Die Selbstheilungskräfte nehmen ab, generell sinkt die Motivation. Wer gestresst ist, kann keine Wertschöpfung mehr erzielen, die Produktivität sinkt. Dadurch steigt natürlich der Druck, der negativ empfundene Stress nimmt weiter zu. Kurzum: Der Stresskreislauf (siehe Abb. 4.1) vernichtet großflächig Werte.

Wir wissen heute, dass Menschen nur dann zu Höchstleistungen auflaufen, wenn sie sich im sogenannten *Flow* befinden, wenn also die eigenen Erwartungen im Einklang stehen mit den Anforderungen des Umfelds. Das Flow-Prinzip, vom ungarischen Psychologen Mihaly Csikszentmihályi entwickelt, besagt, dass ideale Arbeit den Fähigkeiten der Mitarbeiter so gut entsprechen sollte, dass diese oft in einen Zustand der Selbstvergessenheit, den Flow geraten (vgl. Csikszentmihályi 2010). Menschen im Flow sind derart ins eigene Tun vertieft, dass die Zeit wie im Flug vergeht. Flow-Erlebnisse sind Momente, in denen Konzentration, Können und Begeisterung verschmelzen und persönliches Glück und Wachstum hervorrufen. Menschen, die im Flow sind, engagieren sich und sind produktiv (siehe Abb. 4.2).

---

[1]Vgl. http://www.seco.admin.ch/aktuell/00277/01164/01980/?msg-id=40970.15.07.2014.

Abb. 4.1 Der Stresskreislauf.
(Kres 2007, S. 31 ff.)

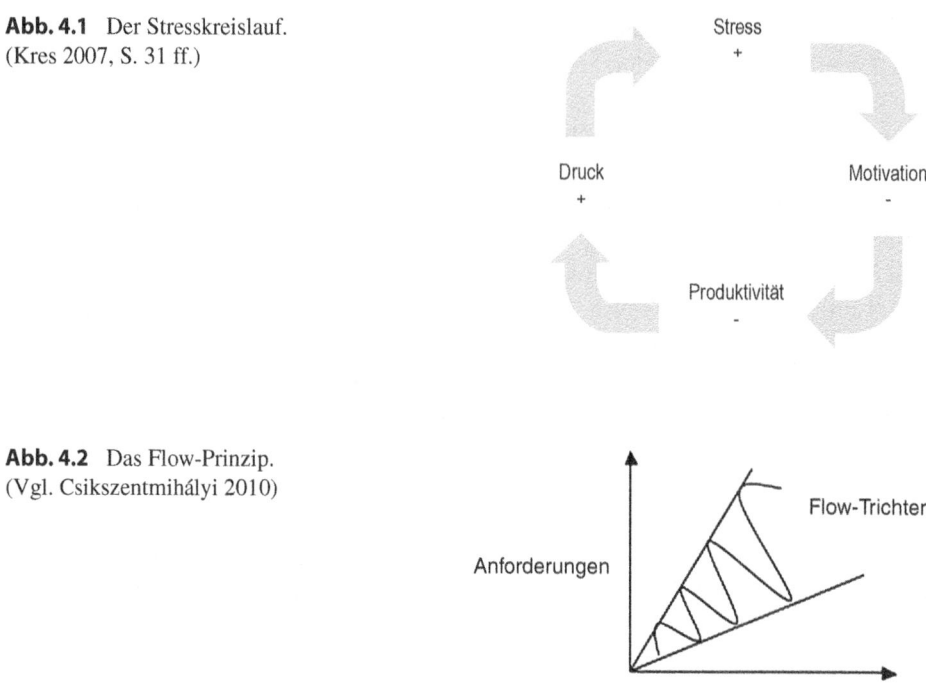

Abb. 4.2 Das Flow-Prinzip.
(Vgl. Csikszentmihályi 2010)

Wird das Flow-Prinzip in Unternehmen umgesetzt, kommen die Menschen vermehrt mit ihren Ressourcen in Kontakt und können so druckvolle Situationen besser meistern. Ihr Stress nimmt ab, sie werden achtsamer. Sie denken vermehrt darüber nach, was sie brauchen, um selbstständig Bestleistungen zu erbringen. Ihr Ehrgeiz wird angestachelt.

Wer also das Nachdenken fördert, kann bessere Leistung erwarten. In der unternehmerischen Praxis ist es jedoch oft umgekehrt. Unser Drang nach Effizienz macht Effektivität unmöglich, Korrektheit killt Pragmatismus. Es ist so, als wenn wir den Takt mit dem Rhythmus verwechselten. Wir versuchen einen sinnvollen Rhythmus zu erlangen, indem wir einen immer schnelleren Takt schlagen. Dabei gehen jedoch Rhythmus und Melodie verloren. Um Erfolg zu haben, müssen wir erst die Melodie erahnen, indem wir uns auf Dinge einlassen und sie verstehen. Peter Sennett, der große amerikanische Soziologe, meint dazu: „Die Langsamkeit des Handwerks ermöglicht die Arbeit der Reflexion und der Phantasie – der Drang nach raschen Ergebnissen vermag das nicht" (vgl. Sennett 2008, S. 391). Wenn wir versuchen, einen Marathon im Tempo eines 100-Meter-Sprints zu laufen, geht uns die Puste aus. Wenn uns das System überrennt, ebenso. Wir brauchen Pausen, um Höchstleistungen zu erbringen. Wir müssen entschleunigen, um zu wachsen.

Literatur

Böckling U (2007) Das unternehmerische Selbst. Soziologie einer Subjektivierungsform. Suhrkamp, Frankfurt a. M.

Csikszentmihályi M (2010) Flow – der Weg zum Glück: der Entdecker des Flow-Prinzips erklärt seine Lebensphilosophie. Herder, Freiburg

Dettmer M, Tietz J (2012) Vernetzt in den Wahnsinn. Spiegel Wissen 2012(1):40–47

Ehrenberg A (2015) Das erschöpfte Selbst. Depression und Gesellschaft in der Gegenwart, 2. Aufl. Campus, Frankfurt

Kres M (2007) Integriertes Employability-Management. Arbeitsmarktfähigkeit als Führungsaufgabe. Haupt, Bern

Rosa H (2009) Kapitalismus als Dynamisierungsspirale – Soziologie als Gesellschaftskritik. In: Dörrie K et al (Hrsg) Soziologie, Kapitalismus, Kritik: Eine Debatte. Suhrkamp, Frankfurt, S 87–125

Sennett R (2008) Handwerk. Berlin Verlag, Berlin

Taylor C (1995) Das Unbehagen der Moderne. Suhrkamp, Frankfurt a. M.

Innerhalb einer Epoche gibt es keinen Standpunkt, um eine Epoche zu betrachten.
Peter von Matt

Menschenbilder beeinflussen unsere Wahrnehmung. Sie prägen unsere Grundhaltungen, Sichtweisen, unsere Interpretation der Dinge und letztendlich unser Handeln. Betrachten wir von den vielen Schubladen in unserem Kopf, in die wir Menschen – in diesem Fall Führungspersonen – ihrem Charakter nach einsortieren, zwei besonders häufig benutzte: den Charismatiker und den Narzissten.

Welche Wirkung haben diese beiden Führungstypen auf Unternehmen? Nach wie vor ist der Glauben stark verbreitet, Charisma, Durchsetzungsvermögen und Überzeugungsfähigkeit bestimmten den Erfolg einer Führungskraft. Über charismatische Manager wird gerne berichtet. Sie eignen sich für eine gute Story. Der Preis für die Publizität ist jedoch hoch: Charismatische Führungskräfte müssen einen großen Teil ihrer Energie in die eigene Außenwirkung investieren. Sie müssen die Auswirkungen ihrer Entscheidungen nicht nur auf das Wohlergehen des Unternehmens, sondern auch in Bezug auf ihr Image in Betracht ziehen. Sie müssen laut sein, denn sonst werden sie nicht wahrgenommen. Häufig verbringen solche Führungskräfte mehr Zeit damit, ihre Position zu sichern, als sich um ihre Mitarbeiter zu kümmern. Darin liegt ein enormes Potenzial für Fehlentscheidungen. Gesellt sich zum Charisma – und dies ist nicht selten der Fall – eine oft auch von den Medien geschürte Selbstgefälligkeit hinzu, dann wird die Sache gefährlich. Alfred Görres, ein Münchner Psychiater, hat von Narzissten gesagt, dass sie sich mit *Bewunderungszwergen* umgeben würden (vgl. Grün 2007, S. 206). Sie brauchen um sich herum Menschen, die zu ihnen aufschauen und alles, was sie tun, in den höchsten Tönen preisen. Das führt zum einen zu Realitätsverlust, zum anderen kann man von Bewunderungszwergen auch keine große Leistung erwarten.

Durch Selbstgefälligkeit vernichten wir Werte. Wir vergraulen die besten Mitarbeiter, weil wir Angst haben, sie könnten besser sein als wir selbst. Psychologen meinen,

© Springer Fachmedien Wiesbaden GmbH 2017
M. Kres, *Mutmacher: Unternehmen stärken durch mutige Führung,*
DOI 10.1007/978-3-658-14288-9_5

dass bis zu 40 % des Potenzials einer Firma durch solch unreife Spiele vergeudet werden (Grün 2007, S. 206). Und dennoch: Nicht nur im Management, sondern in der gesamten westlichen Zivilisation und Kultur ist der Typus des „Machers" vorherrschend. Der Macher ist überzeugt von sich und seinen Ideen. Er glaubt an seine Vorstellungen, ist bereit, sie umzusetzen und dafür große Opfer in Kauf zu nehmen. Der Macher orientiert sich vorwiegend an „narzisstischen Wertwelten, in denen Werte wie Erfolg, Anerkennung, Selbstverwirklichung, Bessersein, Erster sein die entscheidende Rolle spielen" (Lay 1992, S. 228). Der Macher verkörpert das mechanistische Weltbild. Er glaubt an Kausalzusammenhänge und an die Macht der Macht. Im Grunde genommen betrachtet er andere Menschen als Mittel zum Zweck, um seine eigenen Ziele zu erreichen. Er löst die Probleme selbst. Seine Aktionen, die klaren Input-Output-Relationen folgen, basieren auf der Logik, dass man durch das Fällen der richtigen Entscheidungen die gewünschten Resultate erhält. Dieses Denken ist stark reduktionistisch, denn es beruht ausschließlich auf dem Machtanspruch einzelner Entscheider und lässt das gesamte Potenzial der Menschen, die nicht in die Problemlösung einbezogen werden, unberührt.

Warum beeinflusst uns dieses Weltbild so stark? Es entstammt drei großen Strömungen, die das Kulturverständnis unserer westlichen Welt prägen und die wir im Folgenden erläutern wollen (vgl. Seliger 2008, S. 55 ff.).

Der Monotheismus
Die zentrale Idee des Monotheismus besteht in der Annahme, dass ein einziger Gott alle Prinzipien in sich vereint. Dieser eine Gott ist selbst die letzte Wahrheit. Die Idee einer einzigen Wahrheit kann aus diesem Verständnis heraus nur entweder Unwahrheit (Lüge) oder Unwissenheit (Dummheit) sein. Wer also meint, im Besitz der Wahrheit zu sein, nimmt sich Macht über andere Menschen und leitet davon die Legitimation zu deren Unterwerfung ab.

Die aristotelische Logik
Die Logik als Lehre vom richtigen Denken wurde von Aristoteles formuliert. Er hat als Erster klare Richtlinien erstellt, wie man denken muss, um zu logisch richtigen Schlussfolgerungen zu kommen. Dabei geht es nicht um inhaltliche, sondern um formale Richtigkeit, also die richtige Abfolge von Denkschritten. Ein Aspekt der aristotelischen Logik hat sich in unserem Denken besonders niedergeschlagen: Die Idee der Widerspruchsfreiheit. Richtiges Denken ist demnach frei von formalen Widersprüchen. Wenn eine Aussage richtig ist, dann kann nicht auch ihr Gegenteil richtig sein. Aristoteles hat das Entweder-Oder-Denken geschaffen, das auch heute noch viele Führungsentscheidungen prägt.

Das naturwissenschaftlich-technische Verständnis der Moderne
Im 15. und 16. Jahrhundert, während der Renaissance, wurde in Europa die Kirche als Besitzerin der Weltwahrheit durch die neu aufkommende Naturwissenschaft infrage

gestellt. Es ging nun nicht mehr um den Glauben, sondern um Objektivität, um Messbarkeit, um analytische Zerlegung – wie sie im Taylorismus ihre Reinkultur erreicht hat. Nach diesem Verständnis ist die Welt eine einzige große Maschine. Die Funktionslogik von Maschinen ist die lineare Kausalität: hier Ursache – dort Wirkung. Ich drücke auf den Knopf der Maschine und sie bewegt sich in die Richtung, die ich möchte.

Heutige Management-Schulen basieren im Wesentlichen immer noch auf Erfolgsmodellen dieser drei großen Strömungen. Ein klassischer Vertreter dieses Denkmodells ist der wieder sehr aktuelle Joseph A. Schumpeter. Der österreichische Nationalökonom, der zu Beginn des zwanzigsten Jahrhunderts in die USA ausgewandert ist, führt seine Theorie der wirtschaftlichen Entwicklung auf die Existenz zweier Menschentypen zurück.

Der hedonistisch-statische Menschentyp
Triebfeder für die wirtschaftliche Aktivität bei den hedonistisch-statischen Menschentypen ist der Wunsch nach der Befriedigung persönlicher Bedürfnisse durch den Erwerb wirtschaftlicher Güter. Es geht diesen Menschen im Wesentlichen um persönliche Bedürfnisbefriedigung, um den persönlichen Gütererwerb und -konsum und um das Streben nach sinnlichem Genuss.

Der hedonistisch-statische Menschentyp begreift seine Arbeit lediglich als Mittel zum Zweck des Gelderwerbs. Sobald er genug für seinen Lebensunterhalt erworben hat, wendet er sich anderen Tätigkeiten außerhalb der Arbeit zu, die er in der Regel um ihrer selbst willen vornimmt. Weil diese Menschen ihre Arbeit als eigentlich lästig und lustlos empfinden, werden sie versuchen, sie auf ein Minimum zu reduzieren. Sie agieren einfach und am liebsten in geregelten Bahnen. Alles, was nicht der eigenen Bedürfnisbefriedigung dient, erscheint unvernünftig und wird vermieden. Veränderung mögen sie nicht.

Der dynamisch-energische Menschentyp
Laut Schumpeter erfolgt wirtschaftliche Entwicklung nicht durch die Vielzahl der hedonistisch-statischen Menschen, sondern durch eine Minderheit, die mit dem Status quo unzufrieden ist und den Kampf gegen die vorhandenen Bindungen aufnimmt (Schumpeter 1912, S. 128). Dies ist der dynamisch-energische Menschentyp, den völlig andere Motive und Ziele antreiben als ausschließlich die genussorientierte Bedürfnisbefriedigung. Der primäre Antrieb dieses Typus ist „die Freude an sozialer Machtstellung und die Freude an schöpferischem Gestalten" (Schumpeter 1912, S. 138). Der Besitz von Vermögen hat bei diesen Menschen keinen Zweck an sich, sondern dient der Erlangung einer sozialen und wirtschaftlichen Macht. Sie werden vom Erfolgsstreben angetrieben und der „Freude über den Sieg über andere" (Schumpeter 1912, S. 138 f.); Anpassung ist ihnen fremd. Sie entfalten eine energetische Kraft, sich gegen jeden Widerstand durchzusetzen.

Wenn wir uns vor Augen führen, welchen Stellenwert die drei großen Werteströmungen in unserer Kultur einnehmen und sie mit der Dichotomie der von Schumpeter formulierten Menschentypen vergleichen, wird klar, warum viele Führungskräfte heute einem Machbarkeitswahn unterliegen: sie wurden so erzogen.

Unsere dominierenden Führungsmodelle sind unter relativ stabilen Bedingungen entstanden, als Veränderungen noch Ausnahmeerscheinungen und die Wirkung von Führung auf Organisationen überschaubar waren. Die Rahmenbedingungen für die Führung haben sich in den letzten Jahren jedoch dramatisch verändert:

- *Räumliche Grenzen* haben an Bedeutung verloren. Organisationen sind internationaler, globaler und interkultureller geworden.
- Sowohl die Produkte als auch die Energie zu ihrer Herstellung sind abstrakter geworden. Wir haben es zunehmend mit Wissen als Wertschöpfungstreiber zu tun. *Chefs können nicht mehr alles wissen.*
- Stabilität ist eine Ausnahme in der dynamischen Entwicklung von Organisationen geworden. Führung muss mehr denn je mit *Ungewissheiten* leben.
- *Technologische Entwicklungen* verändern die Möglichkeiten und die Formen der Kommunikation radikal. Face-to-Face-Kommunikation, sinnvolle Gespräche finden selten oder unter erschwerten Bedingungen statt. Management-Meetings sind häufig Video- oder Telefonkonferenzen, es entsteht keine wirkliche Nähe – was die Kommunikation untereinander erschwert.
- Organisationen erreichen aufgrund von Übernahmen und Zusammenschlüssen *Größenordnungen,* die für den Einzelnen weder überschau- noch führbar sind. Dies führt zu stets mehr *Komplexität* und, damit einhergehend, zu mehr widersprüchlichen Ansprüchen in ein und derselben Firma.
- Die *Eigentumsverhältnisse* haben sich verändert, man kennt die Eigentümer häufig nicht mehr. Organisationen sind im Besitz von Aktionären, die mit dem Unternehmen wenig Verbundenheit spüren – abgesehen von dem Wunsch, möglichst viel abzuschöpfen.

Trotz dieser dramatischen Veränderungen der Rahmenbedingungen führen wir heute nicht wesentlich anders als vor fünfzig Jahren. Der dynamisch-energische Menschentyp, der seinen Anspruch gegenüber anderen durchsetzen und die Welt kontrollieren will, bildet immer noch den Ursprung vieler unserer Aktionen. Durch den eigenen Machbarkeitswahn blockieren wir jedoch sämtliche Dynamik um uns herum. Das größte Potenzial – dasjenige unserer Mitarbeiter – bleibt so ungenutzt. Wenn wir in der heutigen Realität weiterhin erfolgreich führen wollen, müssen wir unser Menschenbild überdenken. Wir brauchen keine schubladisierenden Bilder von Führungskräften. Solche Menschbilder engen ein. Wir brauchen Führungskräfte, die durch die Neuorientierung ihrer Geisteshaltung „ihr Handeln an einem größeren Ganzen ausrichten, den Menschen Richtung geben, Sinnmöglichkeiten aufzeigen und ihren Führungsauftrag als Gestaltungsauftrag verinnerlichen" (vgl. Pircher-Friedrich 2007, S. 221). Mit diesem Verständnis ändert sich die Verantwortungsverteilung im Unternehmen. Verantwortung lastet nicht mehr auf den Schultern einiger weniger Manager, sondern verteilt sich auf die vielen Schultern der gesamten Belegschaft. Führung wird von der Fremd- auf die Eigenführung eines jeden verlagert. Für Führungskräfte bedeutet dies: sich der eigenen

Rolle bewusst werden, den Führungsanspruch reduzieren, andere Meinungen respektieren, bereit sein, von ihnen zu lernen und Spannungen bewusst zu gestalten und auszuhalten (vgl. Rooke und Torbert 2005). Führen wird weniger zum Ausführen als zum Gestalten von Spannungsräumen. So wird durch ein Weniger an Führung mehr Selbstführung ermöglicht. Führung geht vom Kopf ins Herz und kann ein schier unerschöpfliches Potenzial erschließen.

Literatur

Grün A (2007) Führen und Dienen im Lukasevangelium. In: Hinterhuber HH et al (Hrsg) Servant leadership. Prinzipien dienender Unternehmensführung. Schmidt, Berlin, S 203–215

Lay R (1992) Wie man sinnvoll miteinander umgeht – Das Menschenbild der Dialektik. Econ, Düsseldorf

Pircher-Friedrich AM (2007) Sinn-voll Dienen – Sinn-Spuren für sich und alle Prozessbeteiligten hinterlassen. Stationen auf dem Weg zum Servant Leadership. In: Hinterhuber HH et al (Hrsg) Servant leadership. Prinzipien dienender Unternehmensführung. Schmidt, Berlin, S 217–246

Rooke D, Torbert WR (2005) Seven transformations of leadership. Harv Bus Rev 83(4):1–13

Schumpeter J (1912) Theorie der wirtschaftlichen Entwicklung. Duncker & Humblot, Leipzig

Seliger R (2008) Das Dschungelbuch der Führung. Ein Navigationssystem für Führungskräfte. Carl-Auer, Heidelberg

Defizitorientierung

Die Prophezeiung des Ereignisses führt zum Ereignis der Prophezeiung.
Paul Watzlawick

Wir orientieren uns an Defiziten – und stellen sicher, dass wir andauernd welche finden. Der Fokus auf dem, was nicht gut ist, verschlingt jährlich Milliarden, ohne dass wir uns der Energieverschwendung wirklich bewusst werden. Schon früh werden wir in der Schule darauf getrimmt, Fehler auszumerzen. Schüler nehmen Nachhilfestunden, um bessere Noten zu schreiben. Freizeitsportler trainieren viermal die Woche, nur um den Marathon drei Minuten schneller absolvieren zu können. Führungskräfte besuchen Sprachschulen, um sich Chinesisch im Schnellverfahren anzueignen – dann aber die Verhandlungen doch in Englisch führen zu müssen. Unternehmen stecken enorme Energie in den Abbau von Widerständen der Belegschaft, wenn sie Veränderungen umsetzen wollen. Statt von den Widerständen zu lernen, bauen wir sie ab, in der Hoffnung, dadurch besser vorwärtszukommen. Ein Leerlauf sondergleichen. Es ist so, als würden wir beim Autofahren die Handbremse lösen, ohne dabei das Gaspedal zu treten: Das Auto wird nicht weit kommen.

Wer an etwas keine Freude hat, wird darin nie gut werden. Und wer nicht gut ist, hat keine Chance auf dem Markt. Es geht also eher darum, unsere Energien auf das zu konzentrieren, was geht. „The motivation goes, where the energy flows" ist ein Prinzip, mit dem Coaches arbeiten, um auf die wirklichen Stärken ihrer Klienten zurückgreifen zu können. Sie orientieren sich an den Ressourcen der Menschen in dem Wissen, dass so entfachte positive Energie automatisch dazu beiträgt, die Handbremse zu lösen. Der Fokus liegt also auf dem Gaspedal, nicht auf der Bremse.

Coaches lehnen sich hierzu an den *Konstruktivismus* an, den Schmelztiegel verschiedener Wissenschaften wie der Kommunikation, der Anthropologie, der Psychologie, aber auch der Psychotherapie. Unter der Leitung ihrer Galionsfigur, Paul Watzlawick, haben sich diese Disziplinen zusammengeschlossen, um an einer neuen Theorie für

© Springer Fachmedien Wiesbaden GmbH 2017
M. Kres, *Mutmacher: Unternehmen stärken durch mutige Führung,*
DOI 10.1007/978-3-658-14288-9_6

wirkungsorientierte Veränderungsinterventionen zu arbeiten. Im Konstruktivismus gibt es keine Analyse und keine Fehlerdiagnose. Vielmehr basiert alles auf den Stärken des Istzustands, und man versucht aus dem, was vorhanden ist, das Beste zu machen. Es geht nicht um die Wahrheit, sondern um die Wirkung. Der Konstruktivismus ist ein systemischer Ansatz, der die Dinge bewegt. Analog wie die Spinne im Netz zappelt, unabhängig davon, an welchem Faden wir ziehen, können wir durch Interventionen, die sich an Ressourcen orientieren, sicherstellen, dass sich die Dinge bewegen. Der Aufwand, über eine Stärkung der Ressourcen mehr Gewinn zu machen, ist massiv geringer, als über den Umweg eines Defizitabbaus in eine positive Bewegung zu gelangen. Es lohnt sich also, sich endlich von der Defizitorientierung zu lösen.

Nichts ist trügerischer als eine offenkundige Tatsache.
Sir Arthur Conan Doyle

Nichts sei unerbittlicher als eine Reihe guter Tage, heißt es. Mit Viktor Frankl, dem Begründer der Logotherapie, wird eine Beobachtung in Verbindung gebracht, die den Kern des Problems gut trifft: Die Menschen haben zwar alles, was sie zum Leben brauchen, aber nichts, wofür es sich zu leben lohnt. Was bleibt denn noch zu tun, wenn alles erreicht ist? Ein Großteil der Orientierungslosigkeit von heute hat mit erfüllten Erwartungen zu tun. Es ist zu viel von dem möglich geworden, was sich die Menschheit so lange gewünscht hat. Eine wohlständige Gesellschaft, der neue Ziele fehlen, befasst sich mit sich selbst – und wirft einen Blick auf das, was sie erreicht hat. Und das ist recht viel: Noch nie waren die Menschen in westlichen Industrienationen so gesund wie heute. Noch nie konnten die Menschen auf so viel Wohlstand im Alter zugreifen wie heute, noch nie war das Aus- und Weiterbildungsniveau so hoch wie heute. Was zum einen gut ist, hat einen gewichtigen Haken: Es geht nicht mehr so weiter wie bislang. Erwartungen entwickeln sich in Lebenszyklen. Je nach Entwicklungsstand passen sich die Bedingungen und damit einhergehend die Gemütslagen und Anforderungen einer Gesellschaft an ihr Umfeld an (Abb. 7.1).

In der *Pionierphase* dominiert Aufbruchsstimmung. Man wagt sich fast euphorisch an neue Aufgabenfelder. Gelangt man in die *Wachstumsphase,* gewinnt die Realität die Oberhand, die Risikoorientierung nimmt ab, der Ressourceneinsatz erfolgt effizienter. Irgendwann jedoch sind die Märkte gesättigt und beim besten Willen lässt sich nicht mehr Wachstum erreichen – eine neue Situation, die erfolgsverwöhnte Menschen nicht kennen. Die Rezepte, anhand derer ein Unternehmen in Vergangenheit Erfolge gefeiert hat, unterstützen hier kein weiteres Wachstum mehr. Vom Erfolg verwöhnte Menschen gehen aber davon aus, dass es einfach so weitergeht wie bislang, dass nichts verändert werden muss. Ein fataler Irrtum. Denn nun müssten eigentlich

© Springer Fachmedien Wiesbaden GmbH 2017   45
M. Kres, *Mutmacher: Unternehmen stärken durch mutige Führung,*
DOI 10.1007/978-3-658-14288-9_7

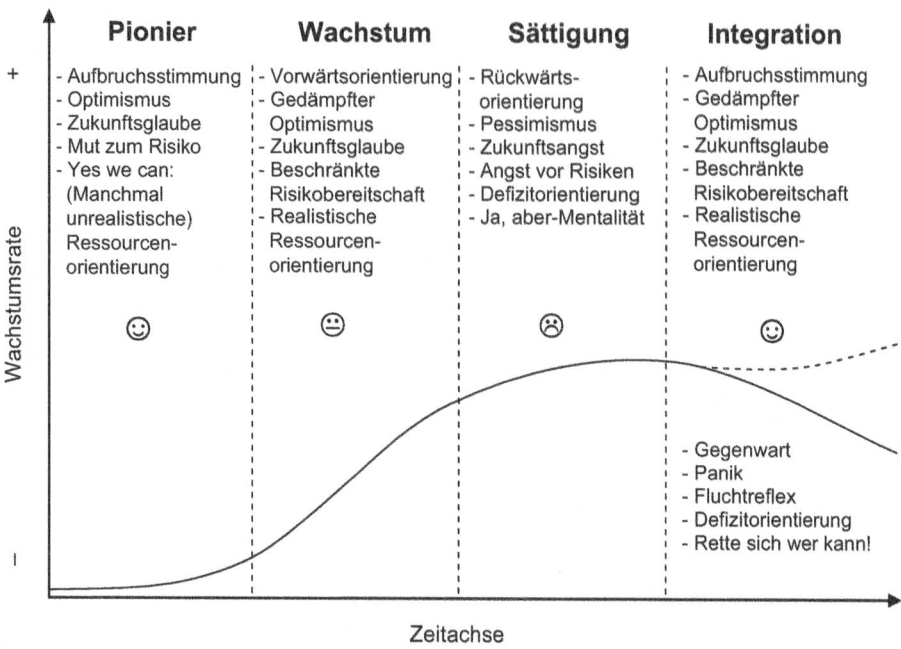

Abb. 7.1 Lebenszyklen und die jeweiligen Gemütslagen bei Menschen. (Quelle: Eigene Darstellung)

Gegenmaßnahmen ergriffen werden. Doch die bekannten Maßnahme wie Restrukturierungen, Prozessoptimierungen oder Kostensenkungsprogramme erzielen nicht die gewünschte Wirkung. Im Gegenteil: sie verunsichern die Menschen, geben nicht wirkliche Orientierung. Somit orientiert man orientiert sich zunehmend an der Vergangenheit, an der Zeit, wo noch alles wunderbar funktioniert hat. Es machen sich diffuse Zukunftsängste breit, es gibt Einwände gegenüber jeglicher Veränderung. Dieselben Menschen und Führungskräfte, die einst erwartungsfroh und euphorisch dem Unternehmen zur Prosperität verholfen hatten, sind nun in ihren eigenen Ängsten und Befürchtungen gefangen. Und um das Ganze noch schlimmer zu machen: Lebenszyklen beschleunigen stetig. In VUKA-Zeiten dreschen immer schneller drehende Produkt- und Dienstleistungszyklen auf die Menschen ein. Es wird erwartet, dass sich die Menschen an stets neue Angebote und an kontinuierliche Veränderung anpassen – was nicht funktioniert. In weiser Voraussicht der nächsten Krise erwarten viele Mitarbeiter gar keine Beruhigung der Lage mehr und entscheiden sich, um die eigene Energie zu beschützen, Veränderungen nicht länger mitzutragen. Es kommt zum Stillstand: Die *Integrationsphase* gelingt in den wenigsten Fällen. Die Leute verlassen das sinkende Schiff oder werden entlassen. Produktivitätspotenzial geht so in Masse verloren. So bedingen die Lebenszyklen, dass jedes Unternehmen, wenn es ihm nicht gelingt, in die Phase der Integration einzutreten, irgendwann wieder einmal verschwindet. Endloses Wachstum ist nicht vorgesehen.

Unternehmen werden von Menschen gemacht. Ihre Lebenszyklen sind also für die Entwicklung eines Unternehmens begründend. In satten Gesellschaften leben viele satte Menschen. Auch sie haben ihre Lebenszyklen durchlaufen. Auf ihre Phase der euphorischen Selbstfindung in der Jugend folgte eine Phase der mehr oder weniger strukturierten Karrierebildung, die in die Phase der Sättigung gemündet hat. In dieser Lebensphase steht weniger Veränderung an. Satte Menschen haben ihre Erwartungen erfüllt. Sie gehen weniger Risiken ein und legen ihren Fokus zunehmend auf Bewährtes. Sie kümmern sich um das, was sie haben. Die individuellen Lebenszyklen sind eingebettet in die gesamtgesellschaftliche Entwicklung. Menschen leben heute anders als vor 50 Jahren. Sie haben andere Erwartungen an ihr Leben, je nachdem wie sie in der Kindheit sozialisiert wurden.

Da sind zum einen die *Veteranen,* die vor 1950 geboren wurden. Ihre Pionierphase ist vom Krieg geprägt, von Entbehrungen und Not. Sie haben gelernt, was es heißt, sich mit eigener Hände Arbeit etwas aufzubauen. Sie wissen, dass sich persönlicher Einsatz lohnt. Nicht Finanzprodukte und Ratingagenturen haben ihre Berufslaufbahn geöffnet, sondern die eigene Zuverlässigkeit und Fleiß. Wer arbeitet, bringt es zu etwas. Aufmucken ist da nicht gefragt.

Es folgt die Generation der *Babyboomer.* Zwischen 1950 und 1965 geboren, können sie als Erste von einem relativen Wohlstand profitieren. In ihrer Pionierphase geht es wirtschaftlich aufwärts. Man darf sich am kollektiven Aufschwung erfreuen. Es geht nun nicht mehr darum, sich gegen Feinde zu verteidigen, sondern um den wieder aufkommenden gesellschaftlichen Austausch, das vorwärtsorientierte Miteinander, den ungetrübten Glauben in eine gemeinsame Zukunft. Kollegialität und Konsensorientierung garantieren Wachstum für alle.

Die *Generation X,* zwischen 1965 und 1985 geboren, kann auf diesem Wohlstand aufbauen. Man muss nicht mehr leben, um zu arbeiten, sondern darf fortan arbeiten, um zu leben. Arbeit ist keine ärgerliche Pflicht mehr, sondern dient dazu, seinen Lebensstandard zu mehren und zu erhalten. Zunehmend wird eine gesunde Balance zwischen Arbeit und Freizeit angestrebt. Arbeit muss vermehrt Sinn machen, Eigennutz geht vor Gemeinnutz. Soziale Bindungen sind nicht mehr zwingend, um Erfolg zu haben. Aufgrund der steigenden Mobilität können Bindungen problemlos neu aufgebaut werden.

Die technikaffinen *Nexters,* die nach 1985 geboren sind, haben ihre Mobilität und Flexibilität weiter erhöht. Sie orientieren sich nicht mehr an fixen Aufgaben, sondern an ständig wechselnden Herausforderungen. Routinejobs sind für sie eine Zumutung. Konsumverwöhnt und selbstbewusst äußern sie ihre Unzufriedenheit rasch. Sie sind getrieben von einem positiven Zukunftsglauben, der sie gegenüber Althergebrachtem skeptisch macht. Soziale Netze knüpfen sie zunehmend im Cyberspace.

Die jetzt heranwachsende Generation geht noch einen Schritt weiter. Loyalität und Pflichtbewusstsein sinken in dem Maße wie die eigene Dienstbarkeit, das Werben um eigene Aufmerksamkeit zunimmt. Die *Net Generation* zeichnet sich durch eine neue Form von Mitteilsamkeit aus. Unterstützt von Facebook und Co. wird gepostet, was das Zeug hält. Facebook hat längst die Marke von einer Milliarde Usern weltweit geknackt – eine gigantische Zahl. Wenngleich an der Informationsqualität solcher Datenmengen gezweifelt werden darf, alleine die Tatsache, dass Informationen jeglicher Couleur heute in Windeseile verbreitet werden, beeinflusst die Erwartungshaltung der Menschen: Je mehr Informationen, desto schwieriger wird es, Wesentliches von Unwesentlichem zu trennen (Abb. 7.2).

Alle diese Generationen prallen mitunter in ein und derselben Firma aufeinander: Anspruchsgruppen mit unterschiedlichsten Erwartungen in verschiedensten Phasen ihres Lebens, womöglich in einem multikulturellen Umfeld, aber stets der Hektik der Märkte unterworfen. In diesem Werte- und Erwartungschaos sollen Führungskräfte in möglichst kurzer Zeit Resultate erzielen. Eine zunehmend schwierigere Aufgabe. Auch die Forschung hat dies erkannt. In einer Langzeitstudie hat John J. Gabarro, Professor der Harvard Business School, untersucht, inwiefern Führungskräfte ihrer Verantwortung

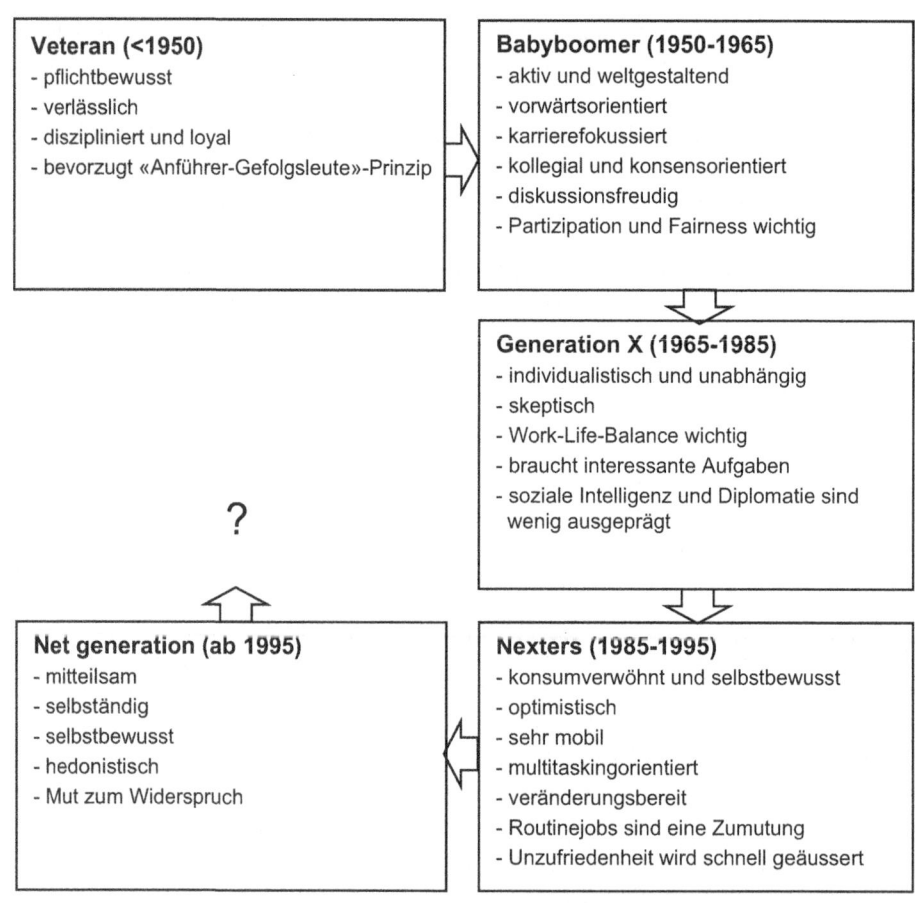

Abb. 7.2 Entwicklung der Erwartungshaltungen unterschiedlicher Mitarbeitergenerationen. (Quelle: Eigene Darstellung)

in immer schneller drehenden Unternehmenskarussellen überhaupt noch gerecht werden können. In seinem bemerkenswerten Artikel „When a New Manager Takes Charge" (Gabarro 2007) hält er fest, dass Führungskräfte bei der Übernahme neuer Verantwortlichkeiten, also bei persönlichen und institutionellen Veränderungen, viel länger brauchen als gemeinhin angenommen, um das gewünschte Resultat zu erreichen. Transformationen sind mit Widerständen verbunden. Erfolgreiche Führungskräfte lassen sich Zeit, um diese mit den Beteiligten aufzulösen. Sie lassen gemäß Gabarro auf Phasen der Veränderung und der Beschleunigung bewusst Phasen des Innehaltens folgen. Sie haben erkannt, dass das Gras nicht schneller wächst, wenn man daran zieht. Führungskräfte, die erfolgreich Wandel gestalten, respektieren Lebenszyklen, unterschiedliche Erwartungen und die eigenen Grenzen. Gabarro widerlegt somit den Mythos, wonach jeder „Allzweck-General-Manager" für jede Führungsposition geeignet sei. Ein euphorischer Start-up-Manager eignet sich nicht unbedingt für geordnete Wachstumsphasen. Wer in Wachstumsphasen brilliert, kann diesen Erfolg kaum je in die Reifephase übertragen. Und eine Führungskraft, die in der Reifephase Prozesse optimieren muss, eignet sich kaum, um neuen Elan bei verunsicherten Menschen in einer Integrationsphase zu wecken. Manager, die diese Zusammenhänge weder verstehen noch akzeptieren und daraus die eigenen Konsequenzen ziehen, vernichten durch ihre Annahmen Potenzial.

Literatur

Gabarro JJ (2007) When a new manager takes charge. Harv Bus Rev 85(1):104–117

Der Zwang zur Risikominimierung

Die Lust und die Angst, das Unbekannte zu erkunden, verstärken das Glück, das Bekannte wiederzufinden.
Boris Cyrulnik

Der deutsche Soziologe Ulrich Beck hat es trefflich umschrieben: Wir leben in einer Risikogesellschaft (vgl. Beck 1986). Alles, was wir tun, jede Aktivität, Arbeit, Tätigkeit, produziert ein Risiko, heute mehr denn je. Dabei geht es weniger um die – meist von uns Menschen selbst produzierten – Risiken, sondern vielmehr um unseren Umgang damit. Und das ist eine vielschichtige und komplexe Sache.

Die eigentliche Risikoforschung begann in der Renaissance, als der Mensch sich von den Fesseln der Vergangenheit befreite und tradierte Meinungen und religiöse Vorstellungen offen infrage stellte (vgl. Bernstein 1997, S. 11). Als Zeitzeuge bemerkte dazu Shakespeare damals: „Denn, wie ihr wisst, war Sicherheit des Menschen Erbfeind jederzeit." Mit der Reformation änderte sich auch das Verhältnis zwischen Mensch und Kirche. Das eigene Schicksal lag nicht mehr alleine in Gottes Hand, der Mensch konnte selbst Verantwortung für sein Dasein übernehmen. Im Zuge solch einer Ausweitung der Wahl- und Entscheidungsmöglichkeiten gelangte man allmählich zu der Erkenntnis, dass die Zukunft nicht nur Gefahren barg, sondern auch Chancen bot, dass sie offen, unbegrenzt und verheißungsvoll war. Das neue Bewusstsein für mögliche Chancen führte zu einer dramatischen Wachstumsbeschleunigung im Handel, der sich als Stimulans für Wandel und Forschung auswirkte (vgl. Bernstein 1997, S. 33). Wer Risiken einging, konnte sich also in der sich neu etablierenden Gesellschaftsordnung profilieren. Risiken lohnten sich.

In der komplexen Welt von heute hat sich der Charakter von Risiken geändert. Die Risikowahrscheinlichkeit und mögliche Konsequenzen aus Risiken haben mittelbarere und weitreichendere Folgen als in der kleinräumigen Welt der Reformation. Mit der gesellschaftlichen Entwicklung hat sich auch unsere Wahrnehmung von Risiken verändert.

© Springer Fachmedien Wiesbaden GmbH 2017
M. Kres, *Mutmacher: Unternehmen stärken durch mutige Führung*,
DOI 10.1007/978-3-658-14288-9_8

Sie sind heute integraler Teil unseres Lebens und unserer Kultur. Risiken und Eintritts-
wahrscheinlichkeiten werden – je nach individuellem und kulturellem Hintergrund –
unterschiedlich gewichtet und wahrgenommen. Während zum Beispiel in der Schweiz ein
Konkurs gesellschaftlich geächtet ist, wird er in den USA als Chance erlebt. Es ist somit
wesentlich, sich bewusst zu werden, wie unsere Risikowahrnehmung unsere Führung
beeinflusst. In Westeuropa erleben wir aktuell einen gesellschaftlichen Diskurs, der unwei-
gerlich an Reifephasen in Lebenszyklen erinnert: Bewahren geht über Probieren. „Wir
geben in unserer auf Sicherheit bezogenen Kultur heute viel zu schnell auf, wir verzichten viel zu schnell auf unsere nächste Chance", sagt der Linguist und Wissenskommunika-
tionsforscher Gerd Antos von der Martin-Luther-Universität Halle-Wittenberg (zit. in
Lotter 2012, S. 53). „Wenn in Indien von zehn Versuchen neun scheitern, dann ist das
Ergebnis immer noch ein Erfolg. Man muss es schließlich probieren. Bei uns hingegen
hat man mittlerweile schon nach einem Flop alle am Hals." Dahinter, so der Forscher,
stecke eine massive Verschiebung der Werte und der Einstellungen unserer Wohlstands-
gesellschaft. Aus den Konflikten des 20. Jahrhunderts haben die westlichen Kulturen den
Schluss gezogen, dass sämtliche Formen von Konfrontation und Polarisierung falsch sind.
Lotter sieht darin eine „ehrenwerte Einstellung mit geringem Realitätswert" (vgl. Lotter
2011, S. 54). Nicht etwa, weil Konflikte wirklich erstrebenswert wären, sondern weil sie
mehr sind als geistige oder physische Auseinandersetzungen. Konflikte formen Meinungen. Sie sind identitätsstiftend und schaffen Orientierung. Konflikte entstehen, wenn nicht
genormte Meinungen aufeinandertreffen, Ideen, die von außerhalb des Genormten in gän-
gige Werte- und Wahrnehmungsmuster eindringen. Diese Art der Risikowahrnehmung
stört uns, bringt unsere Vorstellungen durcheinander. Vor diesem Hintergrund haben Risiken wenig Chancen. Konsequenterweise versuchen wir sie durch übertriebenes Sicherheitsdenken zu verdrängen (Abb. 8.1).

Wir verengen den Fokus des Machbaren auf das gesellschaftlich Genormte, Chancen
und Risiken außerhalb dieses Wahrnehmungsfensters sehen wir nicht. Die Normalver-
teilung bestimmt unser Leben. Extremereignisse und Ausreißer haben keine Relevanz.
Unsere Modellgläubigkeit und der eingeengte Blick auf den Median sind gefährlich,
denn Risiken oder Black Swans, wie Nassim Taleb sie nennt, können wir so nicht erkennen (vgl. Taleb 2007). Nehmen wir Fukushima oder die Subprime-Krise: Trotz ausgeklügelter Sicherheitsmaßnahmen, trotz hoch bezahlter Mathematiker und Risikoanalysten

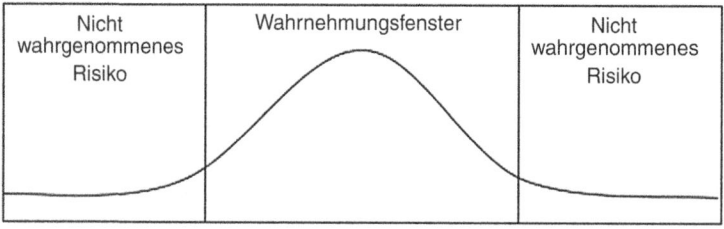

Abb. 8.1 Risikowahrnehmung nach der Gauß-Verteilung. (Quelle: Eigene Darstellung)

hat sich die Realität anders entwickelt, als wir erwartet hatten. Wir ignorieren so den Bereich, aus dem alternative Lösungsvorschläge stammen, können sie weder beurteilen noch bewerten. Was man nicht selbst steuern kann, erscheint als Risiko, das wir vermeiden wollen. So hüten wir uns wohlweislich, unsere Komfortzone zu verlassen und die eigenen Erfolgskriterien infrage zu stellen. Es kommt, was kommen muss: wir gehen keine Risiken mehr ein.

In der Konsequenz führt dieses übertriebene Sicherheitsdenken zu einer gesellschaftlichen Blockade. Auf diese Weise wird unsere Risikogesellschaft in einer letzten Ausbaustufe zu einer Kontrollgesellschaft, in der die Macht hat, wer auf Bestehendes aufbaut, wer scheinbar Gegensätzliches als Gefahr für die herrschende Ordnung betont und wer das Misstrauen der Bürger untereinander fördert. Wo das hinführt, hat uns die Geschichte gelehrt. Misstrauen schürt Ängste. Durch Angst entsteht jedoch keine Produktivität – durch Mut schon. Wir brauchen nicht weniger Risiko, sondern mehr Mut. „Mut", schreibt Dick, „ist eine mit Klugheit und Besonnenheit gewonnene Erkenntnis darüber, was in einem bestimmten Moment richtig und was falsch ist" (Dick 2010, S. 48). Mut ist also eine Erkenntnis, kein Gefühl. Mut lenkt den Blick über die Mitte hinaus und erlaubt einen Blick auf die Ränder. Mut erlaubt Freiheit. Denn Freiheit ist nur dort vorhanden, wo ihr Grenzen gesetzt werden (vgl. Buob 2006). Und es gibt keine Freiheit ohne Risiko.

Die Mutschlucker, also die schwarzen Löcher der Führung, die daraus resultierende korrosive Energie, die zunehmende Beschleunigung, die uns hinderlichen Menschenbilder, unsere reflexartige Orientierung an Defiziten, erfüllte Erwartungen und schließlich der uns selbst auferlegte Zwang zur Risikominimierung – all das bremst uns in unseren Bemühungen aus, wirkliche Werte zu schaffen. Im folgenden Teil des Buchs widmen wir uns Ansätzen, bei denen Wachstum anders erreicht wird. Durch die Mutmacher können wir bis zu 30 % mehr Produktivität schaffen – ohne Mehrausgaben, dafür durch eine andere Sicht auf Bestehendes.

Literatur

Beck U (1986) Risikogesellschaft. Auf dem Weg in eine andere Moderne. Suhrkamp, Berlin
Bernstein PL (1997) Wider die Götter. Die Geschichte der modernen Risikogesellschaft. Gerling Akademie, München
Buob B (2006) Lob der Disziplin. Eine Streitschrift. Fischer, Berlin
Dick A (2010) Mut – Über sich hinauswachsen. Huber, Bern
Lotter W (2011) Selbst-Bestimmung. brandeins 10(11):52–62
Lotter W (2012) Hoffnung. brandeins 11(12):50–58
Taleb NN (2007) The black swan. The impact of the highly improbable. Penguin, London

Wie können wir die Mutschlucker davon abhalten, ungehemmt Potenzial zu vernichten? Auf jeden Fall geht es nicht darum, mehr zu tun als bislang! Unternehmen und Führungskräfte sind jetzt schon hyperaktiv, da braucht es nicht noch zusätzlichen Ballast. Mit den Mutmachern verfolgen wir einen anderen Ansatz: Wir brauchen nicht ein „Mehr desselben", sondern verabschieden uns bewusst von Dingen, die uns daran hindern, unser volles Potenzial zu nutzen. Wir wollen weniger von den Dingen tun und an Gewicht verlieren – das ist in jeder Hinsicht gesund. In diesem Teil möchten wir Anregungen geben, wie wir durch weniger mehr erreichen können, wie wir mutiger, wertschöpfender, produktiver und wahrscheinlich auch glücklicher werden können. Wir starten mit einem kurzen Ausflug in die Theorie. Die *paradoxe Theorie der Veränderung* und *Kolbs Lernzyklus* werden den theoretischen Rahmen abstecken, in dem wir mutig Neues ausprobieren können. Führung legitimiert sich durch Selbstführung. Also wollen wir als Erstes in die Selbstreflexion unserer eigenen Annahmen, Erwartungen, Einstellungen und Verhaltensweisen eintauchen. Im Abschnitt *„Mutige Selbstführung: Nur wer sich selbst führt kann führen"* werden wir uns selbst bewusst, was uns antreibt, was uns aber auch daran hindert, unser volles Potenzial zu nutzen. Wenn wir mit diesem Bewusstsein achtsam umgehen, gelangen wir zu einer neuen, inneren Stärke, die sich positiv auf unser Selbstwertgefühl und unsere Selbstwirksamkeitserwartung auswirkt. Ausgestattet mit diesem neuen Potenzial sprechen wir sodann im Abschnitt *„Mutige Führung: Macht durch Ermutigung"* über die eigentliche Führungsarbeit; darüber, wie wir mutige Selbstführung in die Wirkung mit anderen, mit Teams und Peers, aber auch nach „oben" in die Hierarchie bringen können. Mutige Führungskräfte haben einen anderen Blickwinkel auf die Dinge. Sie nutzen ihren Einfluss anders und schaffen es, mit weniger Aufwand zu tiefgründigen Transformationen in ihren Unternehmen zu gelangen. Zum Abschluss des Kapitels beleuchten wir im Abschnitt *„Mutige Organisationen: Transformation statt Entwicklung"* die Organisation als Ganzes und überlegen, welche Rahmenbedingungen notwendig sind, um insgesamt resilienter im Umgang mit VUKA zu werden. Jeweils am Ende eines Abschnitts stellen wir eine Methode vor, die die einzelnen Betrachtungsebenen mit einem einfachen Werkzeug für die Praxis erschließen lässt.

Wir müssen weder verändern, noch müssen wir wissen

Nicht weil es schwer ist, wagen wir's nicht, sondern weil wir's nicht wagen, ist es schwer.
Seneca

Wer sich nicht selbst entwickelt, der wird entwickelt. Als Führungskräfte wollen wir selbst steuern und lassen nicht zu, dass wir fremdentwickelt werden. So treiben wir unsere Unternehmen beständig nach vorne, planen, koordinieren und restrukturieren, als gäbe es kein Morgen. Das Problem: 70 % der Veränderungsprozesse in Unternehmen scheitern (vgl. Greif et al. 2004; Maurer 2010, S. 11). Woran liegt das? Bei einem Change-Prozess werden viel Kraft, Geld und Energie dafür eingesetzt, eine Organisation von einem Istzustand mittels eines klar definierten Aktionsplans in einen Sollzustand zu transformieren. Wie selbstverständlich gehen wir davon aus, dass sich Wandel planen lässt und sich Organisationen per Einflussnahme von A nach B bewegen lassen. Leider funktioniert das nicht.

Organisationen sind keine mechanischen, steuerbaren Maschinen, sondern soziale Systeme, die sich nicht steuern lassen. Sie werden beeinflusst – hauptsächlich von ihrem Umfeld, den Märkten, Investoren, allen darin arbeitenden Menschen, kaum jedoch entscheidend und dauerhaft von einzelnen Managern, die ihrer Macht ein Gesicht verleihen wollen. Wenn wir durch Positionsmacht etwas verändern wollen, ernten wir Widerstände. Veränderungsprozesse scheitern, weil wir es versäumen, positive Energie für Veränderung zu schaffen, indem Menschen bereit sind, ihr Potenzial in die gewünschte Richtung einzubringen, Commitment für die Vision zu entwickeln und Mut zu zeigen, auch ungewohnte Wege gehen zu wollen. Sie misslingen, weil die Menschen keinen persönlichen Sinn in dieser Veränderung sehen. In dieser Sinnhaftigkeit steckt der Kern allen Übels. Ein Unternehmen zu transformieren macht nur dann Sinn, wenn der Sollzustand besser ist als der Istzustand. Das bedeutet jedoch für die Menschen, die diese Veränderung mittragen sollen: „Alles, was wir bisher gemacht haben, war falsch.

© Springer Fachmedien Wiesbaden GmbH 2017
M. Kres, *Mutmacher: Unternehmen stärken durch mutige Führung*,
DOI 10.1007/978-3-658-14288-9_9

Obwohl wir unser Bestes gegeben haben, sind wir nicht gut genug. Mein Einsatz macht also keinen Sinn. Ich weigere mich, diesen Prozess zu unterstützen." Wenn Menschen sich so gering geschätzt fühlen, verweigern sie sich einer verordneten Entwicklung und jegliche Veränderung wird im Keim erstickt.

Wie kann es anders gehen? Entwicklung entsteht nicht durch ein vom Top-Management verordnetes Change-Projekt. Entwicklung entsteht, indem wir allen Mitarbeitern in der Organisation die Möglichkeit geben, einen anderen Blick auf Bestehendes zu werfen und zu einer neuen *Selbstwirksamkeitserwartung* zu gelangen. Wirkliche Entwicklung wird dann zur Transformation, die Bewährtes mit Neuem kombiniert und führt zu einer Neubetrachtung dessen, was ist. Um einen wahren Überblick über eine Situation zu erhalten, müssen wir uns erst ein Bild des gesamten Raumes schaffen. Das Problem hierbei: Was wir als Realität betrachten, sieht jemand anders von einer anderen Perspektive. Wie können wir also den gesamten Raum in unsere Betrachtungen einbeziehen? Eine gute Übung, um diesen Effekt zu erzielen, ist die *Neun-Punkte-Matrix:* Wie gelingt es, mittels vier gerader Linien ohne Absetzen des Stiftes alle Punkte miteinander zu verbinden (siehe Abb. 9.1 links)?

Erst wenn die Grenzen des Bestehenden gesprengt werden (siehe Abb. 9.1 rechts), entsteht etwas Neues, das Raum gibt für Entwicklung und Transformation. Dazu brauchen wir keinen neuen Istzustand. Wir lassen das System, wie es ist. Wir nehmen niemandem etwas weg und verändern auch nichts. Wir fügen jedoch dem Gesamtbild etwas Neues hinzu. So entsteht unbekanntes Terrain, das wir gemeinsam erforschen können, ohne dass wir uns von Bestehendem verabschieden müssen. Durch diese Neubetrachtung wird der Istzustand besser, als er vermeintlich ist; er wird zur Basis für einen neuen Sollzustand, der ein größeres Verhaltensspektrum im Umgang mit der Realität, eine größere *Resilienz,* umfasst (vgl. Frank 2008, S. 48). Resilienz, verstanden als besondere Widerstandsfähigkeit, die es Menschen erlaubt, trotz schwieriger Lebensumstände Hoffnung und Optimismus zu entfalten, Vertrauen in die eigenen Kräfte zu haben, ihr Potenzial

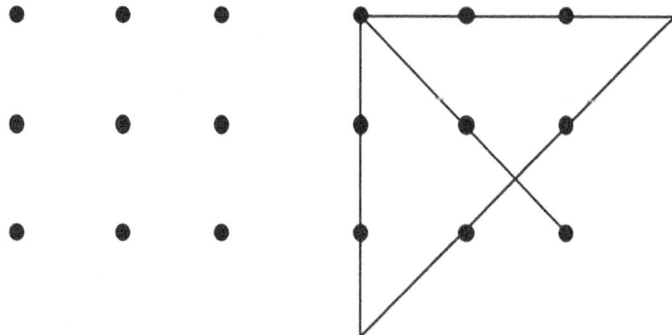

Abb. 9.1 Die paradoxe Theorie der Veränderung: durch eine neue Sicht auf Bestehendes Entwicklung schaffen. (Quelle: Eigene Darstellung)

auszuschöpfen und flexibel auf Belastungen zu reagieren. In der Regel sind solche Menschen mit sich im Klaren, sie wissen um ihre Bedürfnisse, ihre Stärken und Schwächen und haben sich gern (vgl. Priess 2015). Resiliente Menschen sind eigentliche Stehaufmännchen, die an schwierigen Situationen wachsen. Sie haben in der Regel ein ausgewogenes Realitätsbewusstsein, erzeugen für sich und ihre Aktivitäten Sinn und verfügen über ein ausgeprägtes Improvisationstalent (vgl. Coutu 2002). Einen theoretischen Rahmen, wie Menschen durch die Arbeit an der eigenen Resilienz organisationale Transformation erreichen können, gibt die *paradoxe Theorie der Veränderung* von Arnold R. Beisser.

Beisser hatte Medizin an der Stanford University studiert und gerade die nationalen Tennismeisterschaften gewonnen, als er 1950, im Alter von 25 Jahren, an Kinderlähmung erkrankte und fast vollständig gelähmt wurde. Er konnte zeitweilig nur noch mithilfe einer eisernen Lunge atmen. Für ihn, den erfolgreichen Sportler, bedeutete diese Erkrankung einen dramatischen Einschnitt in sein Leben. In seiner Autobiografie die 1989, kurz vor seinem Tod, erschien, schildert Beisser eindrucksvoll, wie er versucht, mit dieser radikalen, unfreiwilligen Veränderung fertig zu werden:

> Eines Abends lag ich dort allein und fühlte mich besonders hoffnungslos und leer. Ich schaute den Korridor entlang … Aber ich sah nur den dunklen Gang mit ein paar Türen. Nichts geschah, keine Menschen waren zu sehen. Meine Verzweiflung erreichte einen Höhepunkt, und ich hatte das Gefühl, sie nicht länger ertragen zu können. Dann, langsam, begann ich, den Korridor auf eine andere Art zu betrachten; ich bemerkte nach und nach Unterschiede, Schattierungen von Grau und Schwarz, Licht und Schatten. Die Türen an den Seiten des Korridors bildeten subtile geometrische Muster, die dadurch zustande kamen, dass sie mehr oder weniger weit offenstanden. Ich fing an, aufmerksam zu schauen und diese Szene zu bestaunen, die mich nur ein paar Augenblicke zuvor so sehr deprimiert hatte. Sie wirkte nun überraschend schön auf mich. Meine Wahrnehmung hatte gewechselt, meine Augen schienen auf wunderbare Weise erfrischt. Dieses Erlebnis war vollständig und ganz. Ich schaute noch lange den Gang entlang (Beisser 2009, S. 12).

Beisser ließ seine Erfahrungen der veränderten Wahrnehmung seines Istzustands in seine Arbeit als Therapeut einfließen, wo er zu einem Weggefährten von Fritz Perls wurde, einem der Begründer der Gestalttherapie.[1] Durch die Zusammenarbeit der beiden wurde einer der Kernsätze der Gestalttherapie formuliert: *Veränderung geschieht, wenn die Menschen werden, was sie sind, nicht wenn sie versuchen, etwas zu werden, das sie nicht sind.*

---

[1]Vgl. http://www.gestalttherapie-lexikon.de. Perls sagte einmal im Anschluss an eine Sitzung mit einem Patienten: „Wir sind alle mit der Idee der Veränderung beschäftigt, und die meisten gehen da heran, indem sie Programme machen. Sie wollen sich ändern. Ich sollte so sein und so weiter und so weiter. Was aber tatsächlich geschieht, ist, dass die Idee einer vorsätzlichen Änderung niemals, nie und nimmer funktioniert. Sobald man sagt: Ich möchte mich ändern – ein Programm aufstellt – wird eine Gegenkraft in einem erzeugt, die von der Veränderung abhält."

Was lässt sich aus dieser Erkenntnis für die Entwicklung von Unternehmen lernen? Organisationen werden durch Menschen mit sehr unterschiedlichen Wirklichkeitskonstruktionen gebildet. Ihre Wahrnehmung dessen, warum eine Veränderung notwendig sein sollte, ihr Verhalten in Bezug auf eine bestimmte Situation, kann nicht vorausgesehen werden. Pläne für Veränderung schmieden zu wollen ist gänzlich wirkungslos, denn wir befinden uns nie in einer stabilen Ist-Situation als Ausgangslage, sondern stets in einem fragilen Gleichgewicht von Beziehungen zwischen veränderungsorientierten und beharrenden Kräften. Um diese Kräfte zu verstehen, müssen wir uns an den Rändern orientieren. Es ist wie auf einer Wippe: Die Dynamik entsteht nicht in der Mitte, sondern an den Rändern. Genauso ist es mit der Psyche der Menschen. Sie braucht Polaritäten, um sich zu entwickeln. Wir müssen sicherstellen, dass Menschen diese Polaritäten erkennen und daran wachsen können. Veränderungen können nicht von außen erzwungen werden – sie haben ihren Ursprung in unserem Inneren. Wenn wir Spannungen zu vermeiden und zu umgehen versuchen, oder wenn wir sie bekämpfen, kommen wir nicht in die Position, sie aufzulösen und an ihnen wachsen zu können. Wenn wir tiefer in uns hineingehen, wenn wir annehmen, was wir fühlen, wenn wir die eigenen Widersprüche in unserer Wahrnehmung, unserem Denken und Handeln erkennen, wenn wir unsere internen Spannungen akzeptieren, dann können wir Spannungen aktiv gestalten. Indem man also Verantwortung übernimmt für sein Handeln und sein Wirken, in dem Augenblick, in dem man mit sich selbst in Kontakt kommt, beginnt das Verständnis und kann die Basis geschaffen werden für die Integration von neuem Denken und Handeln.

So wird durch das Akzeptieren eines gefürchteten Objekts diesem gleichsam die Macht über uns genommen. Das ist das Paradoxe am Wandel: Wenn wir ihn nicht wollen, stellt er sich ein. Menschen, die diese Erfahrung gemacht haben, zeigen ein erhöhtes Maß an Hoffnung und Selbstvertrauen, was sie gegenüber den lähmenden Einflüssen der Angst schützt (vgl. Dick 2010, S. 74) und ihre Widerstands- und Anpassungsfähigkeit erhöht. Es ist also sinnvoll, bei Change-Projekten ganz bewusst auf Polaritäten und Spannungen aufzubauen (Abb. 9.2).

Beissers Theorie hilft uns zu akzeptieren, was in unseren Unternehmen vorgeht, wenn wir mit Veränderungen konfrontiert werden. Sie erkennt, dass die Akzeptanz der bestehenden Widersprüche im Unternehmen die Grundlage für jegliche Veränderung im Unternehmen ist. Mit dieser Erkenntnis geben wir unserer Belegschaft eine entscheidende Unterstützung dabei, Change eigenverantwortlich zu bewältigen. Wie Veränderung auf dieser Basis erfolgen kann, zeigt das Fallbeispiel F. Hoffmann-La Roche.

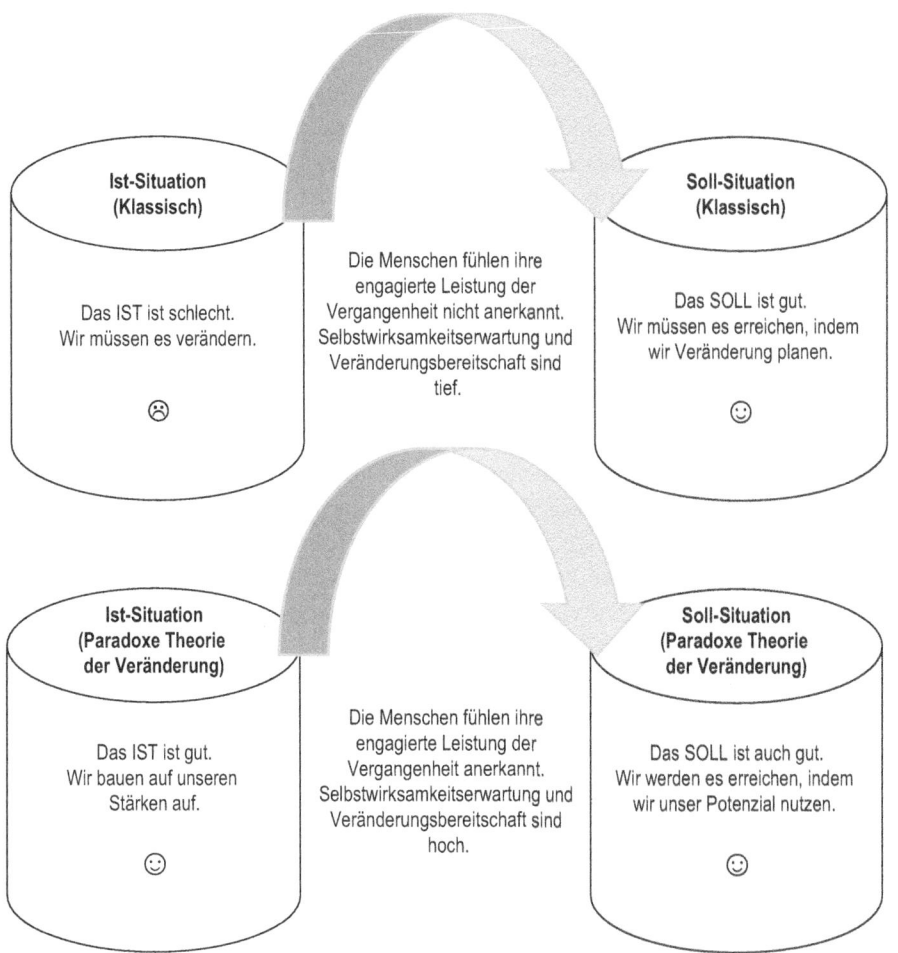

Abb. 9.2 Veränderungsprozesse nach der paradoxen Theorie der Veränderung. (Quelle: Eigene Darstellung)

Fallbeispiel F. Hoffmann-La Roche: Wie Mitarbeiter ihre Karriere gestalten

Die F. Hoffmann-La Roche AG ist ein weltweit führendes Pharma- und Biotech-Unternehmen. Der Konzern ist in 108 Ländern mit rund 92.000 Mitarbeitern aktiv. 23 % von ihnen sind in der Forschung tätig. Im Ranking der 20 Unternehmen mit den weltweit höchsten Ausgaben für Forschung und Entwicklung stand Roche im Jahr 2015 (nach Microsoft und vor Google) an fünfter Stelle. Das Unternehmen wird von langen Planungszyklen in der Entwicklung und Zulassung von Medikamenten geprägt. Dies findet Widerhall in traditionell planbaren Karrieren und einer im Schnitt sehr langen Firmenzugehörigkeit der Mitarbeiter. Die jahrzehntelang gewachsene Erwartungshaltung der Mitarbeiter an eine stabile und planbare Umwelt prallt zusehends auf volatilere Märkte und steigenden Kostendruck der Regierungen und Gesundheitssysteme auf der ganzen Welt.

Weder Forscher noch die betriebsinterne Feuerwehr können heute noch sicher sein, ihre ganze Karriere geradlinig bei F. Hoffmann-La Roche zu verbringen. Gerade bei langjährigen Mitarbeitern führt diese diffuse Angst vor der Zukunft zunehmend zu Unsicherheit und Unruhe. Im Herbst 2010 startet die Unternehmensleitung in Basel das Projekt „Opportunity-Management". In dem Projekt sollen Menschen dazu bewegt werden, sich neu zu verorten und dadurch von einer Situation, in der sie sich fremdbestimmt fühlen, in die Eigenverantwortung kommen. Das soll die interne Mobilität zwischen den Bereichen fördern und Menschen dafür gewinnen, eigenverantwortlich neue Karrierewege auszuprobieren. Hierzu werden neue Karrierewege (Projektkarriere, Portfoliokarriere etc.) zwischen unterschiedlichen Unternehmensbereichen erschlossen. So kann eine Forscherin etwa in Teilzeit in der Personalabteilung mitwirken oder ein Mitarbeiter aus der Qualitätssicherung vorübergehend ins Marketing wechseln. Die Basis für eine entsprechende Karriereentwicklung ist der Career-Check, eine freiwillige Standortbestimmung, in der Mitarbeiter unterschiedliche Perspektiven erarbeiten können. Anlässlich des jährlichen Performance-Dialogs können die Mitarbeiter ihre Vorschläge einbringen, die von den Führungskräften aufgenommen werden müssen.

Der Kick-off des Projekts erfolgt über bereichsübergreifende Informationsveranstaltungen, die Awareness-Workshops. In diesen Workshops schildern die Mitarbeiter ihre persönliche Situation, ihre Widerstände und Ängste in der aktuellen Situation. Die Veranstaltungen sind sehr emotionsgeladene Dialogplattformen, in denen Spannungen sichtbar gemacht werden und Verständnis geschaffen wird für unterschiedliche Sichtweisen. Die Mitarbeiter beginnen, den individuellen Wert der internen Mobilität anzuerkennen. Die Bereitschaft, eine persönlich andere Sichtweise auf die eigene Karriere einzunehmen und sich in Bewegung zu setzen, nimmt merklich zu.

Die Career-Checks werden gebucht – anfangs zögerlich, dann mit steigendem Interesse. Heute sind sie zum Selbstläufer und integrierten Teil der Personalentwicklungsmaßnahmen bei F. Hoffmann-La Roche geworden.

In diesem Fallbeispiel liegt der Schlüssel zur erfolgreichen Veränderung in den Awareness-Workshops zu Beginn des Projekts. Die Workshops sind ein geeignetes Format, das den Menschen erlaubt, ihre eigene Meinung einzubringen, Ängste und Befürchtungen, aber auch die eigene Situation und Erwartungshaltung zu schildern. So können unterschiedliche Sichtweisen wertfrei und in einem geschützten Raum erfahren und in einen Kontext gestellt werden. Jeder wird gehört und ernst genommen. Für jeden Mitarbeiter entsteht die Gewissheit, dass sein bisheriger Einsatz wertgeschätzt wird. Es entsteht aber auch das Verständnis dafür, dass sich das Umfeld konstant verändert und dass diese Veränderungen Chancen bieten, die man, wie auch immer, für sich nutzen kann. Die individuelle Situation kann so neu verortet werden. F. Hoffmann-La Roche hat Veränderung dadurch geschaffen, dass man die bestehenden Spannungen sichtbar gemacht hat und sie als notwendigen Teil der Entwicklung akzeptiert. Darauf aufbauend hat sich, ganz im Sinne der paradoxen Theorie der Veränderung, Veränderungsenergie von selbst entwickelt.

Dass sich diese Energie entwickelt, unabhängig davon, ob man sie sucht oder nicht, lässt sich wissenschaftlich belegen. Beispielhaft hierfür ist etwa der *erfahrungsbasierte Lernzyklus von David Kolb* (siehe Abb. 9.3).

Kolbs Lernzyklus beschreibt, wie Menschen lernen. Zu Beginn eines Lernzyklus wissen Menschen nicht, was sie nicht wissen. Sie befinden sich in einer Phase der *unbewussten Inkompetenz.* Wirkliches Lernen passiert nach Kolb dann, wenn Menschen sich bewusst werden, dass sie etwas nicht beherrschen, also in eine Phase der *bewussten Inkompetenz* eintreten. Diese Art zu Lernen setzt eine aktive, reflexive Auseinandersetzung mit konkreten Erlebnissen voraus. Problematische Situationen, deren Bewältigung eine Herausforderung darstellt, werden zum Ursprung von Lernprozessen. Allerdings mögen wir das nicht: wenn etwas eintrifft, das wir nicht verstehen, fühlen wir uns unsicher. Unser erster Reflex ist, wissen zu wollen, sich auf Zahlen und Experten zu verlassen. Das beruhigt – und bringt uns vermeintlich in einen Zustand der *bewussten Kompetenz.* Wenn wir jedoch diesem Reflex widerstehen, gelangen wir in die Reflexion, also das intensive Nachdenken über solche im Alltag regelmäßig auftretenden Problemsituationen. Das führt zu lehrreichen Erfahrungen und zur Erweiterung des Verhaltensspektrums einer Person oder eines Teams für die Zukunft. Die Qualität der Resultate eines Systems basiert stets auf der Qualität des Bewusstseins der Menschen, die das System bilden. Carl Otto Scharmer, der Begründer der U-Theorie, nennt diesen Zustand *Presencing,* als Wortkombination aus „sensing", für ihn das Erfühlen der Zukunft, und „presence", die Fähigkeit im Hier und Jetzt zu sein. „Presencing" geht über die Vergangenheitserfahrung hinaus. Es ist eine kraftvolle Öffnung zur Gegenwart und der werdenden Zukunft (vgl. hierzu Scharner 2009). Auf Basis dieses neuen Bewusstseins können wir uns neue Sichtweisen aneignen, neue Verhaltensweisen ausprobieren und so erfahren, wie sich das Neue mit der eigenen Erfahrungswelt verträgt. Wir wissen nun, was wir anders tun können und treten in die Phase der *bewussten Inkompetenz* ein. Zu Beginn ist das neue Handeln noch nicht instinktiv, noch nicht als Routine in uns verankert. Im Zeitverlauf jedoch erweist sich die Sichtweise als nützlich und wir bauen das Erlernte selbst-

Abb. 9.3 Kolbs Lernzyklus:
Wie Menschen lernen. (Quelle:
In Anlehnung an Kolb 1984)

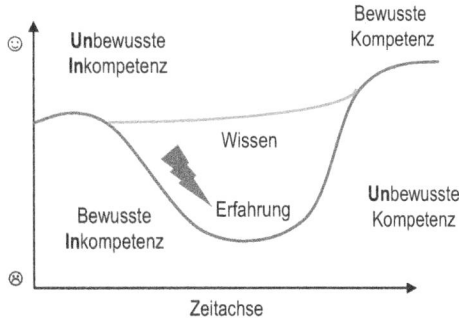

verständlich in unser Leben ein. Wir gelangen in die Phase der *unbewussten Kompetenz*. Eine Aufwärtsspirale kommt in Gang, wie dies Barbara Fredrickson von der Universität von Michigan in ihrer *Broaden-and-Build*-Theorie beschrieben hat (vgl. Fredrickson 2004): die neuen Erfahrungen erweitern unseren Verhaltensspielraum *(broaden)*. Dadurch erschließen sich neue Ressourcen *(build)*. Die Selbstsicherheit wächst, man blickt mit mehr Zuversicht und positiven Erwartungen in die Zukunft und erlebt sich selbst als handlungsfähiger. Der Zustand verflüssigt sich – wir gelangen in die Phase der *bewussten Kompetenz*. Unsere Resilienz ist gewachsen.

In Kolbs Lernzyklus gibt es einen kurzen rationalen Weg für den *Wissenserwerb* und einen komplexeren emotionalen Weg, für den Erwerb von *Erfahrung*. Der kurze Weg eignet sich für Standardsituationen, in denen Adaption wichtiger ist als Reflexion; für Routinesituationen mit logisch definierten Abläufen und klar definierten Meilensteinen. Alles, was sich messen und zertifizieren lässt, ist auf diesem Weg zu schaffen: von der Dokumentation von Prozessen bis zur Einführung eines Qualitätsmanagements, vom Standard-Reporting bis zur Ausgestaltung von multiplizierbaren Franchise-Systemen. Der komplexere Weg ist zur Lösung innovativer Probleme geeignet, wo Menschen eine entscheidende Rolle spielen, wie etwa bei Veränderungsprojekten oder der Neupositionierung eines Unternehmens. Hier können wir kaum auf Standardwissen zurückgreifen und müssen unsere Erfahrung walten lassen.

Die Entscheidung darüber, ob wir den Wissens- oder den Erkenntnisweg beschreiten wollen, ist wesentlich für den Erfolg eines Projekts. In der Praxis jedoch stellen wir uns diese Frage kaum: Wir wählen meist den Wissensweg, da Wissenserwerb einfacher ist und – vermeintlich – schneller ans Ziel führt. Wir wollen Endlosdiskussionen über Sinn und Unsinn von Ideen ausweichen und tunlichst Spannungen vermeiden. Wir möchten „Quick Wins", rasche und messbare Erfolge feiern können. So lösen wir die meisten Probleme auf dem kurzen, widerspruchsfreien Weg, unabhängig davon, ob sie einfacher oder komplexer Natur sind. Allerdings sind die Schwierigkeiten damit kaum je aus dem Weg geräumt, sondern nur fürs Erste verschoben. Die Einführung von Prozessen sorgt nicht dafür, dass wir dauerhaft profitabler werden. Der kurze Weg erlaubt kein wirkliches Lernen, keine Entwicklung. Wer immer nur das tut, was er beherrscht, lernt nichts. Leider ist diese Erkenntnis bei Führungskräften wenig verbreitet. Nach wie vor dominiert der Machbarkeitsglaube viele unserer Entscheidungen. Wir verkennen dabei die simple Regel, dass Macht Gegenmacht hervorruft. Wer die eigene Meinung gegen die Marktmacht stellt, bringt den Machtapparat gegen sich auf und vernichtet Potenzial, wie das Fallbeispiel „Mächtige Investoren" zeigt.

Fallbeispiel „Mächtige Investoren": Macht schafft Ohnmacht

Ein Konsortium von Anlegern beschließt, eine Uhrenfirma zu übernehmen. Die Investoren möchten sich ein Denkmal schaffen und den etablierten Playern zeigen, wie man „richtig Business" machen kann. Der Businessplan ist ambitioniert, aber gemäß Marktkennern machbar. Es gelingt ihnen, einige gute Leute aus der Branche für die Geschäftsführung zu gewinnen.

Sie denken, den Markt durch einen ambitionierten Businessplan beeinflussen zu können. Der Markt hat aber seine eigenen Regeln. Die Investitionen sind enorm, die Erfolge stellen sich langsamer ein als erwartet. Es kommt zu Spannungen zwischen Investoren und Geschäftsleitung. Die Investoren kontrollieren zunehmend das Geschehen und hinterfragen Entscheidungen des lokalen Managements, kündigen schließlich dem Chief Executive Officer. Dieser wechselt zu einer etablierten Familienmarke, wo eine Nachfolgelösung gesucht wird, und nimmt die restliche Geschäftsleitung integral mit. Die Folge: Der Ruf der Uhrenfirma in der Branche ist ruiniert. Den Investoren gelingt es nicht mehr, gute Leute an Bord zu holen. Sie müssen schließlich die Firma liquidieren und ihre gesamten Investitionen abschreiben.

Beispiele wie diese wiederholen sich jedes Jahr tausendfach. Der Grund dafür: Machtmenschen glauben an ihre Allmacht. Sie sind nicht bereit, ihre eigene Ohnmacht zu akzeptieren und den Weg der eigenen Verletzlichkeit zu gehen. Wer so handelt, ist nicht mutig, sondern naiv. So verkennen Führungskräfte ihre eigenen Spielregeln, denn kaum ein Machtmensch leistet sich eine eigene Ethik. Jeder will gewinnen.

Wenn wir wirklich lernen wollen, müssen wir die Dinge in der Tiefe ergründen und unsere Komfortzone, unseren Flow, bewusst verlassen. Dazu müssen wir uns an unbekannte Themen wagen und in die Phase der bewussten Inkompetenz gelangen, wo wir weder wissen können noch müssen. In dieser Phase spürt man die eigenen Grenzen. Man wird sich der eigenen Endlichkeit, der eigenen Ohnmacht bewusst. Das ist unangenehm, weckt Ängste und Abwehrmechanismen. Entwicklung ohne Angst gibt es nicht. Wer wirkliche Entwicklung will, muss mutig ins Unbekannte hinabsteigen, in die Tiefen des eigenen Unterbewusstseins. Dort treffen wir auf unsere Gefühle, auf Ängste und Widerstände. Indem wir uns diesen Erfahrungen stellen, können wir die eigenen Einschätzungen überprüfen und allenfalls verändern.

Beissers paradoxe Theorie der Veränderung und Kolb's Lernzyklus zeigen uns: Indem wir unsere Gefühle ergründen, können wir uns entwickeln. Gefühle sind Energie. Sie geben uns den Schub zum Handeln. Sie artikulieren unsere Bedürfnisse und gestalten unsere Ambitionen. Wenn wir unsere Gefühle zulassen, gewinnen wir Macht über uns selbst (vgl. Schmitz 2012, S. 43). Wir können verletzlich werden, ohne an Macht einzubüßen.

Literatur

Beisser AR (2009) Wozu brauche ich Flügel? Ein Gestalttherapeut betrachtet sein Leben als Gelähmter, 4. Aufl. Hammer, Wuppertal
Coutu DL (2002) How resilience works. Harv Bus Rev 80(5):46–56 (0502)
Dick A (2010) Mut – Über sich hinauswachsen. Huber, Bern
Frank R (2008) Glück – Leben deine Stärken. Patmos, Düsseldorf

Fredrickson BL (2004) The broaden-and-build-theory of positive emotions. The Royal Society. Published online 17th of August. https://www.ncbi.nlm.nih.gov/pmc/articles/PMC1693418/pdf/15347528.pdf

Greif S et al (2004) Erfolge und Misserfolge im Change-Management. Hogrefe, Göttingen

Kolb D (1984) Experiential learning: Experience as the source of learning and development. Prentice Hall, Englewood Cliffs

Maurer R (2010) Beyond the wall of resistance. Why most changes fail. Bard, Austin.

Priess M (2015) Resilienz – Das Geheimnis innerer Stärke. Widerstandskraft entwickeln und authentisch leben. Südwest, München

Scharmer CA (2009) Theorie U: Von der Zukunft her führen. Prescencing als soziale Technik. Carl-Auer, Heidelberg

Schmitz M (2012) Psychologie der Macht. Kriegen, was wir wollen. Kremayr & Scheriau, Wien

Nur wenige Führungskräfte sehen ein, dass sie letztendlich nur eine Person führen müssen.
Diese Person sind sie selbst.
Peter F. Drucker

Alexander Brochier ist Geschäftsführer der Brochier Haustechnik GmbH. Er leitet das Unternehmen in vierter Generation. In einem Seminar gerät er in die ungewohnte Situation, seine eigene Grabrede schreiben zu müssen, eine Methode, die Coaches oft anwenden, um Kunden zum Ergründen der eigenen Lebensziele zu bewegen. Die Aufgabe bringt Brochier heftig ins Grübeln. Wie er es in seiner bisherigen Managementlaufbahn stets getan hat, beginnt er die Aufgabe zu untergliedern. Aufzuschreiben, was er in beruflicher, sozialer und gesundheitlicher Hinsicht erreichen wollte, fällt ihm leicht: das Wachstum des Unternehmens vorantreiben, die Beziehung zu den besten Freunden pflegen, schlank bleiben. „Was aber sind darüber hinaus meine persönlichen Ambitionen? Was ist mir wichtig?" Diese Fragen lassen ihn nicht mehr los. Wieder hilft ihm eine Unterteilung, diesmal in materielle und immaterielle Ziele. Schnell hat er die materiellen Ziele zusammen, die immaterielle Seite fällt im bedeutend schwerer. Er möchte „Nutzen schaffen", für die Gesellschaft und die Stadt in der er lebt. Wie aber sollte das gehen? Brochier lässt Taten folgen.

Er erkundigt sich bei Mönchen nach deren Methoden, anderen Menschen zu helfen, und fragt beim Dachverband SOS Kinderdorf, wie er sich nützlich machten könnte. Als er durch den Verkauf eines Unternehmensteils einen zweistelligen Millionenbetrag erlöst, sieht er darin seine Chance: „Jetzt eröffne ich mein eigenes Kinderdorf", meint er und steckt fünf Millionen Euro in die Gründung der Stiftung, die sich um benachteiligte Kinder kümmert.[1] Ein Unternehmer wird zum Wohltäter. Was ist passiert? Alexander

---

[1]Die Geschichte von Alexander Brochier stammt von Täubner (2011, S. 108 ff.).

© Springer Fachmedien Wiesbaden GmbH 2017
M. Kres, *Mutmacher: Unternehmen stärken durch mutige Führung,*
DOI 10.1007/978-3-658-14288-9_10

Brochier hat erkannt: Wer führen will, muss sich zuerst selbst führen. Seine persönliche Reflexion hat seine Achtsamkeit gegenüber sich selbst erhöht. Er ist sich bewusst geworden, was er selbst benötigt, was für ihn wichtig ist, was er ihm Hier und Jetzt bewirken möchte. Bei vielen von uns Führungskräften hapert es mit der Selbstreflexion. Wir sind mit Denkmodellen erfolgreich geworden, die sich an Zahlen orientieren, haben bewiesen, dass unsere erprobten Strategien uns an die Macht bringen und dort auch halten. Warum sollten wir uns infrage stellen?

Das Bedürfnis nach Reflexion wächst schleichend, oftmals unbemerkt, indem der Bedarf nach Ausgleich zunimmt. Während sich die einen in Spitzensport stürzen, nimmt bei den anderen der Alkohol- und Drogenkonsum zu. Langsam entfremdet man sich von der eigenen Familie, Ehe- und Familienprobleme tauchen auf. Die Frau geht in die Therapie, ein Sohn in die Suchtberatung. Und noch immer sind wir uns der eigenen Wirkung nicht bewusst, verstehen nicht, was eigentlich passiert. Früher oder später kommt es zum Eklat. Die Scheidung, das Burn-out, der Zusammenbruch: der Körper findet immer einen Weg, sich zu wehren. Manchmal kann eine lang anhaltende Lebensphase ohne Veränderung, wenn sich gesättigte Erwartungen in unsere Denkwelt einschleichen, eine Sinnkrise bewirken. Dann geben uns Ziele Sinn und Orientierung. „Allerdings dürfen Ziele, wenn sie einen prägenden Einfluss auf unser alltägliches Handeln haben sollen, nicht auf einer abstrakten und illusionären Ebene bleiben" (zitiert in Täubner 2011, S. 110), meint Alexandra Freund, Psychologie-Professorin an der Universität Zürich. Allgemeine Werte wie Gerechtigkeit oder Hilfsbereitschaft beeinflussen unser Verhalten kaum. Persönliche Ziele setzen heißt, bedeutungsvolle Vorhaben mit konkreten Handlungsplänen zu verknüpfen. „Indem wir das tun, bestimmen wir unsere Entwicklung aktiv mit" (zitiert in Täubner 2011, S. 110). Es braucht Mut, sich der eigenen Situation bewusst zu werden, sie zu reflektieren und sich lange verdrängten Fragen zu stellen: „Wer bin ich eigentlich? Was ist mir wichtig? Was sind meine eigenen Treiber und wo blockiere ich mich selbst?" Kaum eine Führungskraft kann ihr Potenzial nutzen, ohne sich diese Fragen gestellt und für sich stimmige Antworten gefunden zu haben.

Mut zeigt sich darin, eigene Überzeugungen zu leben und Beharrlichkeit beim Verfolgen der eigenen Ziele an den Tag zu legen. Mut bedeutet aber auch, Selbstverständlichkeiten und Routinen zu hinterfragen, Neues auszuprobieren und damit das Risiko der Verletzlichkeit einzugehen. Verletzlichkeit bedeutet, sich der eigenen Grenzen bewusst zu werden und sie zu akzeptieren. Es tut weh, anzuerkennen, dass man nicht der Superstar ist, der man gerne wäre, und diese Spannung auszuhalten. Davor scheuen wir zurück. Verletzlichkeit hat keinen Platz in der Führung. Grenzen zu akzeptieren auch nicht – wir wollen sie ausdehnen. Da buchen wir lieber ein Executive-MBA-Programm, kaufen Firmen auf, erschließen neue Märkte oder rennen am Wochenende einen Marathon. Wir vermeiden es tunlichst, uns zu hinterfragen und den Blick auf das zu lenken, was uns wirklich wachsen lässt: Wirkliche Entwicklung erfolgt nun aber einmal nicht von außen, sondern indem wir andere Zugänge zu unserem inneren Potenzial schaffen. Um erfolgreich zu sein, müssen wir die in uns schlummernden Spannungsfelder ergründen und mit ihnen arbeiten. Erneut treffen wir auf Beissers Theorie: Wenn wir akzeptieren, was ist, kommen wir viel einfacher ans Ziel. Indem wir das, was in uns schlummert, als gegeben betrachten, sind wir in der Lage, uns damit zu arrangieren und eigene, neue Umgangsformen damit zu entwickeln.

Mut beinhaltet immer die Hoffnung auf einen positiven Ausgang der eigenen Aktion (Dick 2010, S. 48). Wer nicht erwarten kann, sich durch die eigenen Handlungen besser zu stellen, wird nichts riskieren. Unsere Selbstwirksamkeitserwartung ist ein wesentlicher Antrieb für unser Leben. Wenn sie wenig ausgeprägt ist, verspüren wir gegenüber vielen Facetten in unserem Leben eine Ohnmacht: Der Vorgesetzte blockiert ein wichtiges Projekt, die Beförderung wird verzögert, Kostensenkungen beschränken die Entfaltungsfreiheit. Abhängigkeit erzeugt Ohnmacht und dies wiederum lässt unmutig werden, was den Raum für Entwicklung weiter reduziert bis wir uns eingeengt fühlen, den Bezug zu unseren eigenen Ressourcen verlieren und sich Angst breitmachen kann. Angst ist ein unfruchtbarer Boden für Entwicklung. Wer sich aber von dieser Angst löst, indem er für sich erkennt, dass er sie gar nicht braucht, erhält wieder Macht über sich. Mut bringt also Macht.

Ein schönes Beispiel, wie dies zu Erfolg führen kann, zeigt das Fallbeispiel „Delance" eindrücklich.

Fallbeispiel „Delance": Durch Mut an Macht gewinnen

Die Uhrenindustrie ist eine globale Maschine, die sich durch höchst präzise Standardprozesse in der Produktion, hochprofessionelles Marketing und klare Regeln in den Verkaufskanälen auszeichnet. In dieser Industrie hat sich Giselle Rufer mit ihrer Marke Delance als erfolgreicher Nischenplayer eingenistet.

Die Firma Delance gründet sie 1996. Sie will dort eine Uhr von Frauen für Frauen konzipieren und produzieren. Dabei hatte Giselle Rufer eigentlich nie die Absicht, ein eigenes Unternehmen zu gründen. Sie war in der Swatch-Group Produktverantwortliche für die Kinderuhr Flik Flak. Später, bei Omega, sollte sie eine Uhr für Frauen entwickeln. Während dreier Jahre wird sie vom damaligen CEO, Ernst Thomke, tatkräftig bei diesem Vorhaben unterstützt. Nach seinem Ausscheiden aus der Firma wird das Projekt jedoch gestoppt. Omega glaubt nicht an das Potenzial einer Frauenuhr. Giselle Rufer scheidet aus der Firma aus und überlegt sich, wie sie der guten Idee zum Fliegen verhelfen kann. An der Marktmacht der bestehenden Player lässt sich nicht rütteln. Also entscheidet sie sich für eine eigene Marke: Delance.

Es wird ein langer und steiniger Weg bis zum Erfolg. Sämtliche Türen der Branche bleiben ihr verschlossen. Die klassischen Vertriebskanäle über Bijouterien etwa, eine wichtige Chance, sich einem größeren Publikum bekannt zu machen, weigern sich, Delance-Produkte in ihr Angebot aufzunehmen. Giselle Rufer muss anderweitig Potenzial erschließen. Mit Vorträgen weltweit, mit dem einzigartigen Konzept, seine Uhren selbst zu assemblieren, und über eine intelligente Schwarmbildung im Internet findet die Geschäftsfrau Lösungen, die die etablierten Branchenriesen nicht genutzt haben. So stellt sie sicher, dass heute Frauen auf der ganzen Welt Delance-Luxusuhren tragen können.

Mut hat ein Gesicht. Giselle Rufer hat sich mit ihrer Luxusmarke Delance eigenständig am Markt positioniert, indem sie gelernt hat, die bestehenden Regeln zu akzeptieren und bewusst nach Alternativen zu suchen. Sie hat erkannt, dass sich in etablierten Märkten keine Quick Wins erzielen lassen, indem man durch Druck Gegendruck erzeugt, sondern indem man bewusst nach neuen Wegen sucht. Sie hat ihre Antworten nicht *im* Markt, sondern *am* Markt gefunden. Daher hat sie ihr Geschäftsmodell bewusst rückwärts integriert, weg von standardisierten Prozessen, hin zu individualisierten Kundenlösungen.

Giselle Rufer ist bewusst den weiteren Erfahrungsweg auf Kolbs Lernzyklus gegangen. Sie macht konsequent alles anders als in der Uhrenindustrie üblich: Delance orientiert sich nicht an Zahlen, sondern an Kunden. Rufer hält sich weder an etablierte Branchenregeln noch an Standardprozesse. Sie kann nicht reaktiv auf bestehende Vertriebskanäle vertrauen, sondern nutzt proaktiv das Internet, um neue Kunden zu akquirieren. Ihr Credo ist nicht, Marktmacht zu erzielen, sondern Kundennähe zu schaffen. Und wenn man ehrlich ist: Effizient ist die Leistungserstellung von Giselle Rufer auch nicht. Zwar gibt es Standardmodelle, aber die meisten Uhren sind Unikate, werden ganz nach den Bedürfnissen der Kundinnen assembliert. So lassen sich kaum Skaleneffekte bilden. Aber genau diese Kundennähe lohnt sich: In der Männerdomäne „Uhren" etabliert sich Delance langsam, aber stetig zu einem ernst zu nehmenden Player mit hohen Margen und stetem Wachstum. Giselle Rufer hat Mut bewiesen. Obwohl ihr von Vertretern der Branche genügend Steine in den Weg gelegt wurden, hat sie sich nicht entmutigen lassen und ist ihren authentischen Weg gegangen. Mut braucht Rückgrat und eine eigene Identität. Die Geschäftsfrau Rufer hat in sich hineingehört: „Was will ich? Was brauche ich? Wie kann ich mein Potenzial am besten nutzen?" Fragen wie diese helfen, die eigene Identität zu formen und die eigene Authentizität zu finden.

Authentizität ist immer ein Fließgewicht zwischen Glaubwürdigkeit und Echtheit.[2] Glaubwürdigkeit und Echtheit schaffen das Spannungsfeld, indem wir uns als Führungskräfte zurechtfinden müssen, immer und jeden Tag. In Anbetracht der Tatsache, dass immer mehr Führungskräfte im Hamsterrad drehen, scheint der Pol der Glaubwürdigkeit in vielen Fälle zu obsiegen. Glaubwürdig ist derjenige, der Botschaften vermitteln kann, die die Menschen glauben. Ob sich der Übermittler mit der Botschaft identifiziert oder nicht, ist unwesentlich. Wichtig ist, dass eine gewünschte Wirkung entsteht. Menschen, denen Glaubwürdigkeit wichtiger ist als Echtheit, passen sich mit ihren Aussagen opportunistisch ihrem Umfeld an. Soll eine Fusion durchgeboxt werden, so werden die Synergien der Aktion herausgestrichen, obwohl jahrelang der Alleingang propagiert wurde. Sie verkünden das, was ihrer Macht am ehesten nützt. Machtmenschen sind oft Meister der Glaubwürdigkeit. Echtheit ist hingegen etwas Anderes. Echt ist die eigene Identität, das, was einen selbst antreibt, etwa die Lust am Führen oder die Angst davor, zu versagen. Echten Menschen ist die eigene Autonomie wichtiger als Anpassung. Echtheit birgt

---

[2]Diese Unterteilung stammt von Bauer-Jelinek 2007, S. 104 ff.

jedoch ein Risiko: Sie kann der Glaubwürdigkeit schaden, sie macht verletzlich. Wer seine eigenen Ideen verwirklichen will und Autonomie sucht, der hat in etablierten Machtstrukturen – wie am Beispiel von Delance ersichtlich – kaum Erfolgschancen. Wer zugibt, dass er als Führungskraft am Limit läuft, gilt in seinem Umfeld als Weichei, von dem es sich schnellstmöglich zu distanzieren gilt. Wer Authentizität auf Echtheit reduziert, hat langfristig ebenso ein Problem wie jemand, der Authentizität mit Glaubwürdigkeit gleichsetzt. Wer jedoch Echtheit und Glaubwürdigkeit in eine sinnvolle Balance zu bringen vermag, der kann es sich leisten, authentisch zu sein (Abb. 10.1).

Die unterschiedliche Gewichtung zwischen Echtheit und Autonomie auf der einen und Glaubwürdigkeit und Anpassung auf der anderen Seite ist einer der Hauptgründe dafür, warum wir glauben, nicht mutig sein zu können. Wir denken, unsere Echtheit würde unsere Glaubwürdigkeit unterminieren. Und so lehnt sich niemand aus dem Fenster, weil er Angst hat, dass ihm dann der Kopf abgehackt wird. Das Resultat: Unser Potenzial bleibt ungenutzt. Wirklich stark sind diejenigen, die Glaubwürdigkeit mit Echtheit verbinden, die sich also echt glaubwürdig verhalten. Echte Glaubwürdigkeit macht glücklich, wie auch der international bekannte Glücksforscher Martin Seligman, Psychologieprofessor an der Universität Pennsylvania und Begründer der Positiven Psychologie, belegt hat. Wer sich an sich selbst orientiert, die eigenen Stärken erkennt und im Leben entfaltet, erlebt sich als echt glaubwürdig. Er kommt mit sich in Einklang und verspürt Glück. Glückliche Menschen wiederum erleben sich als einflussreicher und fähiger. Sie sind zuversichtlicher und haben das Gefühl, ihr Leben im Griff zu haben. Ihre Selbstwirksamkeitserwartung ist höher. Die Balance zu finden zwischen Echtheit und Glaubwürdigkeit lohnt sich also (vgl. Seligman 2003; Frank 2008, S. 48). Wie stellt man dieses Gleichgewicht her? Auch hier helfen uns Beissers Theorie und Kolbs Lernzyklus.

Abb. 10.1 Authentizität als Balance zwischen Echtheit und Glaubwürdigkeit. (Quelle: eigene Darstellung)

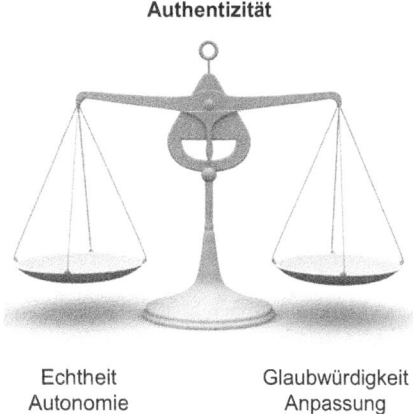

Authentizität

Echtheit
Autonomie

Glaubwürdigkeit
Anpassung

10.1   Bewusstwerden der eigenen Spannung

Wen man an etwas arbeiten möchte, muss man sich erst einmal bewusst werden, was es genau zu bearbeiten gilt. Bei der Glaubwürdigkeit gilt dies erst recht, ist sie doch ein hehres und oft zartes Pflänzchen. Um zu gedeihen, muss es gehegt und gepflegt werden. Wir können unsere Glaubwürdigkeit durch gute Public Relations oder bühnenwirksame Auftritte stärken – aber schon durch einen einzigen Fauxpas ruinieren. Wenn der ehemalige Chef der Deutschen Bank Josef Ackermann bei einem öffentlichen Strafprozess das Victory-Zeichen macht, oder wenn ein General-Motors-Boss erklärt, er fahre einen Lexus, weil das die besten Autos seien, dann hat zwar die Echtheit gesiegt, die Glaubwürdigkeit jedoch wurde nachhaltig unterminiert. Echtheit ist stets stärker als Glaubwürdigkeit. Wer nicht echt ist, muss unheimlich viel in die eigene Glaubwürdigkeit investieren, um Erfolg zu haben. Viele Manager sind auf ihrem Weg der Glaubwürdigkeit jedoch so weit vorangeschritten, dass sie ihre Echtheit aus dem Blick verloren haben. Für sie hat Echtheit keine Gewichtung mehr. So findet keine Entwicklung statt. Entwicklung braucht Spannungen. Als erster Schritt ist es wichtig, ein Bewusstsein für die Spannung zwischen der eigenen Echtheit und Glaubwürdigkeit zu entwickeln. Wir müssen uns klar werden, wie unsere Balance zwischen den beiden Polen aussieht. Mit diesem Schritt treten wir in Kolbs Lernzyklus in die Phase der bewussten Inkompetenz ein. Die folgenden Fragen helfen uns, geeignete Spannungsfelder für die eigene Entwicklung zu öffnen.

Fragen zum Bewusstwerden der eigenen Spannung
- Wann kann ich kraftvoll arbeiten? Wann tue ich das, was ich weder möchte noch gut kann?
- Welcher Anteil meiner Arbeit ist selbstbestimmt? Welcher ist fremdbestimmt?
- Welchen Teil meiner Arbeit tue ich für mich? Was tue ich im Wesentlichen, um anderen zu gefallen?
- Was tut mir gut? Was raubt mir Energie?

Spannungen sind gut. Sie zu akzeptieren ist wesentlich, um in uns hineinzuhören und unser wahres Potenzial zu nutzen. Wer sich ernsthaft diesen Fragen stellt, kann wachsen. Das hat allerdings seinen Preis. Die Auseinandersetzung mit den eigenen Spannungen bringt Unsicherheit und Ängste mit sich und das Aufreiben an den eigenen Glaubenssätzen. Es ist in Ordnung, Angst zu haben und diese zu reflektieren. Nicht öffentlich, versteht sich, sondern für sich, im Privaten. Denn in der öffentlichen Meinung dominiert der Glaube, Ängste gehörten sich nicht, sie hätten in der Führung keinen Platz. Glaubenssätze wie „Ich muss perfekt sein", „Ich muss härter arbeiten als andere", „Ich muss es allen recht machen" geben uns zwar Orientierung, verhindern aber, dass wir und mit unseren eigenen Ressourcen verorten. So definieren wir uns viel zu oft nicht auf Basis dessen, was für uns wichtig ist, sondern auf Basis des Urteils unserer Umwelt. Insofern hören wir auch die eigene Angst nicht – oder verdrängen sie durch kreative Vermeidungstaktiken. Ob Spitzensport, Aufsichtsratsmandate oder Abendausbildungen: Bei genauerer Betrachtung sind solche Manöver oft Versuche, nicht auf die eigenen Spannungen hören zu müssen. Das mag eine Weile funktionieren, die Spannung bleibt jedoch bestehen. Wir müssen tiefer in uns gehen. Wer keine Angst hat, entwickelt keinen Mut. Mut ist die Stärke, Wagnisse einzugehen, die nicht nur ein Risiko bergen, sondern auch mit der Veränderung von Haltungen und Einstellungen verbunden sind. Wer sich mutig selbst führen will, darf nicht oberflächlich an seinen Verhaltensweisen arbeiten, sondern an den sie in der Tiefe begründenden Annahmen. Diesen wertvollen Hinweis verdanken wir dem amerikanischen Psychologen und Philosophen Ken Wilber (vgl. Wilber 2000), der uns den folgenden Zusammenhang aufzeigt (Abb. 10.2).

Am sinnvollsten ist es, die Abbildung vom Ende her zu erschließen. In einem Unternehmen lebt eine nach innen und im Kollektiv erfahrbare *Organisationskultur.* So pflegt Google ein anderes Miteinander der Menschen als etwa Siemens. Diese Kultur ist die Gesamtheit der *Verhaltensweisen* der Menschen. Verhalten ist von außen her erkennbar. Jemand betrachtet seine Lieferanten als Partner oder eben nicht. Dieses Verhalten wiederum wird geprägt durch die zugrunde liegenden *Strukturen, Systeme und Prozesse* in unseren Unternehmen. Wenn wir uns in Silos organisieren, werden sich die Leute konsequenterweise innerhalb der Bereichsgrenzen orientieren. Wenn wir Gehaltssysteme einführen, die internen Wettbewerb fördern, ist es unrealistisch, dass sich Menschen an einer allgemeingültigen Vision für das Gesamtunternehmen ausrichten. Und wenn wir beschränkende Prozesse einführen, ernten wir beschränktes Verhalten. Nun sind wir aber immer noch nicht am Ende angekommen. Strukturen, Systeme und Prozesse sind stets das Resultat der *Annahmen, Glaubenssätze und Prinzipien,* die uns innerlich antreiben. Wenn wir also beispielsweise davon ausgehen, Menschen geben nur dann ihr Bestes, wenn man sie durch klare Ziele anweist, so werden wir etwa Management by objectives als Führungssystem auf allen Ebenen einführen. Die Zielkaskaden sollen dann die Menschen in eine vorgegebene Richtung führen, immer davon ausgehend, dass Menschen

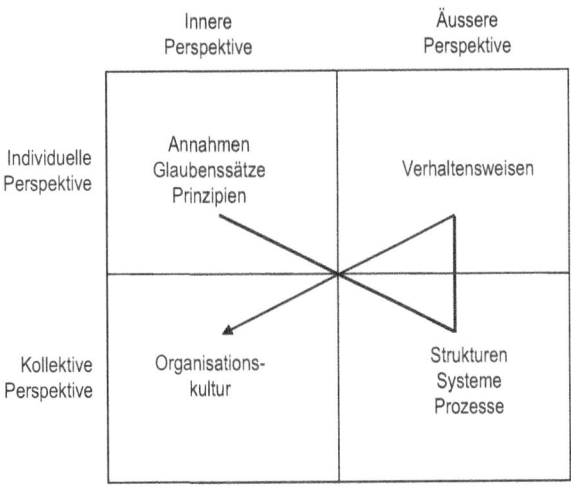

Abb. 10.2 Unsere Annahmen steuern unser Verhalten. (Quelle: eigene Darstellung)

nicht selbst wissen, was zu tun sei. So ersticken wir schlussendlich angestrebtes Verhalten in Unternehmen, wie etwa Kreativität, Innovation und Eigenverantwortung, im Keim. Wenn wir jedoch davon ausgehen, dass die Menschen sehr wohl selbst wissen, wie sie sich zum Wohle des Unternehmens am besten einsetzen können, entstehen daraus andere Führungsprinzipien, die die Selbstverantwortung der Menschen fördern und eine komplett andere Dynamik für die Führung ermöglichen.

Die meisten Führungsdiskussionen finden auf der Ebene der Strukturen, Systeme und Prozesse statt, auf deren Basis sich dann das Verhalten der Mitarbeitenden entwickeln soll. Selten wird an den zugrunde liegenden Annahmen und Glaubenssätze gearbeitet, also dort, wo wirkliche Selbstführung stattfindet. So generieren wir die Mutschlucker, über die wir im ersten Teil des Buches gesprochen haben. Selbstführung jedoch bedarf einer unbedingten Auseinandersetzung mit sich selbst – eine doch oft spannungsgeladene Angelegenheit. In unserer Erfahrung fürchten sich Führungskräfte oft vor Selbstreflexion. Selbstführung soll für die anderen gelten, nicht jedoch für uns selbst. Wir würden uns dann unserer eigenen Unzulänglichkeit, unserer eigenen Ohnmacht und Endlichkeit bewusst. Das mögen wir nicht. Das mutlose Umgehen mit Selbstführung ist einer der Hauptgründe, warum so vieles schief läuft in Unternehmen. Dabei haben wir nichts zu befürchten: Unsere Annahmen steuern unser Verhalten. Wir können problemlos umdenken: Wie wäre es, wenn wir nicht steuern müssen, sondern gestalten können? Wie wäre es, wenn wir den Mitarbeitenden vertrauen und Systeme einführen, die ihnen selbst erlauben, sich zu optimieren? Im Umdeuten der eigenen Annahmen liegt ein enormer Schatz verborgen, mit dem sich Potenzial nutzen lässt. Es lohnt sich also, Wilbers Abbildung vom Anfang an zu erschließen und zu ergründen, welches die Konsequenzen unserer Glaubenssätze für generelle mündige, willige und fähige Mitarbeitende sind. Dadurch entsteht ein neuer, öffnender Raum für die eigene Entwicklung, die Führung als solches und für die Gestaltung ganzer Unternehmen. So wird es möglich, alte Sinnzusammenhänge aufzulösen und neue herzustellen (vgl. Fritz-Schubert 2014). Wer die Größe und den Mut aufbringt, seine hehren Lebensregeln zu hinterfragen, auch wenn sie im Widerspruch zur lange geprägten Identität stehen, und kraftvoll an die aktuelle Lebenssituation anzupassen, der weist größere Weisheit und schlussendlich Durchschlagskraft auf als jemand, der seinen ehernen Prinzipien treu bleibt.

10.2   Stärkung der eigenen Echtheit

Nun kann der nächste Schritt in Kolbs Zyklus erfolgen: die Phase der unbewussten Kompetenz. Wer die innere Spannung zulässt, erkennt Dinge, die er vorher nicht gesehen hat, die zwar vorhanden, aber irgendwie verschüttet sind – er entdeckt einen neuen Zugang zu seinen Ressourcen. Häufig stellt sich in dieser Phase die Frage nach dem eigenen Umgang mit Macht. Das Ergründen des eigenen Macht- und Beeinflussungsfelds ist ein anstrengender Kraftakt, denn beim eingehenden Hinterfragen der eigenen Wirkung erkennen wir, dass wir weniger mächtig sind, als wir annehmen. Im Alltag wird der

Anspruch eines Einzelnen, Macht über andere auszuüben, stets durch die Gegenmacht anderer aufgehoben. So wird etwa der Wille, Kontrolle ausüben zu wollen, dadurch entkräftet, dass Menschen sich dieser Kontrolle entziehen und lediglich Dienst nach Vorschrift tun.

Die Erkenntnis, dass durch die eigene Macht Ohnmacht entsteht, wirkt fürs Erste befremdend. Wenn wir jedoch die Erfahrungen der Phase der bewussten Inkompetenz nutzen, und uns in eine Metaposition begeben, wo wir Gegensätzlichkeiten als Quelle der Entwicklung erkannt haben – also Macht und Gegenmacht als fruchtbaren Boden für unser eigenes Fortkommen erkennen – öffnet sich ein neuer Blickwinkel auf das, was man eigentlich in der Lage wäre zu leisten. Die Stärkung der eigenen Echtheit wird so zu einer Befreiung und führt zu einem Glücksgefühl, bei dem wir gewahr werden, wie viel Handlungs- und Entscheidungsfreiraum wir wirklich haben. Um diesen zu erforschen, ist stets etwas Anstrengung erforderlich. Wir müssen uns unserer eigenen Verhaltensmuster bewusst werden und hinterfragen, inwiefern sie uns förderlich oder eben auch hinderlich sind. Wir können unser Potenzial nutzen, indem wir unseren Machtanspruch neu definieren. Es geht dabei nicht um Machtabgabe – das will niemand. Es geht dabei vielmehr darum, uns in eine mentale Position zu begeben, von der aus wir nicht mehr alles beherrschen müssen. So entsteht Platz und Raum für die eigene Echtheit und wir werden uns bewusst, was wir mit unserem Verhalten wirklich bewirken. Wir verstehen nun, was wir tun, und können fortan wählen, anders zu handeln oder etwas ganz sein zu lassen. Dadurch können wir uns der eigenen Identität Schritt für Schritt nähern, ohne den eigenen Machtanspruch aufzugeben und uns der Gefahr der Verletzbarkeit auszusetzen. So können wir angstfrei unsere eigenen Grenzen ausloten. Wir werden achtsam und erkennen Dinge, die uns bislang verborgen geblieben sind; Zusammenhänge, die für den Unternehmenserfolg wesentlich sind. Wir fragen mehr und sagen weniger. Wir beobachten. Wir hören anders zu in Meetings. Wir konzentrieren uns zunehmend auf das, was geht. Für Dinge, die nicht funktionieren, wenden wir weniger Energie auf. Vorschläge erscheinen plötzlich in einem anderen Licht. Wir verstehen sie nicht mehr als Unterterminierung der eigenen Macht, sondern als Verstärkung der eigenen Wirksamkeit. Es gefällt uns zunehmend, mit dieser neuen Einstellung zu spielen. Wir eröffnen uns unbekannte Gestaltungsräume. Unsere Selbstakzeptanz steigt, wodurch der Wille zur Machtausübung sinkt. Paradoxerweise erhalten wir dadurch, was wir eigentlich ursprünglich angestrebt haben: mehr Kontrolle. Aber wir kontrollieren anders. Wir stehen nicht mehr im Zentrum des Geschehens, versuchen nicht mehr im System zu agieren, sondern am System von einem Ort aus, wo wir den Überblick erlangt haben. Diese neue Perspektive fühlt sich freier an. Und sie wird wahrgenommen. Wir erhalten andere Feedbacks: „Das war wirklich ein konstruktives Meeting", „Ich habe dich selten so offen erlebt". Ermunterungen dieser Art bestärken uns.

Was hier passiert, lässt sich mit einem Prinzip erklären, das Aaron Antonovsky das *Kohärenzgefühl* nennt (vgl. Antonovsky 1997). Antonovsky, Professor für Soziologie am Applied Social Research Institute in Jerusalem, untersuchte in seinen Studien, wie Gesundheit entsteht. Seine unter dem Begriff *Salutogenese* bekannt gewordenen

Erkenntnisse bieten Einblick in die Gedankenwelt von erfolgreichen Menschen, die mit positiver Energie durchs Leben gehen. Antonovsky lehnt sich bei seinen Forschungen stark an Viktor Frankls *Logotherapie* (vgl. Frankl 2008) an. Viktor Frankl, Überlebender des Holocaust, hat Lagerinsassen beobachtet, die sich trotz der ausweglos erscheinenden Situation nicht brechen ließen. Die meisten Lagerinsassen besaßen nach Frankl irgendetwas, das sie aufrecht hielt, gleichsam ein Stück Zukunft. Wenn sie es aufgaben, dann waren sie nicht mehr zu retten. Dies passierte meist in Form einer Krise, etwa, dass der Häftling eines Tages in der Baracke liegen blieb und ihn nichts mehr dazu bewegen konnte aufzustehen. Aus seinen Erfahrungen heraus entwickelte Viktor Frankl für seine Arbeit als Therapeut die Logotherapie, die den Menschen als grundsätzlich eigenständiges, sinnorientiertes und entscheidungsfähiges Wesen sieht. Der Mensch ist gemäß der Logotherapie nicht abhängig von Umweltbedingungen, sondern innerlich frei, sich jeden Augenblick auf sein Umfeld auf seine Weise einzustellen. Ziel der Logotherapie ist es, Sinnmöglichkeiten in konkreten Lebenssituationen zu finden und sich dadurch aus Krisen und Orientierungslosigkeit zu befreien.

Wie lassen sich diese Erkenntnisse auf mutige Selbstführung übertragen? Menschen können dann voll aus ihren Ressourcen schöpfen, wenn sie ihre Tätigkeiten als *sinnvoll* empfinden und wenn sie in Beziehung zu ihrer Arbeit stehen – sie also *verstehen,* wie ihre Arbeit entsteht. Dies bedingt, dass der Mensch seine Arbeit in allen ihren Teilen überblicken, überwachen und beurteilen kann. Auf diese Weise kann er aus seiner Arbeit lernen. Er kann dabei Fähigkeiten entdecken, entwickeln und nutzen und somit den Gesamtprozess der eigenen Leistungserbringung *beeinflussen* (vgl. Sennett 2008, S. 42). Die Gesamtheit dieses Verständnisses schafft das Kohärenzgefühl, in dem Menschen sich im Gleichgewicht fühlen (siehe Abb. 10.3).

Das Kohärenzgefühl wirkt positiv auf unsere Selbstwirksamkeit und unser Selbstwertgefühl. Peter Becker, Psychologieprofessor in Trier, spricht in diesem Zusammenhang

Abb. 10.3 Die Salutogenese im Überblick. (Quelle: In Anlehnung an Frankl 2008 und Antonovsky 1997)

von Lebensbewältigungs-Kompetenzen, die unsere seelische Gesundheit garantieren. Neben dem Gefühl, die Kontrolle für das eigene Verhalten zu haben, gehört dazu die Fähigkeit, sich Wohlbefinden zu verschaffen und das eigene Leben als sinnerfüllt zu erleben (vgl. Frank 2008, S. 52 f.). In ihrem Buch *Vom Sinn der Angst* stellt die Psychologin Verena Kast dar, dass das Ausmaß der Ängstlichkeit eines Menschen zum großen Teil von der Kohärenz und der Sicherheit seiner eigenen Identität abhängt (vgl. Kast 2009). Wer sich inkohärent fühlt, hat mehr Angst im Leben. Angst lähmt und verhindert Mut. Wem es jedoch gelingt, das eigene Kohärenzgefühl herzustellen, stärkt seine Identität, hat grundsätzlich weniger Angstmomente und traut sich, mutiger zu werden. Auch hier helfen uns einige Fragen, in die Kraft zu kommen.

Fragen zur Stärkung der eigenen Echtheit

- Wie kann ich mich dort vermehrt einbringen, wo ich das tun kann, was ich gerne tue?
- Was muss ich dafür anders machen? Was muss ich nicht mehr tun?
- Welche meiner Grundannahmen bestärken mich auf diesem Weg? Welche halten mich davon ab, mich in diese Richtung zu entwickeln?
- Wie kann ich auf dem Weg eine positive Energiezufuhr sicherstellen? Wie kann ich korrosive Energie abgeben?

10.3 Verankerung der neuen Authentizität

Wir gelangen nun in Kolbs Zyklus in die letzte Phase der bewussten Kompetenz. Hier gehen die neuen Verhaltensweisen langsam in eine reichere, bewusste Selbstwirksamkeitserfahrung über. In dieser Phase bilden wir uns eine starke, dauerhafte Führungsidentität, wo wir den Umgang mit unserer neuen Authentizität üben können.

Mut kommt von innen. Wir haben nun erfahren, dass wir mutig sein dürfen, ohne dass wir dadurch negative Konsequenzen fürchten müssten. So lösen wir uns nach und nach von vermeintlichen Abhängigkeiten und distanzieren uns immer weiter von korrosiver Machtausübung. Das bewusste Umdeuten von Macht erfordert Mut. Es ist wie bei Süchtigen: Von etwas abzulassen ist schwer. Generell zeigt Macht viele Parallelen zur Sucht: „Das Gefühl des Mangels führt zum neurotischen Streben nach Herrlichkeit" (Dick 2010, S. 189). So beflügelt uns Macht kurzfristig, gibt uns regelmäßig einen Kick, wir können nicht mehr ohne sein. Um das eigene Kohärenzgefühl nicht zu verlieren, versuchen wir, die Machbarkeit unseres Glücks über alles andere zu stellen und fast ohne Rücksicht auf Verluste zu erhalten. Dabei befinden wir uns in der existenziellen Illusion, dass wir mit Macht eine wunderbare Methode besitzen, um uns von unangenehmen Gefühlen, Erinnerungen, Erlebnissen oder Widerständen freizumachen und so selbstbestimmt unsere eigene, bessere Welt herzustellen. Doch je länger diese Illusion andauert, desto mehr verlieren wir den Bezug zu uns selbst. Vielfach dient diese Illusion dazu, ein anderes Selbst zu kreieren, da wir unser eigenes Selbst ablehnen.

Macht braucht der, der sich selbst nicht hat (vgl. Bauer-Jelinek 2007, S. 163). Die Furcht vor der eigenen Freiheit transportiert uns in eine Selbstentfremdung und eine Machtlosigkeit, die uns in vermeintlicher Machtausführung eine neue Art von Knechtschaft und Abhängigkeit eingehen lässt (Dick 2010, S. 160). Wenn es uns hingegen gelingt, die Grundbedürfnisse wie Sicherheit, Geborgenheit, Anerkennung uns selbst gegenüber mit unserer Freiheit im Leben zu befriedigen, dann stellt sich ein Gefühl der Zufriedenheit ein. Um diesen Zustand dauerhaft zu erhalten, müssen wir ihn regelmäßig üben und auf seine Wirksamkeit überprüfen. Die folgenden Fragen können uns dabei helfen:

Fragen zur Verankerung der neuen Authentizität

- Was tue ich konkret, um in meiner neuen Balance zu bleiben?
- Was hilft mir dabei, diese Kraft beizubehalten?
- Woran erkenne ich, dass ich sie verliere?
- Was tue ich dann?

Zufriedene Menschen reagieren auch in hektischen Zeiten gelassen. Sie bauen auf ihre inneren Stärken, wie etwa Achtsamkeit, Selbstfürsorge oder die Fähigkeit zur positiven Selbstbekräftigung (vgl. Dick 2010, S. 90). Dazu gehört es, zu sich in positiver Beziehung zu stehen: Wenn die Beziehung zu sich selbst stimmt, dann stimmt sie meist auch zum Umfeld. Somit können wir Kolbs Zyklus abschließen: Wir befinden uns in der Phase einer gelebten, bewussten Kompetenz, mit der wir unsere Resilienz erhöht und die neue Authentizität in unserem Verhaltensrepertoire verankert haben.

10.4   Der Career Check zur mutigen Selbstführung

In die mutige Selbstführung zu kommen, ist – gerade für Führungskräfte, die sich hauptsächlich mit Zahlen abmühen – ein Kraftakt, der alleine fast nicht zu stemmen ist. Insofern versuchen weitsichtige Unternehmen, ihre Mitarbeitenden mit einer Vielzahl von Angeboten zur Selbstreflexion anzuregen. Wir haben in unserer langjährigen Coachingerfahrung viele Methoden kennengelernt und uns schließlich mit einem Tool angefreundet, dass die in diesem Abschnitt genannten Dimensionen umfasst und – vor allem – die *Eigenverantwortung* der Menschen für ihre Karriere fördert. Mut wird einem nicht gegeben, wir müssen ihn selbst entwickeln.

Der Career Check der Universität Lausanne hat schon mehr als 40.000 Menschen weltweit befähigt, sich mutig ihrer Spannungsfelder bewusst zu werden, die eigene Echtheit zu steigern und die neue Authentizität zu verankern. Der Career Check ist eine potenzial- und ressourcenorientierte Standortbestimmung, die sich an den Dimensionen mutiger Selbstführung orientiert und die im Selbststudium, aber auch mit Unterstützung eines Coaches, ausgewertet werden kann. Je nach Ausprägungen entsteht so ein kraftvoller Maßnahmenplan, der Menschen in Bewegung setzt (siehe Abb. 10.4).

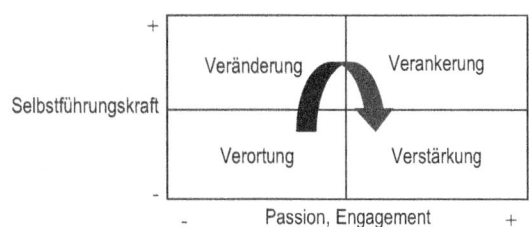

Abb. 10.4 Die vier Felder des Career Check. (Quelle: Eigene Darstellung)

Wer sich im Feld „Veränderung" befindet, möchte sich verändern. Er hat zwar die Kraft, um in die Selbstführung zu kommen. Es fehlt jedoch noch die Fähigkeit, Bestehendes in einem anderen Kontext zu sehen. Menschen in diesem Feld wollen ihr Glück eher woanders versuchen und lieber ihr Umfeld denn sich selbst verändern. Sie nehmen so aber ihr gesamtes Verhaltensspektrum an den neuen Ort mit und riskieren, in einiger Zeit wieder mit denselben Problemen konfrontiert zu sein wie heute. Es geht hier also darum, eine Umdeutung des Bestehenden vorzunehmen und in der bestehenden Rolle mehr Kraft zu entfalten.

Menschen im Feld „Verankerung" haben bereits Vieles unternommen, um in diese Situation zu gelangen. Sie haben für sich Kolb's Lernzyklus schon durchlaufen. Hier geht es um eine langfristige Verankerung des Erreichten und das Teilen der Erfahrungen mit anderen.

Für Menschen im Feld „Verortung" geht es in erster Linie darum, sich ihrer Spannungsfelder bewusst zu werden und auf diesen stärkenorientiert aufzubauen. Die Diskussion dreht sich hier oft um die eigenen Annahmen und Blockaden, die wir uns selbst in unseren Köpfen machen, ohne dass es dafür einen triftigen Grund gäbe.

Im Feld „Verstärkung" dürfen wir auf dem hohen Engagement und der Passion der Menschen für eine Rolle bzw. Aufgabe aufbauen. Hier geht es nicht mehr um Spannungen an sich, sondern um eine Stärkung der eigenen Echtheit durch entsprechend zielorientierte Aktionen.

Der Einsatz von Career Checks kann Transformation in Unternehmen nicht nur beschleunigen, sondern Menschen darin stärken, sich selbst zu führen. So werden mutige Individuen in ihren Initiativen gestützt und schaffen für sich und ihre Institution Freiräume für Entwicklung.

Literatur

Antonovsky A (1997) Salutogenese: Zur Entmystifizierung der Gesundheit. DGVT, Tübingen
Bauer-Jelinek C (2007) Die Spielregeln der Macht und die Illusionen der Gutmenschen. Ecowin, Salzburg
Dick A (2010) Mut – Über sich hinauswachsen. Huber, Bern
Frank R (2008) Glück – Leben deine Stärken. Patmos, Düsseldorf

Frankl VE (2008) Trotzdem Ja zum Leben sagen: Ein Psychologe erlebt das Konzentrationslager, 29. Aufl. DTV, München (Erstveröffentlichung 1946)

Fritz-Schubert E (2014) Mail-Austausch zwischen Michael Kres und Ernst-Fritz Schubert zum Thema „Mut und Glück" vom 31. Juli 2014

Kast V (2009) Vom Sinn der Angst, 3. Aufl. Herder, Freiburg

Seligman MEL (2003) Der Glücks-Faktor. Warum Optimisten länger leben. Ehrewirth, Bergisch Gladbach

Sennett R (2008) Handwerk. Berlin Verlag, Berlin

Täubner A (2011) Herr B. findet sein Glück. brandeins 2011(10):108–113

Wilber K (2000) Integral psychology: consciousness, spirit, psychology, therapy. Shambhala, Boston

Mutige Führung: Macht durch Ermutigung

> Der Reichtum eines Menschen bemisst sich an der Zahl der Dinge, um die er sich nicht kümmern muss.
> Henry David Thoreau

Die Art und Weise, wie wir als Individuum lernen, kann auch auf das Team, das wir führen, übertragen werden. Mutige Selbstführung macht Teams mutig. Allerdings müssen wir uns dabei einiger Besonderheiten des kollektiven Lernens bewusst werden, die wir jetzt beleuchten wollen. Wir haben gesehen: Mutige Selbstführung beginnt dort, wo die meisten Führungsinstrumente aufhören – bei der inneren Einstellung. In der gängigen Führungsdiskussion ist davon noch wenig zu hören. Weiterhin dominieren an Business-Schools klassische Definitionen von Führung, die mit Selbstführung wenig zu tun haben:

> Unter Führung versteht man die Leitung von Gruppen und Organisationen durch eine Person oder Personengruppe, die Befehls- und Entscheidungsgewalt besitzt (vgl. Gudemann 1995, S. 132).
> Eine Organisation verfolgt bestimmte Ziele und entwickelt dazu Strategien und Pläne. Gemäß der klassischen Vorstellung aufgabenorientierter Führung werden Zielvorgaben von den oberen an die unteren Führungsebenen übermittelt, wobei die Führungsaufgabe vor allem darin besteht, Arbeitsaufgaben zu verteilen und deren Ausführung zu kontrollieren (Brandstätter und Otto 2009, S. 756).

Etwas weiter ist man im englischsprachigen Raum:

> We view leadership as the collective activities of organizational members to accomplish the tasks of setting direction, building commitment and creating alignment (Center for Creative Leadership 2006).
> The only true leader is someone who has followers (Drucker 1998, S. 1).

Die meisten Führungsdefinitionen implizieren einen aktiven Steuerungs- und Gestaltungsanspruch der Führungskraft, der aus einer Zeit stammt, in der wir uns im Wesentlichen

© Springer Fachmedien Wiesbaden GmbH 2017
M. Kres, *Mutmacher: Unternehmen stärken durch mutige Führung,*
DOI 10.1007/978-3-658-14288-9_11

mit Optimierungs- und Wachstumsprozessen beschäftigen durften. In solchen Phasen sind Kontrolle und die Überarbeitung bestehender Prozesse und Strukturen durchaus angesagt. Hier genügt es, im System zu optimieren und mit standardisiertem Methodenwissen klassisch Top-down umzusetzen.

Die Realität sieht, wir wissen es, heute anders aus: Führung hat kaum mehr Gestaltungsmacht. Kein Markt wartet darauf, dass wir ihn mit einem Wachstumsplan von 5 % beglücken. So banal es klingt: Nicht unsere Strukturen, nicht unserer Prozesse, nicht unsere Ziele bestimmen unseren Erfolg, sondern der Markt. In gesättigten globalen Märkten geht es hierbei zunehmend um *Rückintegration:* Wir müssen Unternehmen wieder mehr und konsequent vom Markt her denken. Hier gelten andere Regeln. Nicht maßlose Beschleunigung ist wertschöpfend, sondern intelligente Entschleunigung. Wenn wir weiterhin Erfolg haben wollen, müssen wir unseren Maximierungswahn in Richtung einer Passgenauigkeit dessen bewegen, was die Märkte wirklich wollen. Es geht nicht mehr um Management und Kontrolle, sondern um Führung, die sowohl das Unternehmen als auch die Mitarbeiter sinnvoll auf den Markt ausrichtet.

Dies führt zu einem neuen Führungsverständnis. Wir müssen erkennen, dass die Welt zu komplex geworden ist, um sie zu kontrollieren. Wir müssen lernen unseren eigenen Machtanspruch zurückzunehmen und die Verantwortung in die Peripherie, an die Mitarbeiter, in sinnstiftende Zellen zu geben, anstatt ihn in marktfremden Hierarchien zu horten. Diese Erkenntnis gewinnt zunehmend in breiten Führungskreisen an Gewicht. Niels Pfläging, einer der Apologeten für ein marktorientiertes Führungsverständnis, plädiert dafür, in dieser Phase klassisches Management ganz abzuschaffen. Wer der Provokation widersteht, erkennt: Es geht nicht darum, die Manager abzuschaffen, sondern die Trennung zwischen Denken und Handeln aufzuheben (vgl. Pfläging 2009). Reinhard Sprenger, Deutschlands meistgelesener Management-Autor, geht davon aus, dass mündige Menschen durch Kontrolle entmündigt werden und dass wir andere Mechanismen brauchen, um Zugang zum kreativen Potenzial der Menschen zu erhalten (vgl. Sprenger 2015). Die Aufgabe von Führung muss es also sein, intelligente Kommunikationsprozesse innerhalb des Unternehmens zu schaffen (vgl. Simon 2009, S. 37), wo sich Menschen eigenverantwortlich und sinnbringend ins große Ganze einbringen können.

In Unternehmen, die erfolgreich rückintegrieren, konzentriert sich Gestaltungsmacht nicht an der Unternehmensspitze, sondern ist auf das Gesamtsystem verteilt. Führung hier keine Position mehr, sondern eine Rolle, zu der man von den Menschen ermächtigt wird, die den Erfolg des Unternehmens ausmachen – also von allen Mitarbeitern. Erfolg stellt sich nicht durch Kontrolle von oben nach unten ein, sondern durch Ermächtigung von unten. Peter Drucker hat dies schon vor Jahrzehnten verkündet: „Management can only be as good as the people who implement the management tasks" (Drucker 2001, S. 39). Durch diese Art der Führung entsteht Resilienz. Resilienz (lat. „resilire", also zurückspringen oder abprallen) lässt sich als *Widerstandsfähigkeit* oder Toleranz eines Systems gegenüber Störungen beschreiben. Ein anschauliches Beispiel für Resilienz im engeren Sinn ist etwa ein Schilfgürtel, der sich, unabhängig aus welcher Richtung der Wind kommt, immer wieder aufrichtet. Ein resilientes System kehrt also nach einer Störung immer wieder zum „Grundzustand" zurück. Es reguliert sich selbst, wir müssen es nicht kontrollieren – was Führung extrem erleichtert.

Wie also können wir führen, um die Resilienz in unserem Unternehmen zu erhöhen? Neue Forschungsergebnisse zeigen, dass Gestaltungsmacht am besten durch *authentische Führung* (vgl. Avolio und Gardner 2005) in Unternehmen verteilt wird. Ohne sich hier zu stark auf die Terminologie versteifen zu wollen, fordert diese Form der Führung Eigenverantwortung auf allen Ebenen und entsteht im folgenden Denkrahmen:

- Authentische Führung ist bewusste Führung. Eine authentische Führungskraft ist sich sowohl ihrer Selbstführung als auch ihrer Wirkung auf andere bewusst. Sie ist *wachsam.*
- Authentische Führung ist im Gesamtkontext *wirksam.* Sie bewegt sich zielsicher mit allen relevanten Zielgruppen im Unternehmen. Sie orientiert sich an Effizienz gleichermaßen wie an Effektivität.
- Authentische Führung ist *wertschätzend.* Sie schätzt sich selbst und andere als erwachsene Menschen und geht davon aus, dass diese sich gut, gerne und freiwillig in den Dienst einer Sache stellen. Sie zeichnet sich durch ein positives Selbstwertgefühl aus und die Fähigkeit, zu anderen Menschen eine respektvolle und liebevolle Beziehung aufzubauen. Beziehung ist nicht gleich Abhängigkeit. Wer wertschätzt, schafft Distanz. Jemanden achten heißt, Distanz wahren, respektvolle Distanz. Das beinhaltet auch das Recht, anders zu sein (vgl. Sprenger 2015, S. 348). Authentische Führung schätzt somit Unterschiede und verzichtet auf unzweckmäßige Gleichmache.

Durch authentische Führung stärken Führungskräfte ihre eigene Identität: Sie wissen, wer sie sind und woran sie glauben (vgl. Nichols 2008). Ihre Authentizität bietet ihnen die notwendige Resilienz, um an Widerständen wachsen zu können. Beim authentischen Führungsstil entsteht eine Vertrauensbeziehung zwischen Vorgesetzten und Mitarbeitern, die auf gegenseitigem Respekt aufbaut. Es herrscht die Grundeinstellung, dass Menschen prinzipiell bereit sind, das Beste aus sich zu machen, wenn man sie denn lässt. Diese Einstellung durchdringt vier Dimensionen:

1. *Die transpersonale Dimension:* Hier geht es um die Beziehungsebene. Mit welcher Einstellung gehe ich an ein Individuum heran? Betrachte ich Mitarbeitende als Kinder, die es zu erziehen und verbessern gilt oder als mündige Erwachsene, die sich ihrer Stärken und Schwächen bewusst sind? Unternehmen haben keine Erziehungsaufgabe. Ihre Aufgabe ist es, Geld zu verdienen. Wir dürfen uns also getrost von dem Anspruch verabschieden, Menschen kontinuierlich auf unsere Ansprüche ausrichten zu wollen und uns dafür vermehrt um den Markt kümmern. Dies ist dem Mitarbeiter und der Organisation dienlicher.
2. *Die rationale Dimension:* Möchte ich Resultate erzielen oder eine Reflexion? Wir wollen permanent Quick Wins erzielen – und verunmöglichen dadurch die Reflexion. Nur bei demjenigen, der sich Zeit lässt, eigene Muster zu hinterfragen und neue Annahmen und Verhaltensweisen zu verorten, kann sich Veränderung einstellen. Wir müssen uns

als Führungskräfte dagegen verwehren, ausschließlich resultatorientiert zu arbeiten, und dafür sorgen, dass Mitarbeiter reflektieren und nachdenken können.

3. *Die emotionale Dimension:* Wir sind es nicht unbedingt gewohnt, im Geschäftsalltag über unsere Gefühle zu sprechen. Entsprechend sind unsere Entscheidungen oft rational geprägt. Aus Angst, aus der Norm zu fallen oder nicht dem gängigen Erfolgsdenken zu entsprechen, verschließen wir uns – und verlieren dabei prompt die Verortung mit uns selbst. Es ist Aufgabe einer Führungskraft, das emotionale Feld zu öffnen, Gefühle anzusprechen, Ängste und Spannungen zuzulassen.

4. *Die physikalische Dimension:* Executives stehen unter einem ungeheuren Druck. Diese Anspannung durchdringt unseren Alltag. Wer aber Muster brechen will, braucht einen klaren Kopf, geistige Freiräume für neue Lösungen. Wir müssen also einen Weg finden, diese Anspannung zu lösen, indem wir für uns und unsere Mitarbeiter energetische Freiräume schaffen, in denen das individuelle Gleichgewicht, der eigene Flow, hergestellt werden kann (Abb. 11.1).

Graham Lee, ein renommierter Executive Coach, nennt diese Dynamik „from doing to being", indem er meint: „The difference between being and doing provides a useful way for the coach to think practically about the shifting focus of attention" (Lee 2007, S. 65). Mutige Führungskräfte werden zu Coaches ihrer Mitarbeiter. Sie schaffen Raum für eine

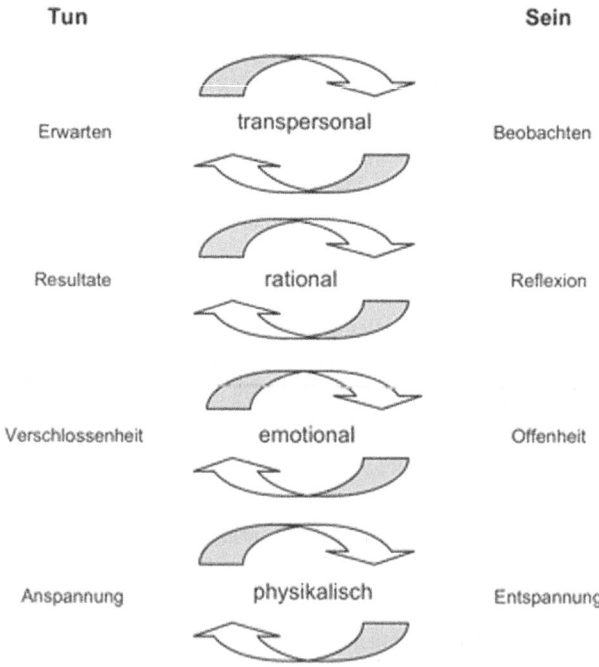

Abb. 11.1   Vom Tun zum Sein und umgekehrt. (Quelle: In Anlehnung an Lee 2007, S. 66)

veränderte Wahrnehmung der Mitarbeiter und so die Basis für kontinuierliche Entwicklung. Authentische Führung hilft allen Mitarbeitern, selbst authentisch zu werden. So können wir als Team wachsen und insgesamt mutiger werden. Um diesen Prozess von der Führung her zu begleiten, können wir uns wieder an Kolb's Lernzyklus orientieren.

11.1 Bewusstwerden der gemeinsamen Verletzlichkeit

Lernen im Team beginnt, analog zum individuellen Lernen, mit einer Phase der bewussten Inkompetenz: Wir müssen akzeptieren, dass wir in unseren Teams von unterschiedlichsten Annahmen getrieben und von Ängsten gebremst werden. Wenn wir diese Spannungsfelder ignorieren, wird die Umsetzung unserer Projekte scheitern. Wir unterschätzen meist noch die Kraft der Angst in Unternehmen (vgl. Maurer 2010). Kaum je werden Widersprüche bei Projekten sichtbar gemacht. Sehen wir uns doch einmal unsere Praxis an: Wie gehen wir im Allgemeinen vor, wenn wir ein Projekt lancieren? Wir präsentieren vor versammelter Mannschaft eine Slideshow, stellen uns für Fragen zur Verfügung und gehen dann davon aus, dass wir nach dieser Veranstaltung das Team in Bewegung setzen. Niemand wird jedoch offen gegen ein Projekt des Chefs opponieren, niemand stellt sich gegen das System. So werden die wenigsten Veränderungen wirklich umgesetzt – und gut gemeinte Initiativen verpuffen. Daran ändern auch immer wiederkehrende Appelle des Managements nichts. So lernt keiner.

Um als Kollektiv lernen zu können, müssen wir auch im Team den schmerzhaften Findungsprozess durchlaufen, den Führungskräfte auf ihrem Weg zu mutiger Selbstführung gegangen sind. Wir müssen uns in der Gruppe der eigenen Ängste und Widerstände bewusst werden. Hier zeigt sich: Mutige Führung beruht auf Vertrauen. Kein Team wird Muster brechen, wenn es in die die Störung verursachende Führungskraft kein Vertrauen hat. Vertrauen ist, wie Glaubwürdigkeit, eine zarte Pflanze. Vertrauen erhält man nicht einfach so, man muss es sich mit der Zeit verdienen: durch Glaubwürdigkeit, konsequentes Verhalten und Transparenz, wo Transparenz erforderlich ist. Wer Vertrauen gibt, wird verletzlich, denn ein anderer ist grundsätzlich immer in der Lage, Informationen missbräuchlich zu nutzen. Verletzlichkeit aber ist die unabdingbare Basis für Vertrauensbildung. Wer gemeinsam eine schwierige Zeit gemeistert hat, wächst daran. Philosophen, Soziologen und Psychologen wissen das oft besser als Führungskräfte (vgl. etwa Baier 2001).

Luhmann etwa bringt es auf den Punkt, wenn er meint: „Der Vertrauende muss eine Situation definieren, in der er auf seinen Partner angewiesen ist. Sonst kommt das Problem gar nicht erst auf" (Luhmann 2000, S. 53). Kollektive Entwicklung findet also erst dann statt, wenn wir gemeinsame, destabilisierende Erfahrungen machen und daraus lernen können. Vertrauen ist keine einzufordernde Größe, es braucht den Mut und die Bereitschaft der Menschen, verletzlich zu werden. Die Bereitschaft, das eigene Herz verwundbar zu machen und zu erfahren, dass Zuneigung, Verbundenheit und Versöhnung auch im Businesskontext starke Wertschöpfungstreiber sind, gehört zu den schönsten

Arten von Mut. In seinem Buch *The Courage to Love* beschreibt der amerikanische Therapeut Stephen Gilligan Strategien, die Menschen anwenden, um gegenseitige Zuneigung zu entwickeln. Dabei geht er davon aus, dass in jedem Menschen ein sogenannter *Tender Soft Spot* existiert, ein weicher Punkt also, der zur Liebe mit sich selbst und anderen Menschen befähigt (vgl. Gilligan 1997). Ohne die Bereitschaft, den eigenen Tender Soft Spot wahrzunehmen und zuzulassen, ist Zuneigung nicht möglich. Ohne die Bereitschaft zur Verletzlichkeit bildet sich ein harter Kern um unser Herz, der zunehmend schwieriger zu knacken wird, je länger wir gewohnt sind, uns vor Verletzungen zu schützen. Gemeinsame Verletzlichkeit ist also begründend für gemeinsames Vertrauen. Vertrauen wiederum ist die gemeinsame Basis für kollektives Lernen im Team.

Um als Führungsprinzip zu taugen, muss Vertrauen in einem engen Korridor aufgebaut werden. Blindes Vertrauen ist einer nachhaltigen Entwicklung ebenso abträglich wie starre Kontrolle. Ersteres wird ausgenutzt, Zweiteres erstickt Eigenverantwortung. Charles Handy hat uns mit seinen „seven cardinal principles of trust" einige Eckwerte geliefert, wie Vertrauen kultiviert werden kann, ohne dass es missbraucht wird (vgl. Handy 1995):

1. Vertrauen darf nicht blind gegeben werden. Vertrauen braucht stets eine gewisse *Nähe*. Interaktionspartner müssen sich kennen oder doch zumindest ähnliche Wertewelten teilen. Absoluter Gleichklang in Haltungsfragen und genormte Vorstellungen sind jedoch keine notwendige Basis für Vertrauen.
2. Vertrauen braucht *Grenzen*. Nur innerhalb eines klar definierten Rahmens kann Vertrauen entstehen. Vertrauen bezieht also diejenigen Menschen mit ein, die sich innerhalb des definierten Rahmens befinden – schließt aber diejenigen aus, die außerhalb stehen.
3. Vertrauen erfordert *Lernen*. Die Beteiligten brauchen Zeit, um sich in den Rahmenbedingungen zurechtzufinden. Niemandem wird auf Anhieb Vertrauen entgegengebracht. Man muss es sich erst mit der Zeit erarbeiten.
4. Vertrauen ist *kompromisslos*. Wer sich nicht an die Regeln des Systems hält, ist draußen.
5. Vertrauen bedarf eines *Vorbilds*. Vorgesetzte können Vertrauen erst dann einfordern, wenn sie es selbst leben. Hier treffen wir oft auf das Huhn-Ei-Problem. Wer macht den ersten Schritt? Vertrauen muss zuerst von den Führungskräften erarbeitet werden. An ihnen liegt es, eigene Verletzlichkeit zu zeigen, weil ansonsten kein Team mitzieht. Wer echt glaubwürdig ist, hat nichts zu befürchten, denn schließlich verbleibt jegliche Entscheidungsgewalt weiterhin bei der Führungskraft.
6. Vertrauen erfordert besondere Kompetenzen: Nur wer sich selbst vertraut und mit sich selbst im Lot ist, kann anderen vertrauen. Vertrauen kann also ohne wirksame *Selbstführung* nicht stattfinden.
7. Vertrauen, um gemeinsam Verletzlichkeit zu erfahren, ist somit ein *Gemeinschaftsprinzip,* bei dessen Aufbau also eindeutige Regeln gelten.

Die Akzeptanz gemeinsamer Verletzlichkeit kann durch das bewusste Herbeiführen von Störungen und Instabilität erzielt werden. Nicht auf brachiale Art, versteht sich, sondern durch Interventionen, die uns als Team dazu führen, sich unserer Verhaltensweisen bewusst zu werden. Eine Thematisierung von Ängsten etwa ist eine geeignete Methode, um sich als Team in Richtung einer mutigen Führung zu bewegen. Geeignete Fragen können sein:

Fragen zum Bewusstwerden gemeinsamer Verletzlichkeit

- Wie gehen wir mit Widerständen um?
- Welche Annahmen halten uns davon ab, offen über unsere Widerstände zu sprechen?
- Wie schaffen wir Vertrauen in unsere gemeinsame Leistungsfähigkeit?
- Was muss passieren, damit wir das Vertrauen zerstören? Was tun wir, wenn das passiert?

Eine wunderbare Methode, diesen Prozess einzuüben, bietet *Feedforward* (vgl. Goldsmith 2008, S. 170 ff.), entwickelt von Marshall Goldsmith in seinem bemerkenswerten Buch *What Got You Here Won't Get You There* (auf Deutsch unter dem Titel *„Was Sie hierher gebracht hat, wird Sie nicht weiterbringen"* erschienen). Es handelt sich dabei um einen Prozess, der einem Team erlaubt, in wechselseitiger Verantwortung gegenseitiges Vertrauen aufzubauen. Gegenüber dem klassischen Feedback bietet Feedforward einige Vorteile. Beim Feedback projiziert ein Feedback-Geber seine Meinung auf einen Empfänger, auf die dieser, auf Basis seiner Grundannahmen, subjektiv reagiert. Insofern erzielt Feedback kaum je das vom Feedback-Geber gewünschte Resultat. Feedforward bindet alle Parteien gleichwertig in die Entwicklungsschlaufen ein. Beim Feedforward entscheidet der Sender selbst, woran er gemessen werden will, und baut mit anderen gemeinsam den Prozess auf. Der zu Beobachtende teilt einem Beobachter mit, was er in Zukunft beobachtet haben möchte und holt dessen Verbesserungsideen ab. Für die Antwort bedankt er sich und bittet weiterhin um aufmerksame Beobachtung dieses einen Sachverhalts. So entsteht eine gemeinsame, zukunftsorientierte Entwicklungsschlaufe, an der alle Parteien gleichwertig Verantwortung tragen (Tab. 11.1).

Tab. 11.1 Gegenüberstellung von Feedback und Feedforward. (Quelle: In Anlehnung an Goldsmith 2008)

Feedback (vom Beobachter)	Feedforward (vom Beobachteten)
Bereitschaft des Empfängers klären	Verbesserungswunsch des eigenen Verhaltens ankündigen
Vertraulichkeit gewährleisten	Um Ideen zur Umsetzung bitten
Keine Wertung	Zuhören
Eigene Wahrnehmung	Danken
„Ich"-Botschaften	
So konkret wie möglich	
—> *Vergangenheitsorientierung*	—> *Zukunftsorientierung*

Feedforward ist eine Methode, die Vertrauen schafft und sicherstellt, dass gemeinsame Verletzlichkeit gefahrlos aufgebaut werden kann. Konsequent angewandt, ermutigt sie alle Teammitglieder, eigene Schwächen darzulegen und sich gegenseitig zu schützen. Feedforward gibt den Menschen Macht durch Ermutigung. Somit wird die Methode zu einem wichtigen Führungsinstrument für mutige Führung.

11.2   Stärkung gemeinsamer Widerstandsfähigkeit

Wenn das Team gelernt hat, unterschiedliche, individuelle Grundannahmen als Quelle für Entwicklung zu akzeptieren, ist der Boden für Veränderung bereitet. Nun kann gemeinsam in die Phase der unbewussten Kompetenz eingetreten werden. Für Entwicklung braucht es Instabilität. Um das Potenzial eines Teams in Veränderungsprozessen voll auszuschöpfen, müssen wir sicherstellen, dass Störungen seine Leistungsfähigkeit steigern. In dieser Phase lernen die Teammitglieder, an Widerständen zu wachsen. Am besten erreichen wir dies, indem wir als Führungskräfte bewusst für Störungen sorgen und dabei einen Lösungsraum für die Gruppe gestalten.

Wir müssen Impulse setzen, die die Gruppe dazu bringen, immer wieder ihre Komfortzone zu verlassen, sich der eigenen Unzulänglichkeiten bewusst zu werden, sich neuen Herausforderungen zu stellen und an diesen zu wachsen. Dazu müssen wir etablierte Denk- und Verhaltensmuster durchbrechen. Ritualbrüche, veränderte Verantwortlichkeiten, neue Rollenbilder oder Aufgabenstellungen – vieles eignet sich, um Routinen zu hinterfragen und bestehende Muster zu verändern. Bei diesem Prozess lassen sich die Arbeiten des amerikanischen Psychologen Salvatore R. Maddi heranziehen (vgl. Maddi 2004). Maddi beobachtete in einer zwölf Jahre umfassenden Längsschnittstudie Manager einer Telekommunikationsgesellschaft in Chicago, die stark von der Deregulierung des Marktes betroffen war. Mit der Deregulierung wurden die bestehenden Denk- und Verhaltensmuster der Belegschaft gehörig durcheinandergebracht. Rund zwei Drittel der beobachteten Führungskräfte zeigten während dieser Störung deutliche Stressreaktionen wie etwa Suizidversuche, Gewalt am Arbeitsplatz, Scheidung, Depressionen, Ängste oder Herzinfarkte. Allerdings zeigte ein Drittel nicht nur eine gute Anpassung an die neuen Realitäten, sondern zudem eine sehr positive Entwicklung. Diese Manager berichteten von einem positiven Lebensgefühl, einer Vertiefung ihrer Beziehungen und beruflichem Aufstieg. Sie suchten häufiger die Unterstützung Dritter und waren im Gegenzug auch bereit, andere in ihrer Entwicklung zu unterstützen. Maddi suchte nach den Gemeinsamkeiten dieser Menschen und fand heraus, dass sie über eine erhöhte Widerstandsfähigkeit verfügten, die sich gleichwertig aus den drei Komponenten Beherrschbarkeit (control), Engagement (commitment) und Herausforderung (challenge) bildete. Menschen, die zwar ihr Umfeld im Griff haben, jedoch nur geringes Engagement zeigen und auftretende Schwierigkeiten nicht als Herausforderung sehen, wollen zwar ihre Lebensbedingungen selbst beeinflussen, sind jedoch nicht in der Lage, die zur erfolgreichen Überwindung von Krisen notwendige Gelassenheit und positive Energie zu bilden. Menschen hingegen, die hochengagiert sind, jedoch nur geringen Einfluss auf ihr Umfeld haben und Krisen eher als Gefahren denn als Chancen sehen, erweisen sich als zu verstrickt mit ihrer Umwelt, als dass sie ihre persönlichen Ziele erfolgreich umsetzen können. In diesem Fall schafft Leidenschaft Leiden. Diejenigen Menschen schließlich, die Krisen zwar als Herausforderung betrachten, jedoch ihr Umfeld kaum beeinflussen und sich nicht engagieren, sind reine Abenteurer und Sensationssucher. Sie bewegen wenig. Nur die Kombination aller drei Elemente – Beeinflussbarkeit, Engagement und Herausforderung – führt nach Maddi zu innerer Widerstandsfähigkeit, die die Kraft für Veränderungen schafft.

Maddi hat bei seinen Beobachtungen einen positiven Zusammenhang aufgezeigt zwischen Widerstandsfähigkeit und der Tendenz, sich offen auf neue Erfahrungen einzulassen. Menschen werden demnach widerstandsfähiger, wenn sie die eigene Meinung bewusst in den Kontext anderer Sichtweisen stellen und den dadurch entstehenden Gedankenraum als Entwicklungsfeld betrachten. So steigen auch die Kreativität und der Einfallsreichtum dieser Menschen. Dieselbe Beobachtung machen systemische Berater, die das Privileg haben, Unternehmen als Gesamtes zu betrachten. Sie erkennen in der Fähigkeit, „Widersprüche und insbesondere die Energie der dahinterliegenden potenziellen Konfliktfelder so konstruktiv [...] zu kanalisieren, dass daraus neue Kreativität und Energie entstehen" (Königswieser et al. 2001, S. 52), eine grundlegende Erfolgsgröße für die Führung in sozialen Systemen.

Wie gelingt es, dieses Entwicklungsfeld zu nutzen? Die natürlichste Voraussetzung für den Erwerb von Teamresilienz ist die Schaffung von *Diversität*. Wissens- und Erfahrungsvielfalt; die Fähigkeit zum Perspektivenwechsel; die Bereitschaft, Pläne allenfalls als Hypothesen, keinesfalls jedoch als verbindliche Richtgrößen zu betrachten; verschiedenartige Zugänge zu Problemen; Flexibilität im Denken und Handeln; Aufmerksamkeit für Abweichungen von der Norm; Abschied von statistischer Selbstgewissheit; Neugier und Offenheit für die Entwicklung von Szenarien und Lösungsvarianten; unbefangene Was-wäre-wenn-Fragen – all dies umfasst der Begriff „Diversität" (vgl. Schmitz 2012, S. 259 f.). Wenn es uns gelingt, Diversität zu schaffen, wird das Team ebenso wie das Unternehmen insgesamt widerstandsfähiger. Man muss dabei nicht gleich die ganze Firma auf den Kopf stellen, sondern kann die Reflexion auch anhand eines Pilotprojekts vornehmen, wie dies etwa bei der österreichischen OMV vor einiger Zeit erfolgt ist.

Fallbeispiel „OMV": Future Architects als freie Radikale[1]

Was passiert mit einem Unternehmen, das einer Handvoll Mitarbeitern plötzlich alle nur denkbaren Freiheiten einräumt? Und was passiert mit den Teilnehmern eines solchen Experiments? Der österreichische Mineralölkonzern OMV hat es ausprobiert. OMV ist eines der größten Unternehmen Österreichs. Mit seinen 24.000 Mitarbeitern fördert und verkauft das Unternehmen in 28 Ländern Öl.

---

[1]Die Fallstudie stammt von Willenbrock 2008.

Eine Aussage einer Mitarbeiterin lässt aufhorchen: „Das Spannendste bei uns ist der Feueralarm." OMV haftet nicht gerade das Image eines fortschrittlichen Konzerns an. In diesem Klima überzeugt Karin Brunnmayr-Grüneis, die Personalchefin der OMV Global Solutions, ihre Geschäftsleitungskollegen, ein Projekt auf den Weg zu bringen: die Future Architects. Die Idee hinter den Future Architects ist einfach: Eine bestimmte Anzahl Mitarbeiter arbeitet neben ihrer eigenen Tätigkeit nebenamtlich an der Entwicklung der Firma. Das klingt vertraut, ist es aber nicht. Denn die Future Architects handeln ohne Programm, ohne Vorgaben und ohne Einmischung von außen, dafür mit allen Ressourcen und Freiheiten, die sie haben wollen. Ihr Auftrag: „Denkt euch, eure Arbeit und das Unternehmen weiter – in welche Richtung, mit welchen Mitteln und welchen Zielen es euch auch immer richtig erscheinen mag." Carte blanche. Es ist ein Auftrag, wie ihn vermutlich kaum ein Unternehmen dieser Größenordnung jemals ausgestellt hat.

Die Future Architects stellen alles infrage: Wissensmanagement, Vertrieb, Forschung und Entwicklung, die Motivation der Mitarbeiter und das Image des Unternehmens. Bei genauem Hinsehen bleibt eigentlich nicht viel, was die Truppe nicht für veränderungswürdig hält. Die Future Architects hinterfragen die Unternehmensziele, verpassen der Firma eine ungewöhnliche, permanente, unternehmensinterne Frischzellenkur. Ein Forschungslabor zum Andenken radikal anderer Lösungsansätze. „Mit den Future Architects", konstatiert Brunnmayr-Grüneis, „haben wir das Garagenprinzip wieder in den Konzern geholt." Ganz nebenbei ist der virtuelle Lernraum ein perfektes Rekrutierungs- und Trainingsfeld, in dem die OMV Spitzenkräfte erproben kann. Und er liefert eine mögliche Antwort auf die Frage aller Fragen für Konzerne: wie sich eine Firma, die mit dem Erfolg groß und schwerfällig geworden ist, wieder in Bewegung setzen lässt. „Es braucht jemanden an der Spitze, der angstfrei ist", sagt Karin Brunnmayr-Grüneis. „Es funktioniert nur mit einem Management, das Fragezeichen auszuhalten vermag – und das können nicht viele."

Niemand weiß, welchen Einfluss das Projekt der Future Architects, das für drei Jahre konzipiert war, wirklich haben wird. Eines steht jedoch fest: Es gibt keinen Weg zurück. Die Lust am Experimentieren hat die Mitarbeiter überkommen, sie möchten nicht mehr darauf verzichten.

Widerstandsfähigkeit wächst, wenn Entwicklung mit dem gesamten Körper erfolgt und Herz, Kopf und Hand zusammenwachsen können. Mal ehrlich: Wie viele der mühsam ausgehandelten Jahresziele erreichen wir wirklich? Wenn wir bei der Hälfte sind, können wir uns schon glücklich schätzen. Solange wir Ziele nur auf rationaler Basis bestimmen, wo der Kopf dominiert und Herz und Hand vergessen werden, ist wirkliche Entwicklung unmöglich. Es lohnt sich also, die Sinnhaftigkeit des eigenen Handelns regelmäßig zu hinterfragen. Dabei geht es darum, die wirklichen Motivationen hinter Widersprüchen aufzuzeigen und die Diversität des gesamten Teams zu nutzen. Die folgenden Fragen können uns hierbei helfen:

Fragen zur Stärkung gemeinsamer Widerstandsfähigkeit

- Was lernen wir aus dem Prozess, gemeinsam Widerstände zu ergründen?
- Welchen Einfluss haben schwierige Momente auf unsere Annahmen?
- Wie schaffen wir es, gemeinsames Vertrauen auch in schwierigen Momenten zu bewahren?
- Was tun wir, wenn wir das Vertrauen in uns verlieren?

Um die Hand und das Herz dem Kopf folgen zu lassen, muss der Kopf manchmal abwarten, braucht es bewusste mentale Entschleunigung. Hochgeschwindigkeitsunternehmen sind nicht widerstandsfähig. Resilienz ist ein natürliches Phänomen, eine regelmäßige Abfolge von Be- und Entschleunigung. Durch ein ständiges Wechseln zwischen Lösen und Öffnen entsteht die *Soft Power* (Sennett 2008, S. 230), wie es der große Soziologe Richard Sennett nennt. Denn, so Sennett weiter, „wenn Hand und Kopf voneinander getrennt werden, leidet der Kopf" (Sennett 2008, S. 65). So verstandene gewachsene Widerstandsfähigkeit ist das beste Mittel, um die Produktivität eines Systems gesamthaft zu nutzen. Teams mit Soft Power sind authentisch. Sie dürfen ihre wahren Glaubenssätze, ihre eigenen Gedanken und Gefühle zeigen. Soft Power führt so zu einer gelebten Fehlerkultur im Team, dem besten Nährboden für sinnvolle Entwicklung.

11.3 Aufrechterhaltung kollektiver Achtsamkeit

Entwicklung braucht Spannung, braucht Unterschiede. In dieser letzten Phase in Kolbs Lernzyklus, der bewussten Kompetenz, geht es darum, als Kollektiv aus Unterschieden so zu lernen, dass uns Krisen nicht wieder in das alte Verhaltensmuster zurückwerfen, sondern uns ermöglichen, dauerhaft im Fluss zu bleiben. Dies geschieht durch *Achtsamkeit,* welche aus drei Komponenten besteht (vgl. Dick 2010, S. 152).

Erstens geht es darum, mit der Aufmerksamkeit in der Gegenwart zu verbleiben und sich auf das zu konzentrieren, was im *Hier und Jetzt* ist. Viel zu oft beschäftigen wir uns mit der Zukunft, als auf das Hier und Jetzt zu fokussieren. Wie viel Zeit investieren wir in die Planung der Zukunft? Wie viel in die Verbesserung der Gegenwart? Wie oft kommen wir zu Sitzungen zu spät, beantworten Mails, lesen irgendwelche Blogs oder sind gedanklich bereits mit einem anderen Thema beschäftigt? Unachtsamkeit ist verschwendete Lebenszeit und verschwendete Produktivität gleichermaßen. Die meiste Zeit in unseren Meetings ist unproduktiv. Sie dient der Selbstbeweihräucherung einiger Alphatiere, im besten Fall der Informationsvermittlung. Bei solchen Meetings herrscht kein Vertrauen, dafür aber die Vorstellung, dass durch mehr Information besser geführt wird. Hier haben die Mutschlucker gesiegt. Meetings sollten jedoch dazu da sein, kreative Lösungen zu finden und Entscheidungen durch die Menschen herbeizuführen, die wirklich einen substanziellen Beitrag zur Entscheidungsfindung treffen können – nicht um die Zeit totzuschlagen mit Managern, die glauben, sich bei Meetings in Szene setzen zu müssen. Auf diese Weise ließe sich die Anzahl der Meetings drastisch reduzieren und die Qualität der getroffenen Entscheidungen wesentlich verbessern.

Achtsamkeit bedeutet zweitens: *Akzeptanz statt Wertung.* Wie viel Zeit verbringen wir damit, unsere Meinung zu rechtfertigen und uns gegenüber anderen Menschen abzugrenzen? Wie oft kommentieren wir ungefragt Aussagen und wiederholen uns, in der Hoffnung, so unserer Meinung in Diskussionen mehr Gewicht zu geben? Damit erreichen wir nur das Gegenteil: Je mehr wir insistieren, desto weniger dringen wir zu den Menschen durch. Unsere Kommunikationspartner wollen weder an die Wand geschwatzt noch für dumm verkauft werden. Grundsätzlich erreichen wir also durch Wertungen unsere Ziele nicht. Lassen wir sie doch besser sein.

Schließlich ist Achtsamkeit *frei von jeglichem Drang etwas tun zu müssen.* Wer achtsam ist, muss weder dauernd Lösungen finden noch ständig unter Strom stehen. Ein Widerspruch zur gängigen Managementlehre, nach der Führungskräfte permanent Lösungen zu Problemen finden müssen. Wer achtsam ist, geht anders vor: Er hört zu, er unterbricht andere nicht in ihren Gedankengängen. Er lässt anderen die Zeit und den Raum, selbst unerwartete Lösungen zu entwickeln. So entstandene Lösungen sind qualitativ besser und tiefer verankert, als im Drang der eigenen Lösungsfindung formulierte Vorschläge.

So beginnt mutige Führung langsam, aber sicher, auf das zu fokussieren, was geht. Sie bestärkt Teammitglieder gegenseitig und schafft Hoffnung für die eigene und kollektive Selbstwirksamkeit. Sie baut auf gemeinsamen Ressourcen auf. Es entsteht Nähe, ohne dass wir verletzt werden. Führung erhält auf diese Weise eine andere Güte. Sie ist nicht mehr allein auf die Erreichung äußerer Ziele ausgerichtet, sondern geht von den inneren Qualitäten und Fertigkeiten der geführten Personen aus. Führung, so verstanden, bricht mit der Rolle der Selbstinszenierung von Alpha-Managern und bringt das Kollektiv zum Tragen. Im Wissen, dass kollektive Kreativität mehr Eigenmacht bringt, machen sich mutige Führer zu Netzwerkern zwischen unterschiedlichen Ideen. Dabei halten sie bewusst Spannung aufrecht, indem sie Bestehendes hinterfragen und zu kreativen Zerstörern im Sinne Schumpeters werden. Sie nehmen die Rolle wahr von „Veränderungsmaklern" oder „sozialen Architekten" (vgl. Förster und Kreuz 2011, S. 76). Sie schaffen keine Jobs, sondern Möglichkeiten. Sie bauen Rahmenbedingungen, in denen Mitarbeiter durch Eigeninitiativen selbstständig ihre Arbeit organisieren. Ihre Macht ist das Dienen am System. So werden mutige Führungskräfte zu Moderatoren, die regelmäßig die folgenden Fragen stellen:

Fragen zur Aufrechterhaltung kollektiver Achtsamkeit

- Wie können wir sicherstellen, dass wir achtsam bleiben?
- Wie können wir sicherstellen, dass wir uns als Menschen dauerhaft eigenverantwortlich einbringen in den Gesamterfolg des Unternehmens?
- Wie erkennen wir, dass sich Routinen breitmachen?
- Was tun wir, wenn wir sie erkennen? Was müssen wir nicht mehr tun?

Authentische Führung sorgt dafür, dass Unternehmen in ihnen schlummerndes Potenzial heben können. Dabei geht es nicht um großmütiges *Empowerment* von Menschen; das wäre ungenügend. Die Ermächtigung von Menschen in bestehenden Funktionen und Rollen geht in der Praxis nie so weit, dass sie etablierte Hierarchien und die sie umfassende Macht infrage stellen. Durch Empowerment werden keine Muster gebrochen. Mutige Führung fördert stattdessen das *Encouragement* von Teams, sich selbst mutig die richtigen Fragen zu stellen und echt glaubwürdig sein zu dürfen. Authentische Führung fördert Neugier und fordert, auch außerhalb der bestehenden Muster zu denken und zu handeln. Authentische Führung bricht mit der Annahme, Denken und Handeln trennen zu wollen. Sie basiert weder auf Kontrolle noch auf der Macht Einzelner, sondern auf kollektiver Vernunft. Und dies ist wohl der beste Rahmen für eine dauerhaft resiliente Stabilität des Unternehmens.

11.4 Der Leadership Check für mutige Führung

Erfahrungsgemäß sind Führungskräfte dankbar dafür, wenn sie Spannungen nicht selbst schüren, sondern aufgrund einer vermeintlich offensichtlichen Differenz sicht- und gestaltbar machen können. Diese Aufgabe kann ein Leadership Check übernehmen. Ein Leadership Check zeigt Spannungen in den Annahmen unterschiedlicher Menschen auf und hilft Führungskräften, sich damit in ihren Teams auseinanderzusetzen.

Ein Leadership Check ist ein maßgeschneidertes 360°-Feedforward-System, das unterschiedliche Erwartungshaltungen und Annahmen auf allen Führungsebenen sichtbar macht, gemeinsame Verantwortung fördert und Teams besser mit Widerständen umgehen lässt. Im Unterschied zu einem 360°-Feedback-System, wo ausgewählte Teilnehmer eigene Wahrnehmungen hinsichtlich spezifischer Fragen zu einer Person abgeben und es dem Empfänger überlassen, wie er mit diesen oftmals auch noch anonymen Angaben umgehen will, schafft ein 360° Feedforward-System ein Führungsinstrument, mit dem sich mutig Themen angehen lassen.

Der Leadership Check basiert auf den eigenen Einschätzungen eines Mitarbeitenden zu von ihm ausgewählten Themen. Die Themenauswahl umfasst sämtliche Elemente, die bereits standardmäßig im Career Check – der Methode zur mutigen Selbstführung – enthalten sind, können aber auch durch eigene Themenschwerpunkte angereichert werden, die für die Person zentral erscheinen. Der Leadership Check kann ohne Prozessvorgaben oder Budgetanfragen jederzeit über das Intranet eigenverantwortlich in die Wege geleitet werden. Jemand bittet andere Mitarbeitende um deren Einschätzung und gleichzeitig Optimierungsvorschläge. Die Antwortgeber, die freiwillig entscheiden, ob sie mitmachen wollen oder nicht, teilen wiederum der Person mit, inwiefern sie dazu beitragen können und möchten, Optimierungspotenzial zu nutzen. Sie können ihrerseits auch selbst Feedforwards formulieren und mit anderen Mitarbeitenden teilen. So wird aus einem in der Regel anonymen Einweg-360°-Feedbacksystem ein offenes Dialogsystem, dass die Unternehmung durchdringt und gesamthaft weiterbringt (vgl. Abb. 11.2).

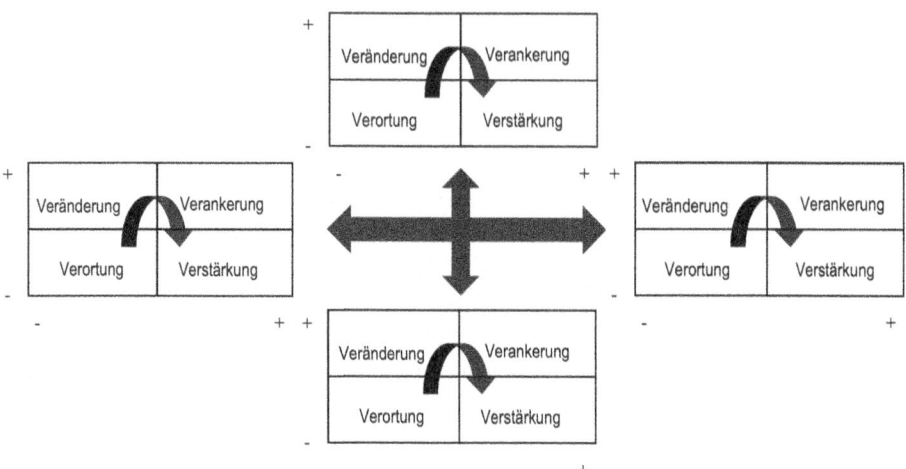

Abb. 11.2 Der Leadership Check als Feedforward-Dialogsystem. (Quelle: Eigene Darstellung)

Literatur

Avolio BJ, Gardner WL (2005) Authentic leadership development: getting to the root of positive forms of leadership. Leadersh Q 16:315–338

Baier A (2001) Vertrauen und seine Grenzen. In: Hartmann M, Offe C (Hrsg) Vertrauen – Die Grundlage des sozialen Zusammenhangs. Campus, Frankfurt a. M., S 37–84

Brandstätter V, Otto J (2009) Leistungsmotivation – Handbuch der allgemeinen Psychologie. Hogrefe, Göttingen

Center for Creative Leadership (2006) Leading Effectively e-Newsletter – January 2006 Issue

Dick A (2010) Mut – Über sich hinauswachsen. Huber, Bern

Drucker P (1998) Lessons in leadership. Workbook. Peter F. Drucker Foundation of Non Profit Management, New York

Drucker P (2001) Management: tasks, responsibilities, practices, abridged and revised version. Butterworth-Heinemann, Oxford (Erstveröffentlichung 1974)

Förster A, Kreuz P (2011) Führungskräfte werden „soziale Architekten". In: Rump J et al (Hrsg) Auf dem Weg in die Organisation 2.0. Mut zur Unsicherheit. Wissenschaft & Praxis, Sternenfels, S 73–76

Gilligan S (1997) The courage to love: principles and practices of self-relations psychotherapy. Norton, New York

Goldsmith M (2008) What got you here won't get you there. How successful people become even more successful! profile books, London.

Gudemann W (1995) Führung. Lexikon der Psychologie. Bertelsmann-Lexikon-Verlag, Gütersloh

Handy C (1995) Trust and the virtual organization. Harv Bus Rev 1995(5/6):40–50

Königswieser R et al (2001) SIMsalabim. Veränderung ist keine Zauberei. Klett-Cotta, Stuttgart

Lee G (2007) Leadership coaching. From personal insight to organisational performance. Chartered Institute of Personnel and Development, London

Luhmann N (2000) Vertrauen. Ein Mechanismus der Reduktion sozialer Komplexität, 4. Aufl. UTB, Stuttgart

Maddi SR (2004) Hardiness: an operationalization of existential courage. J Humanist Psychol 44:279–298

Maurer R (2010) Beyond the wall of resistance. Why most changes fail. Bard, Austin

Nichols T (2008) Authentic transformational leadership and implicit leadership theories. Unveröffentlichte Dissertation, University of North Texas

Pfläging N (2009) Die 12 neuen Gesetze der Führung. Der Kodex: Warum Management verzichtbar ist. Campus, Frankfurt a. M.

Schmitz M (2012) Psychologie der Macht. Kriegen, was wir wollen. Kremayr & Scheriau, Wien

Sennett R (2008) Handwerk. Berlin Verlag, Berlin

Simon FB (2009) Gemeinsam sind wir blöd!? Die Intelligenz von Unternehmen, Managern und Märkten, 3. Aufl. Carl-Auer, Heidelberg

Sprenger R (2015) Das anständige Unternehmen. Was gute Führung ausmacht und was sie weglässt. Deutsche Verlags Anstalt, München

Willenbrock H (2008) Freie Radikale. brandeins 2008(2):135–139

Mutige Organisationen: Transformation statt Entwicklung

Wir können gegen Veränderungen leben. Das ist dumm!
Wir können mit Veränderungen leben. Das versuchen viele!
Wir können aber auch von Veränderungen leben. Das können nur die Fähigsten!
Klaus Schwab

Klaus Schwab, der Begründer des Weltwirtschaftsforums, bringt es auf den Punkt: Es ist nicht die Frage, wie wir uns den natürlichen Veränderungen in unserem System anpassen können. Viel entscheidender ist, wie wir von den Veränderungen profitieren können. Veränderung ist da. Immer. Wir müssen sie nicht gestalten. Aber wir müssen dafür sorgen, dass sie unser Unternehmen von selbst durchdringt. Die meisten Organisationen versuchen, Veränderungen zu managen. Sie wenden viel Energie und Getöse dafür auf, der zunehmenden Komplexität Herr zu werden, indem sie der Unplanbarkeit der Märkte Planbarkeit entgegensetzen. Sie reagieren, statt zu agieren. Bei genauerer Betrachtung ein recht hoffnungsloses Unterfangen. Viel produktiver könnte es sein, *von* der Komplexität zu leben und sie proaktiv zum eigenen Vorteil zu nutzen. Durch die Nutzung der Energie der vorhandenen Veränderungskräfte auf den Märkten müssten wir weniger in die eigene Entwicklung investieren. Wir könnten aus weniger mehr machen. In diesem Kapitel betrachten wir Möglichkeiten, wie uns dies gelingen kann. So begleiten wir unsere Unternehmen von einer oberflächlichen Entwicklung in eine tiefgründige Transformation, oder gelangen – um es mit den Worten eines CEO eines unserer Kunden auszudrücken – von einer lärmenden zu einer lernenden Organisation.

Heute machen die meisten Unternehmen vor allem eines: viel Lärm. Die Art und Weise, wie wir die gegenwärtigen Probleme von Organisationen zu lösen versuchen, macht die Lage schlechter und nicht besser. Fusionen, Change-Programme, Zentralisierungs- und Dezentralisierungswellen, neue IT-Systeme, neue Leitbilder sind vielerorts Zeichen für den Versuch von Unternehmen, mit der zunehmenden Komplexität umgehen zu wollen. Die traditionellen Rezepte der Lösungsfindung scheinen dabei jedoch

© Springer Fachmedien Wiesbaden GmbH 2017
M. Kres, *Mutmacher: Unternehmen stärken durch mutige Führung,*
DOI 10.1007/978-3-658-14288-9_12

eher Teil des Problems zu sein als deren Lösung (vgl. Laloux 2015). Wir brauchen nicht
noch mehr desselben Lärms, wir brauchen mehr Ruhe. Damit wir dies erreichen, lohnt
sich ein anderer Blick auf unsere Unternehmen. Unternehmen sind systemisch-evolutionäre Gebilde. Sie funktionieren wie Organismen (vgl. Glatz und Graf-Götz 2011,
S. 18 ff.; Maturana und Varela 1990). Organismen reagieren, wie Organisationen, auf
Umwelteinflüsse. Sie werden von der Umwelt stimuliert, sind von ihr abhängig. Ohne
die Umwelt löst sich ein Organismus auf – er existiert schlicht nicht mehr. Ohne Markt,
ohne die Schaffung von Kundennutzen, verschwindet mittelfristig auch jedes Unternehmen. Gleichzeitig führen Organismen, wie Organisationen, ein Eigenleben. Sie können
sich selbst organisieren. Der Austausch zwischen dynamischem Umfeld des Unternehmens und seinem Innenleben, die *Autopoiese* (griech. „autos" = selbst und „poiesis" =
Erschaffung, Herstellung), ist ein konstruktives Spannungsfeld, innerhalb dessen Entwicklung stattfindet.

Systeme sind per se träge. Sie tendieren dazu, an Bestehendem festzuhalten. Wenn
wir die natürliche Systemträgheit überwinden wollen, müssen wir uns erst überlegen,
an welcher Stelle des Systems die Widerstände liegen. Bei Unternehmen mit Verände-
rungsbedarf besteht meist ein hohes Maß an korrosiver Energie: Die Intensität der Energie ist hoch, die Qualität der Energie jedoch niedrig. Wenn wir nun noch mehr Energie
in das System pumpen, erhöhen wir allenfalls die Intensität – erreichen jedoch dadurch
am Ende gar nichts. Für die Umsetzung braucht es neben der Intensität gleichwertig die
Qualität. Nun ist das so eine Sache mit der Qualität: Wir können nicht gleichzeitig an
Intensität und an Qualität gewinnen. In einem Rohr mit Überdruck muss auch erst der
Druck reduziert werden, bevor es repariert werden kann. Um in einem energieintensiven
Umfeld an Qualität zu gewinnen, müssen wir erst an Intensität verlieren. Wer immer nur
rennt, sieht nicht, was um ihn herum vorgeht. Wir müssen erst entschleunigen, um die
Dinge sichtbar machen, die wirklich im Unternehmen ablaufen. Erst wenn die Qualität
der Energie wieder zunimmt, dürfen wir erneut die Intensität erhöhen. Dieser Prozess
ermöglicht zwar keine Quick Wins, dafür jedoch eine wirkliche Transformation. Firmen,
die dies zulassen, leben von Veränderung – ihr Umfeld entwickelt sie weiter. Transformation bedeutet also, erst die negativen Energiefresser weitgehend zu eliminieren, um
dann wieder positive organisationale Energie zu schaffen und zu nutzen. Nicht mehr
Aktivismus, sondern mehr Achtsamkeit. Gustav Greve gibt uns eine gute Idee hierfür,
worauf es sich zu achten lohnt (vgl. Greve 2015). In seinem Konzept des organisationalen Burn-outs zeigt er uns Indikatoren, die es – je nach Intensität des Energieverlusts
einer Unternehmung – zu minimieren gilt (Abb. 12.1).

Es ist, wie wenn ein Eimer Löcher hätte: Je weiter wir nach rechts rücken in der
Abbildung, desto mehr Löcher, desto größer der Energieverlust und desto geringer die
Fähigkeit eines Unternehmens, sich selbst zu entwickeln. Es lohnt sich, also erst mal die
Löcher im Eimer zu stopfen, bevor wir ihn auffüllen. Wenn wir einen objektiven Blick
auf unsere Unternehmen betrachten, erkennen wir sehr wohl Indikatoren, an denen wir
ansetzen können. Generell gilt: Je weiter wir uns in Richtung eines letalen Burn-outs

Latenter Burnout	Akuter Burnout	Chronischer Burnout	Letaler Burnout
- Die Märkte "ziehen" nicht mehr. - Die Produktivität sinkt langsam. - Interne Anforderungen beschäftigen uns immer mehr. - Ressourcen werden immer knapper und niemand weiss wirklich warum. - Das Unternehmen handelt zunehmend trotz des Managements.	- Unsicherheit nimmt Überhand, Dynamik geht verloren. - Interne Erwartungen nehmen zu. - Zynismus. - Individuelles Engagement ist nicht mehr echt, sondern zunehmend simuliert. - Keine Innovationen mehr.	- Manager schotten sich zunehmend vom täglichen Geschäft ab. - Zunehmendes Gefühl der Ohnmacht auf allen Ebenen. - Unerwartetes Austauschen von Führungspersonen. - Zunehmende Fluktuation. - Ritualisierte Neustarts.	- Manager erreichen die Mitarbeitenden nicht mehr. - Kontrollverlust. - Diffuser Wunsch nach dem «grossen Knall». - Verzweiflung: unbewusste Akzeptanz des Ausklingens.

Abb. 12.1 Indikatoren für unterschiedliche Phasen eines organisationalen Burn-outs. (Quelle: in Anlehnung an Greve 2015)

bewegen, desto mehr Interventionen sind nötig, um in der Organisation Raum zu öffnen für Transformation und Selbstorganisation.

So verstandene Veränderung, wir haben es gesehen, ist kein mechanistischer Prozess, mit dem sich eine Maschine steuern lässt. Transformation, die wirkt, ist stets ein systemisch-evolutionärer Ansatz. Der systemisch-evolutionäre Transformationsansatz stellt Organisationen als lebendige Systeme dar, bei denen jegliche zweckrationale Logik versagt. Durch Pläne lässt sich nicht transformieren. Manager, die sich als Steuermänner verstehen und mittels ihrer Macht Dinge im Unternehmen auf Knopfdruck in Bewegung setzen wollen, erzielen in einer komplexen Welt keine Wirkung. In einem systemisch-evolutionären Umfeld müssen alle in der Organisation arbeitenden Menschen mitdenken und ihr Können und ihre Kreativität in die Entwicklung einbringen. Führung wird hier als Organisation zur Selbstorganisation verstanden (vgl. Simon 2009, S. 323). In systemisch-evolutionären Organisationen werden Fremdzwänge sukzessive zugunsten einer stärkeren Selbstkontrolle und Selbstverantwortung des Einzelnen aufgehoben. Veränderung erfolgt nicht Top-down, verordnet von der Unternehmensspitze, sondern Bottom-up, angeregt durch die Mitarbeiter; nicht zentral durch Konzernfunktionen, sondern dezentral von der Peripherie und vom Markt.

Die paradoxe Theorie der Veränderung und Kolb's Lernzyklus lassen sich auch auf die Ebene von Organisationen übertragen: Ein Unternehmen muss sich erst der eigenen Spannungen bewusst werden, um dann daraus zu lernen und diese Energie dauerhaft positiv nutzen zu können. Richtig implementiert, verändert dieses Denken die Strategie, die Struktur und die Kultur in unserem Unternehmen so, dass wir wesentlich produktiver arbeiten können. Zu Beginn eines unternehmerischen Lernprozesses geht es also um die Sichtbarmachung von Widersprüchen innerhalb der Organisation (Abb. 12.2).

Abb. 12.2 Startmöglichkeiten
für den Weg zur mutigen
Organisation. (Quelle: Eigene
Darstellung)

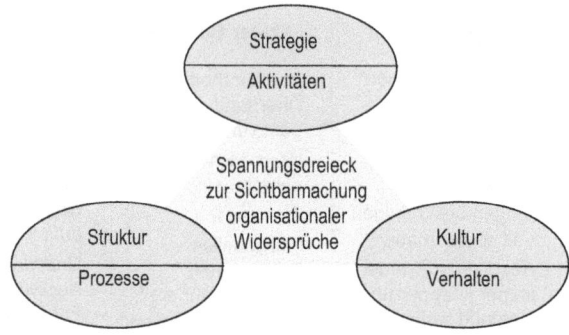

Je nach Ausgangslage eignet sich eine andere Startmöglichkeit für den Transformationsprozess zur mutigen Organisation. So ist etwa ein Sichtbarmachen von Widersprüchen im Bereich *Strategie und Aktivitäten* dann wirkungsvoll, wenn wir uns in gesättigten
Märkten befinden und nach innovativen Lösungen suchen, um uns weiterzuentwickeln.
An den Widersprüchen der *Kultur* mit dem effektiven *Verhalten* der Mitarbeiter können wir dann ansetzen, wenn wir in die Beschleunigungsfalle tappen, viele Mitarbeiter
erschöpft und ausgebrannt sind oder wenn wir über eine (zu) hohe Fluktuation verfügen. Auf Spannungen in der *Struktur- und Prozessebene* zu achten, lohnt sich wiederum,
wenn viel korrosive Energie in Optimierungs- und Effizienzsteigerungsprogramme fließt.
Unsere Erfahrung zeigt: die meisten Veränderungsprogramme starten entweder auf der
Strategieebene, etwa wenn neue Visionen oder Ziele entwickelt werden, oder dann auf
der Prozessebene, wenn neue Strukturen eingeführt werden oder eine neue Prozessland-
schaft das Unternehmen durchdringen soll. Selten wird die Kultur als der wesentliche
Treiber für Veränderungen erkannt. Hier liegt jedoch die meiste Kraft für Veränderung
begraben. Wenn Transformationen auf der kulturellen Ebene ansetzen, kann mit viel
weniger mehr erreicht werden. Veränderung ergibt sich dann wie „von selbst", die Struk-
tur- und Zieldimension entwickelt sich organisch. So lässt sich viel Zeit, Energie und
Geld sparen. Speziell in Wachstums- und Sättigungsphasen lohnt sich dieses Vorgehen,
da dort am meisten Potenzial durch die Mutschlucker vernichtet wird. Entscheidend ist,
dort anzusetzen, wo aktuell die meiste Energie im Unternehmen verloren geht.

12.1 Bewusstwerden der unternehmerischen Widersprüche

Veränderung kommt auf zwei Arten zustande: Auf einem Fast Track, etwa durch Restrukturierungen oder die Einführung neuer Software, wo oberflächliche Veränderung stattfindet und sich das Unternehmen *an* Veränderungen anpassen kann. Change dieser Art
wirbelt zwar viel Staub auf, schafft jedoch wenig Anpassungsfähigkeit. Hierfür braucht es
einen Slow Track, der tiefgründigere Transformation erlaubt und es Unternehmen durch
organisationales Lernen ermöglicht, *von* Veränderungen zu leben. Strategieänderungen,

die Erschließung neuer Märkte, generell eine Arbeit an der Art und Weise, wie wir im Unternehmen zusammenarbeiten, gehören in diese Kategorie. Das Problem: Aufgrund von Zeitnot und – oft selbst gemachtem – Druck entscheiden wir uns, unabhängig von der Problemsituation, meist für den Fast Track. Das mag zwar kurzfristig Erfolge zeigen, nachhaltiges Veränderungslernen findet so jedoch ebenso wenig statt, wie substanzielle Produktivitätsgewinne erzielt werden können. Der Fast Track entspricht dem Wissensweg, der Slow Track dem Erfahrungsweg in Kolb's Lernzyklus.

Wie bei Individuen und Gruppen beginnt der Weg des Lernens, also der Weg der wirklichen Transformation, auch bei Unternehmen mit einem Bewusstwerden der unternehmerischen Widersprüche. Dies können wir auf der Ebene *Strategie und Aktivitäten* tun. Hier geht es darum, zu verstehen, inwiefern die strategische Ausrichtung des Unternehmens mit der Umsetzung der Projekte in Einklang steht. Selten zerbrechen wir uns auf dieser Ebene den Kopf. Wir gehen stillschweigend davon aus, dass wir mit unseren ausgeklügelten Zielsystemen doch in der Lage sein sollten, unsere Strategien konsistent umzusetzen. Wir alle wissen es: Es funktioniert selten so, wie wir es uns wünschen. Trotzdem tun wir so, als könnten wir auf der fehlerhaften Art und Weise der Strategieumsetzung weitere Projekte aufsetzen. So starten wir denn unsere Veränderungsprozesse mit Zielen, statt zuerst die Widersprüche zu ergründen: Eine neue Strategie wird vorgestellt, die Belegschaft für viel Geld darauf eingeschworen. Es wird so getan, als sei allen klar, wohin die Reise gehen soll. Getreu dem Motto „Wir wissen zwar nicht, wo wir hinwollen, das aber schnell!" (Simon 2009, S. 258) geben wir uns der Illusion hin, mit Change-Projekten wirklich etwas verändern zu können.

Transformation, das Leben von Veränderung, entsteht nicht durch die Vorgabe von Zielen. Im besten Fall erhalten wir so Anpassung an die Veränderung innerhalb des bereits existierenden Normen- und Denkgerüsts im Unternehmen. Für die Herausforderungen unserer Zeit ist das ungenügend. Wenn ein Unternehmen sein ungenutztes Potenzial heben möchte, geht es um die Transformation der Art und Weise, wie wir denken und handeln. Wir müssen *am* System arbeiten, nicht *im* System. Oftmals fehlt Unternehmen hierzu der Mut. Sie begnügen sich damit, Bestehendes zu verbessern. Sie arbeiten an der Effizienz statt an der Effektivität. Eine gute Möglichkeit, dies zu ändern, ist die Ergründung der existierenden Spannungsfelder zwischen der Strategie und den Aktivitäten. Wenn wir uns der wirklichen Widersprüche zwischen dem, was wir anstreben, und dem, was wir wirklich tun, bewusst werden, können wir daraus lernen. Wenn beispielsweise unsere Strategie die Marktführerschaft anstrebt und wir ein absolutes Umsatzwachstum erreichen möchten, so wird dies bei gleichbleibender Belegschaft zu mehr Belastung führen und deren Ausfallquoten erhöhen. Wir können natürlich Gegensteuer geben durch verbesserte Methoden oder mehr Personal. Beides kostet, was das allfällig erzielte Umsatzwachstum im Ergebnis kannibalisiert. Die Strategie ist also nicht mit den Aktivitäten konsistent. Es ist wichtig, sich der eigenen Widersprüche bewusst zu werden, um auf das fokussieren zu können, was wirklich funktioniert. Ein Beispiel, wie Widersprüche auf der Strategie- und Aktivitätsebene sichtbar gemacht werden können, liefert uns die Migros, eine der großen Schweizer Einzelhandelsketten.

Fallbeispiel „Migros Genossenschaft Aare": Wie wir es schaffen, unsere Ziele nicht zu erreichen

Die Migros ist mit knapp 28 Mrd. Schweizer Franken Jahresumsatz und fast 100.000 Beschäftigten einer der beiden großen Schweizer Einzelhändler. Die Migros Aare ist mit ihren 12.000 Mitarbeitern die größte der zehn Migros Genossenschaften. Das Unternehmen investiert viel Zeit in die jährliche Zieldefinition, die auf einer partizipativen Basis erfolgt. Die durchschnittliche Zielerreichung gilt als hoch bis überdurchschnittlich: In 77,1 % der jährlichen Mitarbeitergespräche werden die Erwartungen als mindestens erfüllt beurteilt.

Dennoch wird im Alltag sowohl in quantitativer wie auch in qualitativer Hinsicht immer wieder eine unterschiedliche Ausführung von Aufträgen und Maßnahmen beobachtet. So wird in einem Bereich statt der Senkung der Personalkosten eine Umsatzsteigerung erreicht, in einem anderen wird der Qualitätssicherung mehr Aufmerksamkeit geschenkt als der Absentismusquote. Das Missverhältnis zwischen der Energie, die in die Zielvereinbarungen gesteckt wird, und der wirklichen Umsetzung veranlasst die Geschäftsleitung, zu hinterfragen, was die Mitarbeiter davon abhält, die Ziele zu erreichen. Hierzu werden freiwillig Videointerviews mit Führungskräften unterschiedlicher Ebenen geführt, um die Muster der Veränderungsimmunität von Führungskräften zu erkennen. Im Interview wählt die Führungskraft jeweils ein Ziel aus, vom dem sie selbst glaubt, dass sie es nicht vollumfänglich erreicht hat. Danach wird gefragt:

- Was war das offizielle Ziel?
- Was haben Sie gemacht? Was ist tatsächlich geschehen?
- Welches persönliche Ziel hatten Sie?
- Was sind die Ursachen/Treiber/Gründe/Überlegungen für Ihr tatsächliches Handeln/Ihre persönlichen Ziele?

Die Auswertung der Interviews ergibt 92 unterschiedliche Motive, warum die Ziele nicht erreicht werden. Die Hälfte der Motive ist auf den Basisprozess der Zielformulierung und -vereinbarung, auf die Kontrolle und die abgeleiteten Maßnahmen zurückzuführen. Die andere Hälfte beruht auf Ängsten wie Schuldgefühlen, der Scham vor Fehlern, aber auch einer Tabuisierung von Misserfolgen und generell einer unterentwickelten Fehlerkultur.

In der Folge wird der jährliche Zielvereinbarungsprozess angepasst. Die Zielplanung erfolgt nun, indem für alle Ziele auf einem Führungsblatt die Kongruenz zwischen Herz (Vorlieben), Kopf (Ratio) und Hand (Umsetzung) überprüft wird. So erkennt jede Führungskraft, wo sie selbst Widersprüche generiert. In Sitzungen und bei Führungsgesprächen werden diese Widersprüche thematisiert. So können Schwierigkeiten ohne Anschuldigungen thematisiert werden und die Fähigkeit, an unterschiedlichen Erwartungshaltungen und Schwierigkeiten zu wachsen, nimmt zu. Das

Resultat kann sich sehen lassen: Vormals strukturelle, instrumentelle Interventionen sind einer größeren Nähe der Menschen durch interaktionelle Führung gewichen. Innerhalb kurzer Zeit konnten so Widerstände abgebaut und das Engagement für gemeinsame Ziele erhöht werden. Die Umsetzungsqualität der Ziele wurde verbessert.

Wir können Widersprüche auf der Strategie- und Aktivitätsebene in unseren Unternehmen einfach sichtbar machen, wenn wir uns die folgenden Fragen stellen.

Fragen zum Bewusstwerden organisationaler Widersprüche auf der Strategie- und Aktivitätsebene

- Wie groß sind die Abweichungen zwischen dem was wir mit unseren Zielen erreichen wollen, und dem, was wir tatsächlich tun?
- Welche Widersprüche erkennen wir?
- Wodurch entstehen diese Widersprüche?
- Wie wollen wir damit umgehen?

Auch auf der *kulturellen Ebene* können wir Widersprüche sichtbar machen. Kultur ist der „geistige Pol des Unternehmens. Sie besteht aus einem Bündel von Vorstellungen (Annahmen, Werte, Normen, Denkmuster, Glaubenssätze), die das Verhalten der Menschen im Unternehmen stark beeinflussen, ohne dass es diesen bewusst sein muss" (Glatz und Graf-Götz 2011, S. 70). Kultur ist „die Summe der Regeln, Werte und Absprachen, denen Menschen bewusst oder unbewusst folgen, um einen Lebensraum zu gestalten, indem ein geordnetes gemeinsames Handeln möglich ist" (Kruse 2009, S. 17). Kulturen haben die Aufgabe, die individuelle Verhaltensvielfalt zu verringern und Individuen zu stabilisieren (vgl. Kruse 2009, S. 16).

Traditionelle Unternehmen versuchen, ihre Kultur weitgehend stabil zu halten. Sie versuchen, die unterschiedlichsten Menschen in ein enges Verhaltens- und Annahmekorsett zu zwängen. Diversität wird so nicht erreicht, produktives Potenzial wird zerstört. Mutige Organisationen denken anders. Sie fordern von ihren Mitarbeitern, ihre Ideen, Werte und Glaubenssätze zu hinterfragen und in diese Reflexion in kontinuierliche Kulturentwicklung einzubringen. Sie bauen die Organisationskultur auf den wirklichen Fähigkeiten ihrer Mitarbeiter auf. Sie schaffen bewusst Spannungen, um von ihnen zu lernen. Für solche Unternehmen machen Meinungen außerhalb der Norm Sinn, denn sie wachsen an ihnen. Diese Unternehmen betrachten Varietät als Kern ihrer Identität. Sie schaffen kulturelle Instabilität, indem sie Regelungen und Rituale infrage stellen, die die Grunddynamik von Kreativität und Chaos beeinträchtigen.

Gerade in Wissensorganisationen ist das ein Problem. Wenn Wissen lange erfolgreich angewandt wurde, entsteht Expertenwissen und wenig Veranlassung, dieses zu hinterfragen. Wissen blockiert, es engt den Blick ein und sperrt Unvorhergesehenes aus. Wir dürfen nicht davon ausgehen, dass dort, wo viel Wissen herrscht, auch gelernt wird. „Wissen und Lernen sind Gegensätze. Wo Wissen bewahrt wird, wird Lernen verhindert" (Simon 1997, S. 156), meint Fritz B. Simon, der renommierte Organisationsberater.

Unternehmen, die sich in dynamischen, schnelllebigen Märkten bewegen, können durch ihr bestehendes Wissen nicht überleben. Sie müssen in zunehmendem Maße lernen und sich anpassen können. Chris Argyris, eine der Leuchtfiguren, was organisationales Lernen angeht, spricht in diesem Zusammenhang vom Prozesslernen, also der Fähigkeit von Personen oder sozialen Systemen, ihre Grundannahmen und Verhaltensdispositionen regelmäßig zu hinterfragen und gegebenenfalls den neuen Rahmenbedingungen anzupassen. „Prozesslernen ist die Einsicht über den Ablauf der Lernprozesse, in dem Lernen zu lernen der zentrale Bezugspunkt wird" (Probst und Büchel 1994, S. 39). Die große Herausforderung für Unternehmen besteht dabei darin, die in der Vergangenheit eingespielten, im System verankerten Lernmechanismen zugunsten neuer, am Lernen orientierter Rahmenbedingungen zu verändern. Rudi Wimmer, der bekannte Organisationspsychologe, hat einige grundlegende Rahmenbedingungen dafür aufgestellt, wie Unternehmen dies gelingen kann (Wimmer 2010, S. 101):

- Sie *beobachten* sorgsam ihre relevanten Umwelten (Kundenverhalten, Branchenentwicklung, Konkurrenz, wichtiges Know-how et cetera),
- sie sorgen für eine *Wissensbasis,* die sie zur Aufrechterhaltung ihrer Leistungsfähigkeit benötigen,
- sie nutzen ihre Fehler als Lernquellen,
- sie entwickeln *Führungs- und Kooperationsstrategien,* in denen Lernimpulse aufgegriffen und umgesetzt werden,
- sie pflegen netzwerkartige, fachübergreifende und projektbezogene Formen der Zusammenarbeit,
- sie verlangen von ihren Führungskräften zwingend eine *Reflexion ihrer eigenen Leistung* und schließlich
- orientieren sie sich an einem innovationsfordernden Personalmanagement.

Unternehmen, die diese Dynamik entwickeln möchten, sorgen dafür, dass auf sämtlichen Stufen im Unternehmen regelmäßig die folgenden Fragen gestellt werden:

Fragen zum Bewusstwerden organisationaler Widersprüche auf der Kultur- und Verhaltensebene
- Wie groß sind die Abweichungen zwischen unserem Leitbild und dem, was wir tatsächlich tun?
- Welche Widersprüche erkennen wir?
- Wodurch entstehen diese Widersprüche?
- Wie wollen wir damit umgehen?

Auch auf der Ebene der *Strukturen und Prozesse* können wir Widersprüche sichtbar machen. Leider wird auch das kaum je gemacht. Viel lieber restrukturieren wir drauflos, in dem Glauben, durch eine neue Organisationsform für mehr Effizienz zu sorgen. Wir investieren beträchtliche Energie in Reorganisationsprojekte, um Synergien zu schaffen und Kosten zu sparen. Kaum jemals fragen wir danach, was Reorganisationen wirklich kosten. Bei einer ernsthaften Betrachtung von Aufwand und Ertrag unseres Handelns kämen wir zu dem Schluss, dass wir viel Energie für ein Nullsummenspiel aufwenden. Mehr noch: Die Kosten von Reorganisationen überschreiten oft den Nutzen um ein Vielfaches.

Strukturfragen werden überschätzt. Kaum eine Reorganisation löst die wirklichen Probleme eines Unternehmens. Reorganisationen machen Organisationen nicht schlanker, sondern träger. Die Verantwortlichkeiten werden neu verteilt, Prozesse neu erlernt. Restrukturierungen halten die Menschen nicht fit, sie halten sie höchstens auf Trab. Im besten Fall können Unternehmen aufgrund von Restrukturierungen überleben, es gelingt jedoch kaum, daraus für die Zukunft zu lernen und die eigene Veränderungsfähigkeit zu erhöhen. Warum stehen dann Strukturdiskussionen trotzdem in fast jeder Organisation auf der Tagesordnung? Dies hat mit drei Vorteilen von Restrukturierungen zu tun.

Der erste Vorteil ist der vermeintliche Zeitgewinn, der daraus resultiert, wenn auf dem Fast Track Veränderungen erzielt werden. Restrukturierungen schaffen rasch neue Tatsachen. Ein neues Organigramm ist bedeutend schneller erstellt als neue Beziehungen. So verfestigt sich die Struktur schnell in unseren Köpfen und wir müssen uns nicht um die störenden Emotionen – den Slow Track – kümmern. Als Führungskraft kann man sich so rasch ein neues Denkmal setzen und die eigene Marschrichtung vorgeben.

Restrukturierungen eignen sich zweitens ausgezeichnet, um lästige Konflikte auszuräumen. Anstatt sich mit dem Vorstandskollegen zu streiten, schaffen wir für ihn ein eigenes Ressort. Und weil „big" ja immer „beautiful" ist, führen wir gleich noch eine neue Hierarchieebene ein, um zwei Führungskräfte zu befördern.

Zum Dritten binden Strukturdiskussionen viel Energie, um von eigentlichen Führungsfragen abzulenken. Wir können oft beobachten, dass Machtmenschen, die sich in ihrer Autorität bedroht fühlen oder Auseinandersetzungen über ihre Rolle oder bestimmte Themen verhindern wollen, gewaltige Energie in Restrukturierungen stecken.

Strukturdiskussionen sind also im Grunde stets Machtdiskussionen. Daran ändert auch das Geschwätz von Partizipation nichts. Die Realität in Unternehmen ist: Hierarchien, wohin man blickt. Wir sprechen von Partizipation und leben Überordnung (vgl. Bauer-Jelinek 2007, S. 140) – also ein Widerspruch in sich. Wie viele Unternehmen predigen Kundennähe und schaffen durch Boni-Systeme internen Wettbewerb und Selbstbetrug? Wie viele Unternehmen verlangen von Ihren Mitarbeitenden, Eigenverantwortung und Innovation und pferchen sie gleichzeitig in Silos und beschränkte Strukturen? Eine erhellende Geschichte hierzu stammt von Felix Frei, dem Züricher Organisationspsychologen. Ein Kunde hat ihm folgende Geschichte zugetragen: Einst selbst Führungskraft dieses Telekom-Anbieters, betrat er morgens einen Laden und wartete, bis er bedient wurde. Obwohl niemand im Geschäft war, musste er nach Bezug des obligaten Tickets 10 min warten, bis seine Nummer auf dem Display erschien. Der Kundenberater hat ihm dann freimütig erzählt, dass der erste Mitarbeiter, der am Morgen erscheine, immer erst 30 Tickets ziehe. Das verschaffe dem Team einen gemütlichen Start in den Tag und trage dazu bei, den Shop in der internen Statistik unter Aufwand pro Kunde besser zu positionieren. Frei kommt zum lapidaren Schluss: „Es ist absurd, wenn Manager Eigeninitiative einfordern, von ihren Untergebenen faktisch aber vorauseilenden Gehorsam erwarten" (vgl. Frei 2016).

Es gibt diese Beispiele in fast allen Unternehmen. Es ist also durchaus sinnvoll, die Widersprüche auf der Struktur- und Prozessebene sichtbar zu machen. Falls wir dies tun wollen, können die folgenden Fragen hilfreich sein:

Fragen zur Bewusstwerdung organisationaler Widersprüche auf der Struktur- und Prozessebene

- Orientieren sich unsere Strukturen und Prozesse nach außen, auf den Markt, oder nach innen?
- Welche Widersprüche erkennen wir?
- Wodurch entstehen diese Widersprüche?
- Wie wollen wir damit umgehen?

12.2   Förderung unternehmerischer Lernfähigkeit

Mit dem Erkennen von Widersprüchen auf der organisationalen Ebene haben wir den Boden für die Veränderung bereitet und sind in die Phase der bewussten Inkompetenz eingetreten. Nun gelangen wir in die Phase der unbewussten Kompetenz. Hier geht es darum, ein neues Denk- und Handlungsgerüst für das Unternehmen zu entwickeln, dass nach und nach die Lernfähigkeit der gesamten Organisation verbessert. Dies gelingt uns, indem wir bewusst Bestehendes infrage stellen und für kollektive Instabilität sorgen (vgl. Kruse 2009).

Beginnen wir wieder auf der *Strategie- und Aktivitätsebene*. Welche Strategien und Ziele eignen sich, um von Veränderungen leben zu können? Da Ziele die geronnene Verdichtung der Strategien sind, dürfen wir hier getrost auf die Zielebene fokussieren. Die meisten Ziele gaukeln vor, dass wir Dinge festlegen können, die in Wahrheit außerhalb unseres Einflussbereichs liegen. Sie wiegen uns in Scheinsicherheit und machen uns glauben, dass wir die Zukunft magisch durch Ziele planen können. Dabei wird überhaupt nicht unterschieden zwischen Prognosen und Zielen. Viel zu oft machen wir aus Prognosen Ziele und umgekehrt (Pfläging 2009, S. 146) und wundern uns, dass die Zukunft nicht so eintritt, wie wir sie erwarten. Als ob sich schon irgendwann einmal ein Markt an internen KPI's orientiert hätte.

Verschlimmert wird das Ganze, wenn wir die so definierte Zielerreichung an Belohnungs- und Bestrafungsmodalitäten koppeln. So wird Leistung an Zahlen gekoppelt – unabhängig davon, ob die Leistung nun gut war oder nicht. Die Wirkung so konzipierter Gehaltsmodelle kennen wir alle: Sie verbessern die Leistung nicht. Im Gegenteil: Sie sorgen dafür, dass Mitarbeiter auf Zahlen fokussieren und die Leistung auf der Strecke bleibt. Nehmen wir etwa das Ziel, im nächsten Jahr in einem Verdrängungsmarkt fünf Prozent Wachstum zu erzielen. Welchen Beitrag können Mitarbeiter leisten, um dieses Ziel zu erreichen? Sie können vielleicht Sonderschichten schieben. Erfahrungsgemäß, gerade in gesättigten Märkten, reicht das nicht aus. So müssen die Mitarbeiter kreativ werden, um auf das eigene Soll zu kommen. Sie können etwa auf Kosten der Kollegen in deren Territorien fischen. Sie können Jahresendrabatte erteilen und so die Marge ruinieren. Sie können Bestellungen vortäuschen, nur um sie nach Abschluss des Jahres wieder zu stornieren. So definierte Ziele machen Mitarbeiter zwar kreativ – sorgen aber kaum für wirkliche Leistung.

Bessere Leistung kommt ausschließlich durch bessere Methoden zustande. In einem lernenden Unternehmen dienen Ziele der Methodenverbesserung, und zwar dort, wo die Leistung wirklich entsteht: an der Peripherie. Es geht bei Zielen also nicht um zentralisierte Fremdkontrolle, sondern um die dezentrale Selbstführung. Alle Menschen haben die intrinsische Motivation in sich, sich gegenüber ihrem Umfeld zu behaupten. Sie wollen im Vergleich zu ihren Kollegen nicht schlechter dastehen. Wir können diesem Antrieb vertrauen, indem wir die Menschen völlig frei entscheiden lassen, wie sie Dinge tun und dabei einschätzen können, wie gut die eigene Leistung ist. Hier können Ziele helfen – jedoch nicht absolute Ziele, sondern relative.

Relative Ziele sind natürliche Ziele, wie etwa die beste Qualität zu liefern oder die höchste Kundenbindung zu haben. Relative Ziele sind trivial, setzen aber die richtigen Akzente. Lernende Unternehmen können Akzente auf verschiedenen Ebenen setzen, wie Abb. 12.3 zeigt.

Abb. 12.3 Zieloptionen zur Schaffung organisationaler Lernfähigkeit. (Quelle: Eigene Darstellung)

So können sich etwa folgende Ziele für Organisationen eignen, um von Veränderungen zu lernen:

1. *Selbsterneuerungsziele:* Sie stellen sicher, dass sich die Gesamtorganisation darauf ausrichtet, von Veränderungen zu leben. Ziele auf dieser Ebene sind etwa:
   - höchste Innovationsquote im relevanten Markt,
   - höchste Kundenqualität im relevanten Markt.
2. *Potenzialziele:* Sie stellen sicher, dass die Mitarbeiter ihre Kompetenzen, Qualifikationen und Verhaltensweisen – also ihre Employability – so erhalten, dass sie von Veränderungen leben können. Mögliche Zielgrößen sind:
   - geringster relativer Managementaufwand im relevanten Markt,
   - niedrigste Kosten für Mitarbeiterrekrutierung auf dem relevanten Markt (vgl. Kres, 2007).
3. *Effektivitätsziele:* Sie sind die Kontrollgröße für die beiden anderen Zielebenen. Sie stellen sicher, dass die Veränderungen wirtschaftlich sinnvoll erfolgen. Zielgrößen können etwa sein:
   - beste Kosten über Umsatz,
   - niedrigste Kosten für marktfähige Innovationen in der Branche.

Alle drei Dimensionen müssen integrierend in die gleiche Richtung wirken. Wie erkennen wir, ob unser Zielsystem dazu beiträgt, das Unternehmen in einen Zustand zu versetzen, in dem es von Veränderungen lernen kann? Die folgenden Fragen können Klarheit bringen:

Fragen zur Förderung organisationaler Lernfähigkeit auf der Strategie- und Aktivitätsebene
- Wie müssen wir unsere Strategien und Ziele anpassen, um proaktiv von Veränderungen leben zu können?
- Welche Chancen und Risiken entstehen dadurch?
- Wie können wir die Risiken minimieren?

Die organisationale Lernfähigkeit kann auch auf der *Kultur- und Verhaltensebene* gefördert werden. Der effektivste und effizienteste Weg für Veränderungslernen ist die kollektive Meinungsbildung darüber, wie wir von Veränderungen lernen können. Dieses Lernen kann nicht zentral verordnet, sondern dezentral ermutigt werden und muss so nahe wie möglich an den Märkten erfolgen. Mutige Organisationen erkennen: Eine Firmenkultur, in der die Menschen Freiräume haben und sich entfalten können, ist der beste Garant dafür, von Veränderungen zu lernen. „Es geht um das Element der Freiheit", sagte George Buckley, Chef von 3M, einst in einem Interview mit der *Financial Times.* „In einer überregulierten Gesellschaft werden Sie die Leute nicht dazu bringen, außerordentliche Gedanken zu denken. Sie werden nicht das Risiko eingehen, eine alte Idee durch eine bessere neue zu ersetzen" (zit. in Hannemann 2011, S. 96).

Ohne diese informelle Regel, den Freiraum zum Spinnen und Experimentieren, hätte es 3M kaum zur Legende gebracht. Die 3M-Entwickler dürfen – zumindest auf dem Papier – rund 15 % ihrer Arbeitszeit eigenen Ideen widmen. Ob sie die Stunden zum Tagträumen nutzen oder zum Mischen neuer Zauberformeln, ist der Firma egal. Auch bei Google dürfen Mitarbeiter prinzipiell 10 % ihrer Zeit für Projekte ihrer Wahl einsetzen. Beide Unternehmen bekämpfen Mutschlucker auf ihre Art. Sie bauen auf einem Menschenbild mündiger Mitarbeiter auf, die verantwortungsvoll und eigeninitiativ handeln. Sie setzen auf die vorhandenen Ressourcen ihrer Belegschaft. So gelingt es ihnen, trotz ihrer Größe Mut zum Risiko zu bewahren. 3M und Google haben für sich *die flexible Arbeitszeitnutzung* als Produktivitäts-Booster erkannt. Sie setzen, in völlig unterschiedlichen Märkten tätig, beide auf das Prinzip der bewussten Entschleunigung und schaffen dadurch unerwarteten Produktivitätsraum, den sich andere Unternehmen durch rigide Kontrollsysteme verbauen.

Es gibt viele kreative Möglichkeiten, Freiraum zu schaffen. So betrachtet etwa W. L. Gore & Associates seine Mitarbeiter konsequent als Mitunternehmer – daher die „Associates" in der Firmenbezeichnung – die das Potenzial in sich tragen, eigenverantwortlich zu handeln, im Sinne des Gesamtunternehmens mitzudenken, und nicht der Steuerung und Kontrolle bedürfen. Wie bei 3M und Google wird am Menschenbild eines Sinnstifters angesetzt. Dies ermöglicht eine völlig andere Wertigkeit der Zusammenarbeit, die die Firma mit dem Slogan „Make Money and Have Fun!" umfasst und die sich auch bei der Einstellung neuer Mitarbeiter zeigt: „Wir lehnen jegliche Art von Assessment-Verfahren ab", erklärt Ulrich Loth, Leader Department Europa und Führungskraft bei W. L. Gore & Associates in Putzbrunn bei München (zit. in Wüthrich et al. 2007, S. 82). „Sicherlich haben wir Stellenanzeigen, und wir benötigen auch gewisse Fachkompetenzen … Aber im Kern geht es darum, dass der Mensch auch ins Team passt. In solchen Einstellungsverfahren werde ich auch häufig gefragt: „Wie kann ich bei Gore aufsteigen, welche Karriereperspektiven können Sie mir geben?" Dann bleibt mir nichts anderes übrig, als zu antworten: „Das kann und will ich Ihnen nicht sagen! Wenn Sie einen Karriereplan brauchen, dann kommen wir hier nie zusammen. Ihre Beiträge, Ihre Fähigkeiten und das, was Sie wirklich wollen, entscheiden, wo Sie in zwei Jahren stehen werden." W. L. Gore & Associates stellt also bereits bei der Rekrutierung neuer Mitarbeiter sicher, dass keine falschen Erwartungen geschaffen werden, und muss so viele Probleme, die in anderen Unternehmen durch falsche Anreizsysteme entstehen, gar nicht erst lösen.

Einen anderen Weg, eine Kultur des Veränderungslernens zu leben, hat die Firma Planzer gefunden. Die Planzer Transport AG ist mit ihren 4200 Mitarbeitern an mehr als 50 Standorten ein sehr erfolgreiches Schweizer Transportunternehmen, eine Aktiengesellschaft, die zu 100 % der Familie gehört. Die Firma ist im hart umkämpften Transportmarkt vor allem deshalb erfolgreich, weil sie eine verbindliche Unternehmenskultur hat. Ein Element daraus ist ein sehr einfaches *Vergütungssystem:* Die Firma zahlt weder Überstunden noch Boni aus. Und dies in einer Branche, wo Akkordlohn vielerorts die Norm darstellt! Dafür bietet sie viel großzügigere *Rahmenbedingungen* als in der Branche üblich. Während in der Schweiz im Jahr 2012 per Volksentscheid sechs Wochen

Mindesturlaub für alle abgelehnt wurde, hat Planzer bereits im Jahr 1989 ein Feriensystem eingeführt, in dem jedem Fahrer ab dem fünften Jahr Firmenzugehörigkeit acht Wochen Urlaub zustehen. So honoriert Planzer die Leistungen und die Treue der Angestellten. Durch den Verzicht auf die jährlichen Boni-Diskussionen und die strikte Ablehnung der Auszahlung von Überstunden scheint das Unternehmen ein Relikt alter Zeit zu sein. Der Erfolg allerdings gibt der Firma Recht. In einem Bereich, in dem eine hohe Fluktuation zur Tagesordnung gehört, kann Planzer auf eine langjährige Firmenbindung seiner Mitarbeiter aufbauen. Was auffällt, wenn man die Firma besucht, ist die ausgesuchte Höflichkeit der Menschen im Umgang miteinander: Da wird das Tablett des Kollegen in der Kantine einfach mit abgeräumt, Hilfe ungefragt angeboten, werden Fremde freundlich begrüßt. Es herrscht ein Klima voller positiver Energie, die ansteckend wirkt. Senior-Chef Bruno Planzer bringt es auf den Punkt. Auf die Frage, worauf er es zurückführt, dass seine Firma auch die stürmischsten Zeiten erfolgreich gemeistert hat, meint er: „Wir leben eine Kultur, die abgestützt ist auf Menschlichkeit, Natürlichkeit, Ehrlichkeit und Wärme" (Planzer 2012).

Was zeichnet Unternehmen wie 3M, Google, Gore oder Planzer aus? Sie haben erkannt: *Wachstum braucht Freiraum.* Sie geben Menschen weitgehende Eigenverantwortung und erhalten dadurch mehr Leistung. Sie lösen sich von bestehenden, starren Denkformen, die die Menschen in ihrem Entwicklungsraum einschränken. Aus der Systemtheorie wissen wir, dass die Funktionsfähigkeit eines Systems maßgeblich von seinen möglichen Systemzuständen, also seiner Varietät, anhängig ist. Bereits 1956 hat der Kybernetiker W. R. Ashby das Gesetz der erforderlichen Varietät formuliert: „Nur Vielfalt kann Vielfalt absorbieren" (Ashby 1974, S. 298 ff.). Folgen wir diesem Gesetz, muss sich das Verhaltensrepertoire einer Firma der Komplexität der jeweiligen Situation anpassen. Nicht die Einheitskultur, sondern das produktive Miteinander unterschiedlicher Kulturen ist also das Ziel einer mutigen Organisation. Dies bedeutet, dass zur Bewältigung von mehr Komplexität nicht weniger, sondern mehr Varietät erforderlich ist! Das ist eine erfrischend andere Perspektive, als sie in vielen Unternehmen gelebt wird.

Betrachten wir einmal die Art, wie wir Menschen befördern. In den wenigsten Fällen achten wir auf Varietät, vielmehr werden Mitarbeiter befördert, die systemkonform denken und handeln. Diese homosoziale Selektion führt dazu, dass die Karrierepyramide nur von denjenigen Menschen erklommen wird, die der Norm entsprechen. So verwundert es kaum, dass in den oberen Managementetagen so wenig Vielfalt herrscht. Oder, um es mit dem Worten des Managementtheoretikers Reinhard K. Sprenger auszudrücken: „Je ähnlicher diese Muster, desto positiver bewertet man sich gegenseitig. So ist auch eine Karriereweisheit zu erklären: Befördert wird vor allem soziale Ähnlichkeit" (zit. in Wüthrich et al. 2007, S. 81).

Man braucht aber kein Team, wenn alle Menschen das Gleiche tun und können. Mutige Organisationen schaffen bewusst Vielfalt, indem sie sogenannte *Structural Holes* zuschütten. Structural Holes sind Unterschiede zwischen Gruppen und Menschen. Weil soziale Schichten, Milieus, Branchen, Nationalitäten et cetera dazu tendieren, sich stets nur untereinander zu begegnen, entstehen zwischen diesen Individuen, Milieus, Branchen und Communitys Informations- und Verständnisgräben. Wenn es gelingt, diese Gräben zuzuschütten, können wir unsere Produktivität enorm steigern (vgl. Jansky 2011, S. 27). Wie kann es uns gelingen, eine entsprechende Auseinandersetzung mit unserer Kultur und unserem Verhalten anzuregen? Die folgenden Fragen eignen sich für die Diskussion:

> **Fragen zur Förderung organisationaler Lernfähigkeit auf der Kultur- und Verhaltensebene**
>
> • Wie können wir sicherstellen, dass wir voneinander lernen?
> • Was tun wir, wenn sich jemand nicht an die Spielregeln hält?
> • Wie können wir im Unternehmen eine hinreichende Fehlertoleranz sicherstellen, damit wir nicht gleich beim ersten Misserfolg enttäuscht zu den alten Mustern zurückkehren?

Weil die kulturelle Auseinandersetzung mit Veränderungen oft mühsam und langwierig ist, setzen wir bei der Förderung der unternehmerischen Veränderungsfähigkeit oft lieber auf der *Struktur- und Prozessebene* an. Allgemein wird angenommen, dass durchlässigere oder – wie der deutsche Unternehmer und Buchautor Wolfgang Saaman es nennt – „fluide Organisationsformen" die Lernfähigkeit erhöhen (vgl. Saaman 2012, S. 106 ff.). In fluiden Organisationen wird Sachkompetenz von strategischer Kompetenz getrennt (vgl. Bauer-Jelinek 2007, S. 152) und Produktivität dort abgeschöpft, wo sie am höchsten ist: an der Peripherie. In dem Wissen, dass künstlichen Strukturen die eigene Lebensfähigkeit fehlt, legen fluide Organisationen mehr Gewicht auf natürliche Netzwerke statt auf künstliche Organigramme. Sie erlauben die notwendige Instabilität, die ein System für Veränderung braucht, und stellen sicher, dass die organisationale Widerstandsfähigkeit gegenüber äußeren Einflüssen steigt. Typische Anzeichen fluider Unternehmen sind *Netzwerke, Cluster* oder *Arbeitsinseln* (vgl. Kres 2007, S. 98 ff.), wo Menschen sich und ihren Arbeitseinsatz weitgehend selbst organisieren. Wir können so sicherstellen, dass die Mitarbeiter ständig im Austausch miteinander stehen, neue Kontakte knüpfen und ihre Perspektiven erweitern.

Durchlässige Rahmenbedingungen ermutigen Mitarbeiter, zwischen verschiedenen Rollen innerhalb und außerhalb des Unternehmens hin- und herzuwechseln, so wie es F. Hoffmann-La Roche macht. Die Firma bietet mit *Fach-, Portfolio-* oder *Projektkarrieren* gleichwertige Karrierepfade als Alternative zur klassischen Kaminkarriere an. Sie ermutigt ihre Mitarbeiter aber auch ganz bewusst dazu, den eigenen Bereich zu verlassen, egal ob innerhalb oder außerhalb der Firma, um neue Erfahrungen zu sammeln.

Wir können noch weitergehen und Bewegungskompetenz proaktiv einfordern, indem wir unsere Belegschaft dazu ermutigen, sich einmal pro Jahr woanders zu bewerben. Wenn wir mutig führen, haben wir nichts zu verlieren. Sprechen wir über die Erfahrungen in diesen Bewerbungsgesprächen. Wir lernen daraus nicht nur, was die Konkurrenz bietet, um selbst besser zu werden, sondern ermöglichen unseren Mitarbeitern auch eine Perspektivenöffnung und verbesserte Marktkenntnis.

Für Unternehmen, die Strukturen und Prozesse durchlässig gestalten, sind Organisationsfragen keine Machtfragen, sondern in erster Linie dazu da, die Lernfähigkeit des Gesamtsystems zu erhöhen. Wissen ist für sie nicht nur in den Köpfen ihrer Mitarbeiter angesiedelt, sondern implizit in den Strukturen und Prozessen vorhanden, welche die Identität des Unternehmens bilden. Ausgerechnet eine Bank zeigt uns, wie sie dies geschafft hat.

> **Fallbeispiel „Svenska Handelsbanken": Wie Eigenverantwortung Produktivität steigert**
>
> Zum hundertjährigen Jubiläum der Svenska Handelsbanken wird Jan Wallander zum Direktor ernannt. Zu dieser Zeit steht es schlecht um die Bank. Die schwedische Regierung kritisiert das Management öffentlich, weil es in dubiose Transaktionsgeschäfte verstrickt ist. Die Rentabilität ist gering, das Image zunehmend angeschlagen.
>
> Der ausgebildete Sozialwissenschaftler Wallander, der im staatlichen Auftrag Langzeitprognosen erstellt hat, ist der Überzeugung, dass es aufgrund der Komplexität der Märkte unmöglich ist, Prognosen und fixierte Vorgaben zu machen. Für ihn findet die Realität in jedem Moment statt, sie lässt sich nicht planen. Wallander findet in der Bank ein klassisches, zentral gesteuertes Unternehmen vor. In der Stockholmer Zentrale werden für 560 Filialen und 9000 Mitarbeiter Budgets festgelegt. Das ist für Wallander realitätsfern. Er sieht seine Mitarbeiter als kompetente und verantwortungsvolle Menschen, die Vertrauen mit Leistung belohnen. Der neue CEO zerschlägt daher alle zentralen Planungs- und Steuerungsabteilungen. Fortan werden keine Budgets mehr erstellt, die Erfolge sollen nicht mehr durch die Zentrale vorausgesagt, sondern vom Markt bestätigt werden. Sämtliche Zweigstellen werden zu eigenständigen Profit-Centern. Die Verantwortung wird dorthin gegeben, wo Entscheidungen getroffen werden müssen: an die Schnittstelle zu den Kunden.
>
> Auch bei den Svenska Handelsbanken gibt es weiterhin Ziele, nur sind diese viel flexibler als bei der absoluten Planung. Die starre Größe des Budgets etwa wird durch die Messgröße „relative Eigenkapitalrendite" ersetzt: Die Eigenkapitalrendite soll stets über dem Durchschnitt der relevanten Vergleichsgruppe anderer Banken liegen. Es herrscht absolute Transparenz. Mithilfe eines unternehmensweit integrierten und für alle Mitarbeiter offenen Management-Informations-Systems können sämtliche Daten wie die Kundenakquisitions- oder -abwanderungsrate, aber auch die Kundenprofitabilität aller Filialen abgerufen werden. Die Zweigstellen müssen sich an der Profitabilität der regionalen Konkurrenz messen lassen. Die Eigenverantwortung vor Ort wird durch völlige Transparenz innerhalb der Bank erreicht. Bei einer Verschlechterung wird von der Regionalorganisation ein Angebot für Unterstützung gemacht – die Verantwortung dafür, ob sie diese annehmen möchte, liegt aber stets in der Filiale. Am Ende entscheidet immer der Filialleiter, welche Produkte er seinen Kunden anbietet.

Die Strukturen und Prozesse so zu gestalten, dass Menschen auf allen Hierarchiestufen Eigenverantwortung übernehmen müssen, setzt großes Potenzial frei: Svenska Handelsbanken gehört zu den erfolgreichsten Kreditinstituten in ganz Europa. Sie schlägt die skandinavische Konkurrenz in jeder wesentlichen Performancegröße – und dies über den Zeitraum der letzten dreißig Jahre hinweg (vgl. Daum 2003). Die Bank hat sich von der Pathologie zentral gesteuerter Systeme gelöst. Sie hat das zentralistische, hierarchische und bürokratische Organisationsmodell überwunden und viele Mutschlucker eliminiert. Indem sie Entscheidungsmacht in die Filialen delegiert, schafft sie nachhaltig eine Vertrauenskultur. Das vorherrschende Menschenbild bei Svenska Handelsbanken basiert auf eigenständig denkenden, verantwortungsvoll handelnden Mitarbeitern, die auch ohne Kontrolle Höchstleistungen erbringen. Das Entwicklungstempo wird vom Markt und nicht von der Zentrale bestimmt, was zur Folge hat, dass die Menschen ihre Energien zielgerichtet dort einsetzen, wo der größte Nutzen erzielt wird. Korrosive Energie für interne Projekte wird so weitgehend vermieden. Die Menschen erfahren auf diese Weise selbst, welche Ressourcen wo Sinn machen und werden konsequenterweise dort aktiv, wo sie die größte Hebelwirkung erzielen. Eine Defizitorientierung kann so ebenso vermieden werden wie abgehobene Selbstgefälligkeit. Es braucht auch keine Risikokontrolle im klassischen Sinne mehr, da die relativen Zielgrößen und die Eigenverantwortung der Mitarbeiter in den Filialen dazu beitragen, die Risiken im Zaum zu halten. Durch die angepassten Strukturen und Prozesse kann Svenska Handelsbanken sicherstellen, dass das Verhalten aller Mitarbeiter mittels gemeinsamer Spielregeln und Kommunikationsmuster auf das angestrebte Ziel der relativen Eigenkapitalrendite ausgerichtet ist (vgl. Simon 2009, S. 321 f.).

Wenn wir selbst auf der Struktur- und Prozessebene beginnen, die Lernfähigkeit unserer Organisation zu erhöhen, können uns die folgenden Fragen dabei helfen:

Fragen zur Förderung unternehmerischer Lernfähigkeit auf der Struktur- und Prozessebene

- Wie können wir unsere Organisation durchlässiger gestalten?
- Wo sind Netzwerke und Cluster sinnvoll?
- Wie lassen sie sich beleben?
- Welche Chancen und Risiken entstehen dadurch?
- Wie können wir die Risiken eindämmen?

12.3   Erhaltung unternehmerischer Resilienz

Wir kommen nun in die letzte Phase in Kolbs Lernzyklus: die bewusste Kompetenz des Unternehmens, von Veränderungen leben zu können. Hier lernt die Firma kontinuierlich und eigenständig an der Basis neu, ohne dass ihr top-down Veränderungsprogramme verpasst werden müssen. Dabei geht es um mehr als bloßes Veränderungslernen und reaktive Anpassung an die Umwelt. Vielmehr gefragt ist – um mit Argyris zu sprechen – proaktives Prozesslernen (vgl. Argyris 1993). Es geht darum, das Unternehmen in einen Zustand zu versetzen, in dem Lernen nicht mehr von der Führung gesteuert werden muss, sondern sich das Unternehmen selbstständig mit neuen Denk- und Verhaltensweisen den jeweiligen

Marktgegebenheiten und Sinnbezügen anpasst. „Der erfolgreiche Umgang mit dynamischen Märkten erfordert die Fähigkeit, eine gezielte strategische Balance zwischen Stabilität und Instabilität herzustellen" (Kruse 2009, S. 59), meint Peter Kruse, einer der Vordenker, wenn es um die Transformation dynamischer Systeme geht. Unternehmen, die von Veränderung leben können, gelingt es, in dem Spannungsfeld zwischen Balance und Dynamik das Tempo einmal zu beschleunigen, ein andermal marktgerecht zu drosseln. Solche Unternehmen setzen ihre Energie dort ein, wo sie die größte Wirkung erzielt. Ihre Input-Output-Relation ist optimiert. Sie erreichen mit weniger mehr.

Auch hier finden sich Ansatzpunkte für alle drei uns nun bekannten Ebenen. Ein wunderbares Beispiel, wie unternehmerische Widerstandsfähigkeit auf der *Strategie- und Aktivitätsebene* gesichert werden kann, liefert die Firma Victorinox.

Der Hersteller des legendären Swiss Army Knife zählt weltweit etwa 1700 Mitarbeiter. In Ibach, dem Schweizer Hauptsitz, werden täglich mehr als 35.000 Schweizer Armeemesser, 44.000 andere Taschenwerkzeuge sowie eine ähnliche Anzahl Haushalts-, Küchen und Berufsmesser hergestellt. Die Firma hat in über 80 Jahren keine einzige betriebsbedingte Kündigung ausgesprochen.

Victorinox operiert nunmehr in der vierten Generation *konsequent antizyklisch:* Während andere Unternehmen in der Hochkonjunktur investieren, was das Zeug hält, spart Victorinox in Boomphasen konsequent, um Reserven für schwierige Zeiten zu haben. In Phasen der Rezession investiert die Firma dafür fast doppelt so viel in Forschung, Entwicklung und Werbung wie in der Hochkonjunktur. Produkte, die nicht älter sind als drei bis fünf Jahre, machen in rezessiven Zeiten bis zu 20 % des Umsatzes aus, während diese Kerngröße während der Hochkonjunktur deutlich im einstelligen Bereich liegt. Die Firma scheint gegenüber Konjunkturschwankungen immun – und das ohne Entlassungen. Carl Elsener junior, Geschäftsführer in der vierten Generation, erklärt, wie dies möglich ist:

> Vor ein paar Jahren hätten wir eigentlich Kurzarbeit machen müssen. Zusammen mit der Betriebskommission haben wir nach Lösungen gesucht, um dies zu vermeiden. Einerseits produzierten wir mehr auf Lager, andererseits begannen wir, mit benachbarten Unternehmen zusammenzuarbeiten. So konnten wir im Sommer mehrere Dutzend Leute während sechs bis sieben Monaten an Firmen in die Nachbarschaft ausmieten. Dadurch waren diese in der Lage, Grossaufträge zu generieren und zu bearbeiten [...] Darüber hinaus gewähren wir natürlich auch ganz grosszügig unbezahlten Urlaub. Ein ausgeklügeltes Lohn- und Feriensystem ermöglicht, pro Jahr sechs zusätzliche Tage zu arbeiten. Die damit erworbenen Freitage können auch im Voraus genommen werden. So schaffen wir den Ausgleich, damit wir den Personalbestand halten können. Das fördert langfristig das Vertrauen der Mitarbeiter (zit. in Wüthrich et al. 2007, S. 107 f.).

Das Unternehmen bleibt auch in rezessiven Zeiten resilient, weil seine Strategien und Ziele langfristiger Art sind. Die Firma lebt mit und von Konjunkturschwankungen: Sie investiert dann, wenn andere entlassen. Das schafft Vertrauen, auch für ungewöhnliche Lösungen. Victorinox lebt *von* der Veränderung, nicht mit der Veränderung: Man weiß, dass man in Boomphasen nicht zu investieren braucht, tut dies jedoch in der Rezession.

Ein Erfolgsrezept, welches das Unternehmen regelmäßig zu einem der beliebtesten Arbeitgeber in der Schweiz macht.

Wenn auch wir in dieser Phase angelangt sind, in der wir die organisationale Resilienz erhalten können, stellen sich auf der Strategie- und Aktivitätsebene eigentlich nur noch die folgenden Fragen:

Fragen zum Erhalt unternehmerischer Resilienz auf der Strategie- und Aktivitätsebene

- Woran erkennen wir, dass wir uns wieder mehr mit uns als mit dem Markt beschäftigen?
- Was tun wir, wenn wir dies erkennen?
- Was müssen wir nicht mehr tun?
- Was lernen wir daraus für die zukünftige Ausgestaltung unserer Strategien und Aktivitäten?

Auch auf der *Kultur- und Verhaltensebene* gibt es Ansätze, um die unternehmerische Resilienz zu erhalten. Dazu eignen sich verschiedenste Instrumente, wobei auch hier gilt: Weniger ist mehr. Wir benötigen keine kostspieligen Programme, um die Firma fit zu halten. Oft reichen wenige Impulse, um den gewünschten Effekt zu erzielen. Im Wesentlichen geht es um die Schaffung der notwendigen Rahmenbedingungen, innerhalb derer die Menschen dauerhaft fit bleiben können, denn: Wenn die Menschen fit sind, ist auch die Organisation gesund. Ein schönes Beispiel, wie dies erfolgen kann, stammt aus der Hotellerie. Die Hotelkette Upstalsboom hat erkannt, dass sie durch ein *integriertes Gesundheitsmanagement* die Produktivität steigern kann.

Fallbeispiel „Upstalsboom": Durch Corporate Happiness[1] produktiver werden

Der Begriff Upstalsboom bezeichnet eine altfriesische Thingstätte aus dem 14. Jahrhundert. Dort stand ein Baum („Boom"), an dem die Pferde aufgestallt („upstallt") wurden, wenn sich die friesischen Häuptlinge trafen, um in der Gemeinschaft Gleichgesinnter neue Kraft zu schöpfen.

Bis zum Jahr 2010 ist das Handeln vieler führender Mitarbeiter der norddeutschen Hotelkette geprägt von den Prinzipien der klassischen Betriebswirtschaftslehre. Ihr Fokus liegt darauf, Gewinne zu maximieren. Als dann eine Mitarbeiterbefragung ergibt, dass sich sie Mitarbeiter eigentlich einen anderen Chef wünschen, weil sie sich schlecht geführt fühlen, findet ein Umdenken bei Bodo Janssen, dem Geschäftsführer, statt. Er stellt sich die Frage, wie die Kultur entwickelt werden könnte, damit die Mitarbeiter wieder glücklich sein und in ihren persönlichen Flow gelangen können. Der ungarische Forscher Mihaly Csikszentmihalyi, Erforscher des Flow-Zustands, war fasziniert von Künstlern, die voll und ganz in ihrem Tun aufgehen, Zeit und Raum vergessen und ihre innere Freude und Schaffenskraft förmlich ausstrahlten. Er ging

---

[1]Die Fallstudie stammt von Haas und Janssen (2012, S. 56 f.).

der Frage nach, ob dieser Zustand sich auch bei „normalen" Tätigkeiten und Berufen erreichen ließe. Dabei stellte er fest, dass sich überall dort, wo Menschen ihre Stärken bei ihren Aufgaben voll einbringen können, ein Flow einstellt.

Dieses Gefühl darf die Belegschaft von Upstalsboom heute erleben. Bodo Janssen startet einen Prozess. In einem anderthalbtägigen Workshop setzen sich die Mitarbeiter mit ihren wichtigsten Tätigkeiten und Werten auseinander. Upstalsboom geht davon aus, dass Mitarbeiter nur dann wirklich gut werden, wenn sie gemäß ihren eigenen Stärken eingesetzt werden. Im Workshop haben die Mitarbeiter die Gelegenheit, sich anhand von Stärkentests und Interviews ihre eigenen Stärken bewusst zu machen. Upstalsboom überlegt, wo im Unternehmen diese Talente benötigt werden. So kommen erstaunliche Karrierepfade zustande: Der Controller war früher Koch. Er hat erkannt, dass er viel lieber mit Zahlen als mit Lebensmitteln jongliert, und wurde – gestützt durch eine schrittweise Ausbildung zum Controller – zum echten Excel-Fetischisten. Er hat seither viel mehr Spaß bei der Arbeit und ist für das Unternehmen wesentlich produktiver.

Bei Upstalsboom wird aber nicht nur auf die Stärken geachtet, sondern auch auf die innere Uhr. Die Führungskräfte beschäftigen sich mit den unterschiedlichen Tagesrhythmen ihrer Mitarbeiter. So werden Morgenmenschen eher in der Frühschicht eingesetzt, Nachtmenschen dafür in der Spätschicht. Man überlässt die Zeiteinteilung den Mitarbeitern zunehmend selbst. Ein Mitarbeiter berichtete der Geschäftsführung, dass er sich – seitdem er nach seiner Körperuhr arbeiten kann – ausgeglichener, vitaler und am Ende des Tages weniger erschöpft fühle.

Bei der Unternehmenskultur von Upstalsboom wird speziell darauf geachtet, dass ein gesundes Verhältnis zwischen Ergebnis- und Erlebnisorientierung herrscht. Konkret bedeutet das, dass Mitarbeiter täglich 30 min ihrer Arbeitszeit zur Meditation nutzen können – zusätzlich zur Mittagspause und ohne dadurch die Arbeitszeit verlängern zu müssen. Seit die ersten Hotelmitarbeiter freiwillig damit begonnen haben, ist die Gästezufriedenheit markant gestiegen, insgesamt um 98 %! Dies wiederum hat zu einer Verdoppelung der Umsätze in den letzten drei Jahren geführt. Aber auch die Mitarbeiter selbst bemerken eine Veränderung. Obwohl die Terrasse in der Hochsaison nun noch voller ist wie früher, fühlen sie sich weniger gestresst. In den Schulungen wird sehr viel Wert auf Achtsamkeit gelegt. Die Mitarbeiter haben damit begonnen, sich Zeiträume als „heilige Zeit" zu reservieren. In dieser Zeit sind sie für niemanden zu sprechen und bearbeiten wichtige Aufgaben. Überdies haben sie sich Multitasking abgewöhnt. Wenn sie eine Aufgabe erledigen, verbleiben sie mental ganz dabei und schreiben störende Gedanken auf, um sie später aufzugreifen. Die Qualität der Arbeit hat sich auf diese Weise sehr positiv verändert, die Nachbearbeitungszeiten durch und mit Vorgesetzten sind signifikant gesunken. Die Anzahl der dafür erforderlichen Besprechungen hat um mehr als 50 % abgenommen. Die Mitarbeiterzufriedenheit ist insgesamt um 80 % gestiegen. Die Krankheitsquote ist von 8 % auf unter 3 % gesunken, ein herausragender Wert in der Hotellerie. Und schließlich hat es sich herumgesprochen, dass Upstalsboom ein guter Arbeitgeber ist: Die Anzahl der Bewerbungen ist um 500 % angestiegen – nicht unwesentlich in Zeiten eines Fachkräftemangels.

Es lohnt sich also, die Kultur- und Verhaltensebene vermehrt zu beachten. Um diese Achtsamkeit zu erhalten und nicht wieder in die alten Muster zurückzufallen, kann die Auseinandersetzung mit folgenden Fragen helfen:

Fragen zum Erhalt unternehmerischer Resilienz auf der Kultur- und Verhaltensebene

- Woran erkennen wir, dass wir wieder träge werden und sich Routinen in unseren Verhaltensweisen einnisten?
- Was tun wir, wenn wir dies erkennen?
- Was müssen wir nicht mehr tun?
- Was lernen wir daraus für unser zukünftiges Verhalten?

Abschließend geht es darum, auf der *Struktur- und Prozessebene* die unternehmerische Resilienz zu erhalten. Hier geht es um ein permanentes Überprüfen der Durchlässigkeit des Unternehmens – ein Abwägen zwischen notwendiger Kontrolle und geforderter Freiräume. Freiräume definieren sich durch Grenzen (vgl. Buob 2006). Es ist sinnvoll, diese Grenzen regelmäßig neu auszurichten, etwa durch eine *zeitliche Befristung* von Organisationsformen oder die kontinuierliche Ausrichtung der Organisation an *Projektgruppen*. W. L. Gore & Associates ist ein Paradebeispiel dafür, wie konsequent zeitlich befristete Strukturen zu mehr Produktivität führen können.

Fallbeispiel „W. L. Gore & Associates": Die erfolgreiche Amöbe

Es gibt kaum eine westliche Armee, die ihre Soldaten nicht mit Goretex ausrüstet. Vermutlich findet auch keine Expedition auf den Mount Everest ohne Fleece mit Windstopper-Membran statt. All diese von Gore hergestellten Produkte schützen Menschen in aller Welt höchst zuverlässig vor Regen, Schnee und Wind. Die 1958 gegründete W. L. Gore & Associates kann aber noch mehr. Die 10.000 „Associates" der Firma erwirtschaften in über 30 Ländern weltweit mehr als drei Milliarden US-Dollar, unter anderem in den Sparten Elektronik, Medizin, Kabelbau, Filtration oder eben den angesprochenen Funktionstextilien. Die Vielfalt der Produkte beruht auf der Ausgangsbasis eines einzigen Stoffes: Polytetrafluorethylen, kurz PTFE – uns Verbrauchern eher als Teflon bekannt.

Seit Jahren figuriert Gore in den USA und Deutschland unter den besten Arbeitgebern. Wie schafft das ein Unternehmen, das keine klaren Strukturen kennt, sondern sich selbst mit einer Amöbe vergleicht? Der Vergleich soll zum Ausdruck bringen, dass sich die Firma ständig verändert, nur wenigen Gesetzmäßigkeiten unterworfen ist und sich dem Chaos verbunden fühlt. Gore kennt kaum Hierarchien, keine Stellenbeschreibungen und hat in Stellenanzeigen auch schon mit dem Slogan „No ranks, no titles" geworben.

Gore entwickelt unternehmerische Einheiten anhand klarer Rahmenbedingungen. Allen voran orientiert sich die Firma strikt an den Lebenszyklen: Gore weiß, dass auf jede Sättigungsphase zwingend die Rückintegration folgen muss. Sie macht sich gar nicht erst die Mühe, Reifephasen optimieren zu wollen, sondern zerschlägt zu groß gewordene Strukturen in mehrere kleinere Einheiten. Was aus rein betriebswirtschaftlicher Perspektive unsinnig erscheint, macht bei einer Gesamtsicht durchaus Sinn: W. L. Gore & Associates erhält sich konstant ein Klima des Aufbruchs, in dem die Menschen Freude am Risiko haben und Eigenverantwortung zeigen. Was anderen Unternehmen mit teuren Organisationsentwicklungsprogrammen kaum je gelingt, ist für W. L. Gore & Associates eine Tatsache: Das Unternehmen bleibt dauerhaft resilient.

Kaum eine Firma schafft es in die Integrationsphase, wo sie nicht mehr unbedingt wachsen muss, sich aber dennoch weiterentwickeln kann. Aus ökonomischer Sicht jedoch ist dies die spannendste Zeit: Nie kann mit so wenig so viel erreicht werden! Man kennt die Märkte, die eigenen Stärken und Schwächen und kann konsequent und effektiv auf das setzen, was man wirklich gut kann. Für Börsianer ein Graus, für Unternehmer und mutige Führer eine spannende Herausforderung.

Sollten wir es auch mit unserem Unternehmen in die Integrationsphase geschafft haben, so müssen wir nur sicherstellen, dass wir uns die notwendige Durchlässigkeit erhalten können. Die folgenden Fragen können dabei helfen:

Fragen zum Erhalt unternehmerischer Resilienz auf der Struktur- und Prozessebene
- Woran erkennen wir, dass unsere Strukturen und Prozesse wieder undurchlässiger werden?
- Was tun wir, wenn wir dies erkennen?
- Was müssen wir nicht mehr tun?
- Was lernen wir daraus für die zukünftige Ausgestaltung unserer Strukturen und Prozesse?

Wenn die Strategien, die Kultur und die Struktur des Unternehmens systemisch so aufeinander abgestimmt sind, dass Veränderung zugelassen wird, heben wir ungeahnte Produktivität. Durch die Nähe der Ziele zum Markt, die vernetzte Eigenverantwortung der Menschen und die Durchlässigkeit unserer Strukturen und Prozesse entsteht ein Denk- und Verhaltensrahmen, in dem unser Unternehmen von Veränderung lernen kann. So müssen wir Veränderung nicht selbst gestalten, sie gestaltet uns. Viele Change-Programme erübrigen sich, wir benötigen weniger Planungs- und Kontrollaufwand. Wir können auf das fokussieren, was wirklich geht. Unser Unternehmen wird insgesamt produktiver. Wir erreichen durch weniger mehr.

Ein Konzept, das viele der in diesem Abschnitt erwähnten Elemente zu kombinieren versucht, ist *Holacracy* (vgl. Laloux 2015; Robertson 2016). Trotz des sperrigen Namens: Mehr als 300 Unternehmen aller Größen und Branchen versuchen sich bereits weltweit an dem Modell – mehr oder weniger erfolgreich. Stellvertretend picken wir die Firma afca in Bern heraus, ein Softwarehaus, das es ohne Holacracy – laut Aussagen von Sibylle Steinmann, der hausinternen Arbeits- und Organisationspsychologin – gar nicht mehr gäbe. Holacracy ist ein Bruch mit so ziemlich allen gängigen Unternehmensmodellen. Es gibt weder vorgegebene Prozesse, weder Chefs noch Budgets.

Entscheide werden von Interessierten aufgrund von Inhalten, nicht aufgrund der Position eines Vertreters gefällt. Es gibt kein herkömmliches Programm und keine Manager. Es gibt keine geheimen Beschlüsse, dafür streng geregelte Meetings mit vorgegebenen Entscheidungsprozessen. Transparenz und Klarheit sind die Grundpfeiler von Holacracy. Diese werden durch die starken Strukturen in der Verfassung unterstützt.

Afca hat 2013 mit Holacracy begonnen. Damals stand die Firma an einem Scheideweg. Der Gründerspirit war abhandengekommen und der Gründer, Paul Affentranger, war drauf und dran, die Freude an der Firma zu verlieren. „Ich wollte mich wieder vermehrt auf die Arbeit konzentrieren, die mir wirklich Freude macht und meine Zeit nicht mit dem Lösen von Führungsproblemen vergeuden", meint er im Gespräch. Holacracy erschien da wie ein Lichtblick, die Menschen wieder vermehrt in die Eigenverantwortung zu nehmen und die Firma gemeinsam voranzubringen. Der wesentliche Kern von Holacracy sind die Governance Meetings, streng durchorganisierte Meetings, die von einem Facilitator geleitet werden, mit ad hoc-Agenden, wo Rollenträger ihre Anliegen vorbringen und unmittelbar Entscheide gefällt werden. Wenn jemand, ein Rollenträger, beispielsweise ein Veränderungsthema einbringt, wird er nur gefragt: „Was brauchst Du?" Meistens werden ausschließlich Ressourcen benötigt. Dieser Prozess ist bereits geklärt, was bedeutet, dass man „es einfach tun" kann. Somit entfällt, was in vielen Unternehmen äußerst beschwerlich ist: die Anspruchshaltung, dass „jemand anders" Themen erledigen soll. Eine Person kann mehrere Rollen übernehmen, die in verschiedenen Unternehmensbereichen angesiedelt sein können. So kann man seine verschiedenen Stärken unterschiedlich nutzen, was die persönliche Entwicklung fördert. Holacracy verschlankt Unternehmen und hilft den Menschen, sich auf das zu konzentrieren, was wirklich Sinn macht. Dadurch sind die „Menschen stärker geworden. Sie fokussieren auf Themen, wo sie wirklich gut sind. So entsteht höchste Klarheit, wer wofür verantwortlich ist", stellt Sibylle Steinmann heute fest. „Wir sind alle mit sehr viel Engagement dabei. Insgesamt ist die Firma bedeutend widerstandsfähiger geworden." In VUKA-Zeiten wünschen sich Unternehmen genau das. Ein genaueres Hinsehen lohnt sich also.[2]

12.4   Der Transformation Check für mutige Organisationen

Der Transformation Check ist eine gesamtunternehmerische Würdigung der Rahmenbedingungen, die ein Unternehmen mutig werden lassen. Damit im Rahmen von Veränderungsprojekten Selbstmanagement und Eigenverantwortung eingefordert werden kann, muss die Organisation über geeignete strategische, strukturelle und kulturelle Rahmenbedingungen verfügen. Der Transformation Check zeigt auf, inwiefern diese Rahmenbedingungen stimmig sind bzw. inwiefern Widersprüche bestehen (vgl. Abb. 12.4).

Der Transformation Check misst, wie fit ein Unternehmen für Veränderungen ist. Er ist eine *systemische Kräftefeldanalyse,* die aufzeigt, wo es sich lohnt, Veränderungsenergie

---

[2]Vertiefte Hinweise zu Holacracy finden sich auf www.holacracy.com.

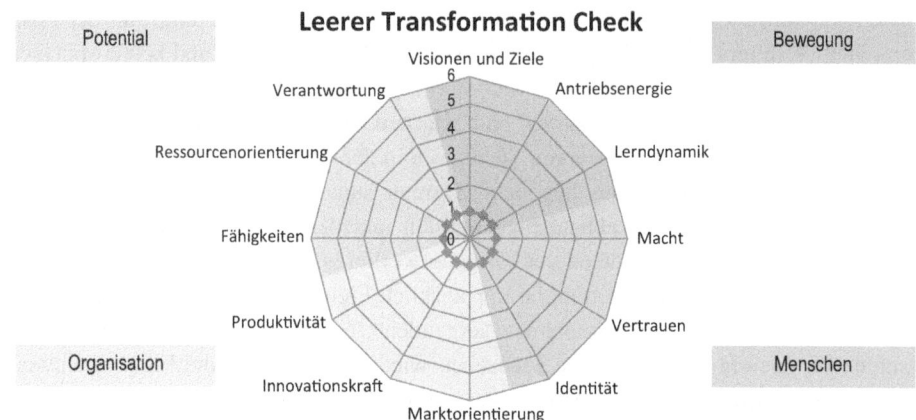

Abb. 12.4 Der Transformation Check als Ermutiger von Unternehmen. (Quelle: Eigene Darstellung)

zu investieren, weil dort die Wirkung der Intervention für das Unternehmen am größten ist. Der Grundgedanke hinter der Kräftefeldanalyse ist, dass eine soziale Situation stets durch ein Feld von Kräften gekennzeichnet ist, die in der Regel ein dynamisches Gleichgewicht darstellen (vgl. Glatz und Graf-Götz 2011, S. 323). Die vorhandenen Kräfte wirken fördernd oder hinderlich auf die Personen, die in dieser Situation leben. Während etwa eine Person glücklich ist über klare Handlungsanweisungen, wird die andere sie als eine Einschränkung der eigenen Entscheidungsfreiheit betrachten. Wenn derjenige, der verändern möchte, sich auf die Verstärkung oder die Reduktion bestimmter Kräfte konzentriert, muss er damit rechnen, dass die jeweiligen Gegenkräfte sich entsprechend verstärken – dass Macht also Gegenmacht schafft. Changeprojekte machen so keinen Sinn. Erst muss die Bereitschaft des Systems geschaffen werden, Veränderungen überhaupt mitzutragen. Genau das erfolgt durch den Transformation Check.

Der Fokus einer Kräftefeldanalyse liegt auf den fördernden Kräften, also dort, wo positive Energie besteht, auf dem, was geht. Wie kann man diese Kräfte nutzen beziehungsweise stärken? Es geht nicht darum, Schwächen zu diagnostizieren und auszuräumen. In einem sozialen System macht das wenig Sinn, denn ein lebensfähiges System braucht beide Pole – Kraft und Gegenkraft – für die eigene Entwicklung. Wenn wir also die Schwächen ausräumen, schwächen wir das Gesamtsystem, mit dem wir die Veränderung gestalten wollen. Viel zielführender ist es, mit den eigenen Schwächen leben zu lernen und auf den vorhandenen Stärken aufzubauen. Der Transformation Check fokussiert nun nicht auf einzelne Elemente, die für Entwicklung förderlich oder hinderlich sind, sondern beobachtet aus einer Metaperspektive, welche Gesamtspannungen im Unternehmen herrschen. Er macht sichtbar, wo sich unternehmerische Energie gegenseitig aufhebt aber auch, wo und wie sie am effektivsten fließt. So erhalten Führungskräfte eine neue Sicht auf die Realität und können – ganz im Sinne der paradoxen Theorie der

Veränderung – die Kraft der Widerstände nutzen, um von ihnen zu lernen und wirkliche Transformation im Unternehmen zu erzielen.

Jedes Unternehmen kann sich einen eigenen Transformation Check anhand spezifischer Bausteine eines international validierten, generischen Fragenkatalogs zusammenstellen. Im Vorfeld der Befragung wird mit dem Auftraggeber geklärt, welche Dimensionen und Frageausprägungen für ihn wesentlich sind. Die Erhebung der Daten erfolgt dann mittels qualitativer Interviews mit einer repräsentativen Gruppe von Mitarbeitern aus dem Unternehmen, in der Regel – je nach Firmengröße und Geltungsbereich der geplanten Transformation – mit 15–30 Mitarbeitern unterschiedlicher Hierarchien und Einsatzfelder. Die vertraulichen Einzelinterviews dauern etwa anderthalb Stunden. Die erhobenen Daten werden im Anschluss von den Interviewern in eine spezifische Form übertragen, um die Spannungsfelder sichtbar zu machen und aufzuzeigen, wo das Unternehmen von Veränderungen lernen kann und sich Interventionen am ehesten lohnen. Change-Prozesse jeglicher Art, seien es Restrukturierungen, Mergers & Acquisitions, Kultur- oder Strategieveränderungen können so effektiv und dezidiert mit den geeigneten Maßnahmen unterstützt werden.

Das Resultat: Das Unternehmen spart auf der einen Seite einen Großteil der Ausgaben für Veränderungsprozesse, da es sich auf diejenigen Interventionen konzentrieren kann, die wirklich wirken. Auf der anderen Seite steigt die Produktivität erheblich. In einzelnen Fällen konnte die Produktivität um 30 % gesteigert werden.

Wie der Transformation Check in der Praxis angewendet werden kann, zeigt folgendes Beispiel.

Fallbeispiel „Transformation Check": Ein Unternehmen verbraucht zu viel Energie
Die Verkaufszahlen eines Unternehmens sind nicht zufriedenstellend. Die Geschäftsleitung verortet nach eingehender Analyse durch eine Unternehmensberatung den größten Handlungsbedarf in einer Aufteilung des Verkaufs in eine Sales- und eine Serviceabteilung. Mehr als 300 Mitarbeitende im Innen- und Außendienst sollen neuen Geschäftseinheiten zugeteilt werden. Wahrscheinlich wird es auch zu Entlassungen kommen. Die Situation, wenngleich nicht offiziell kommuniziert, wirkt sich natürlich auf die Belegschaft aus: Die Stimmung in der Firma ist schlecht, Gerüchte machen die Runde. Gute Mitarbeiter verlassen bereits das Unternehmen, während andere um ihre Zukunft bangen. Die Verkaufszahlen werden dadurch noch mehr in Mitleidenschaft gezogen.

Zu diesem Zeitpunkt entscheidet sich die Firma, einen Transformation Check durchzuführen. Das Projektteam baut sich aus dem umfangreichen Fragenkatalog von Mutschluckern und Mutmachern vier Dimensionen, anhand derer die bestehenden Spannungen im Unternehmen besonders gut sichtbar werden: „Bewegung", „Menschen", „Organisation" und „Potenzial". Abb. 12.4 zeigt den leeren Transformation Check, noch vor der Datenerfassung.

In der Dimension *Bewegung wird* abgebildet, wie Dynamik im Unternehmen zustande kommt. Dabei wird sichtbar gemacht, welche Ziele die Menschen im Unternehmen wirklich antreiben, wo sie ihre Antriebsenergie finden und welche Lerndynamik herrscht.

Bei *Menschen* werden die Energien sichtbar, die Menschen persönlich einsetzen, um sich in der Veränderung zu positionieren. Wesentlich erscheinen dem Projektteam dabei reale Machtstrukturen und existierende Vertrauens- bzw. Misstrauensfelder zwischen den Mitarbeitenden, aber auch die einzelnen Teamidentitäten an denen sich die Menschen orientieren.

In der *Organisation* werden die Beeinträchtigungen der Menschen durch die organisatorischen Rahmenbedingungen sichtbar gemacht. Entwicklung kann ja nur erfolgen, wenn dies das Umfeld auch zulässt. Im vorliegenden Fall entscheidet sich das Projektteam für Spannungsfelder in der Marktorientierung und der Innovationskraft. Es ist – wie die Belegschaft auch – der Meinung, dass heute zu viele interne Widerstände herrschen, um sich erfolgreich am Markt auszurichten und innovativ zu sein. Gleichzeitig erkennt es ein Spannungsfeld in der Produktivität, weil es – zu Recht, wie sich zeigen sollte – der Meinung ist, dass momentan mehr Produktivität vernichtet als geschaffen wird.

In der Dimension *Potenzial* schließlich wird erarbeitet, inwiefern die Mitarbeitenden ihre Fähigkeiten wirklich im Sinne der Unternehmung nutzen, ob dabei ressourcen- oder doch eher problemorientiert vorgegangen wird und wie es mit der Übernahme von Verantwortung steht.

Das Resultat der Fragebögen zeigt Abb. 12.5.

Im vorliegenden Fall wird viel Potenzial vernichtet. Wir haben eine lärmende, keine lernende Organisation vor uns. Ein lernendes Unternehmen, das von Veränderungen lebt, weist im Transformation Check eine möglichst geringe Oberfläche mit möglichst geringen Spannungsfeldern auf. Niedrige Werte repräsentieren geringe Spannungen, hohe Werte stehen für große Spannungen. Die Oberfläche und die Spannungen sind hier recht groß.

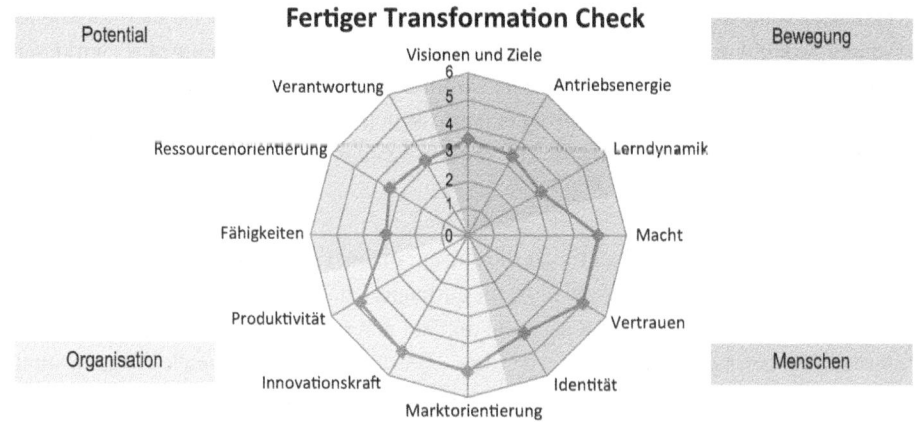

Abb. 12.5 Ausgefüllter Transformation Check

Was kann man in diesem Fall tun? Gemäß der paradoxen Theorie der Veränderung ist es nun nicht das Ziel, den Fokus von Interventionen auf die Stellen zu legen, wo die Spannung am größten ist, sondern über gezielte Aktionen dafür zu sorgen, dass sich Widersprüche selbst abbauen. Im diesem Fall sind die hauptsächlichen Widersprüche effektiv bei den organisationalen Rahmenbedingungen zu finden. Was jedoch viel zentraler ist: Trotz der aktuellen Organisationsform nutzen die Menschen ihr Potenzial recht gut, übernehmen Verantwortung und haben den Eindruck, ihre Fähigkeiten korrekt einsetzen zu können. Auch die Ziele scheinen klar zu sein. Die Menschen bewegen sich. Die Antriebsenergie scheint intakt, ebenso die Lerndynamik.

Was hält die Menschen also davon ab, ihr Potenzial zu nutzen und in Bewegung zu kommen? Offenbar ist dies kein Organisations-, sondern ein Machtthema: es wird sehr viel Energie auf Machtspielchen verwendet. Während das Vertrauen innerhalb der Teams zwar gegeben scheint, ist es zwischen den Teams zerrüttet. Das wiederum hemmt die Organisation als solches. Es gibt große Spannungen bei der Marktorientierung, bei der Innovationskraft und der Produktivität. Die Unternehmung wendet mehr Energie für sich selbst als für den Markt auf.

Vor diesem Hintergrund neue Strukturen schaffen zu wollen, dürfte kaum den erwünschten Effekt haben. Die Belegschaft glaubt heute weder an die bestehenden Strukturen noch an ein gesundes Miteinander. Warum sollte sich dies durch neue Prozesse und Organisationsformen verändern? So lassen sich die bestehenden Spannungen nicht auflösen. Eine neue Struktur würde das wirkliche Potenzial der Unternehmung nicht besser nutzen können.

Die entscheidende Frage ist vielmehr: Was lässt die Leute trotz der Organisation ihr Potenzial nutzen und in Bewegung bleiben? Hier, wo die Widerstände am geringsten sind, beim Potenzial und bei der Bewegung, können wir ansetzen. Wenn wir an dieser Stelle intelligente Interventionen einbringen, können wir mit geringem Aufwand die positive Grunddynamik nutzen und das Unternehmen weiterbringen.

Die Mitarbeitenden verfügen über gute Fähigkeiten und Ressourcen, um die Firma weiterzubringen. Sie sind bereit, Verantwortung zu übernehmen und identifizieren sich mit den Zielen der Firma. Sie sind engagiert und motiviert, die Extrameile zu gehen. Das braucht keine Reorganisation – sondern Interventionen, die die Energie wieder positiv fließen lassen. In der Firma arbeiten wunderbare Mitarbeitende, die sich ins Zeug legen, wenn man sie denn lässt. Ein Mitarbeiter fasst die aktuelle Situation treffend zusammen: „Wenn man uns endlich wieder mal arbeiten ließe, anstelle uns andauernd in Meetings zu nötigen, dann würde es uns bedeutend bessergehen."

Im vorliegenden Fall wird mutig auf die Aufteilung des Vertriebs verzichtet, denn der hätte Machtspielchen ja nur noch mehr Raum gegeben. Auch Entlassungen werden keine vorgenommen. Dafür werden Lernzirkel ins Leben gerufen, um neue Wege zu finden, wie vermehrt miteinander vom Markt gelernt werden kann und wie bestehende Freiräume besser genutzt werden können. Alle Mitarbeiter – also nicht nur die Vertriebsleute – werden eingeladen, an diesen Lernzirkeln teilzunehmen. In der Folge entwickelt sich ein intensiver Dialog zwischen Geschäftsleitung und Mitarbeitern quer über alle Bereiche hinweg.

Allmählich weicht die gegenseitige Misstrauens- einer Vertrauenskultur, viele Meetings und Reports werden abgeschafft – die Menschen können endlich wieder effektiv mit Kunden arbeiten.

Das Resultat: Die bestehenden Produkte werden anders am Markt positioniert, durch Zusatzservices entsteht besserer Kundennutzen. Innerhalb eines Jahres kann der Umsatz um 10 % und die Profitabilität um 13 % gesteigert werden – und dies ohne kostenaufwendige Restrukturierung.

Der Transformation Check ermöglicht es, das Prinzip Selbstmanagement auf die organisationale Ebene zu übertragen. Er macht organisationale Energie für die Menschen sicht- und gestaltbar. Auf Basis von qualitativen Interviews bzw. einer repräsentativen Anzahl von Career Checks zeigt der Transformation Check auf, wo Veränderungsprojekte auf die größten Widerstände stoßen, wo aber auch die meiste positive Veränderungsenergie besteht und somit die größte Hebelwirkung erzielt werden kann.

Durch den Einsatz eines Transformation Check lässt sich der Aufwand für Transformationsprojekte massiv reduzieren – mit weniger wird mehr erreicht.

Literatur

Argyris C (1993) On organizational learning. Blackwell Business, Cambridge

Ashby WR (1974) Einführung in die Kybernetik. Suhrkamp, Frankfurt a. M.

Bauer-Jelinek C (2007) Die Spielregeln der Macht und die Illusionen der Gutmenschen. Ecowin, Salzburg

Buob B (2006) Lob der Disziplin. Eine Streitschrift. Fischer, Berlin

Daum J (2003) Ohne Budgets managen bei Svenska Handelsbanken. Interview. In: Z Controlling Manag (Krp-Kostenrechnungspraxis). 2003(5 Sonderheft 1):77–93. www.juergendaum.de

Frei F (2016) Führen ohne Macht ist die Königsdisziplin. http://www.tagesanzeiger.ch/wirtschaft/standardfuehren-ohne-macht-ist-die-koenigsdisziplin/story/12969009. Zugegriffen: 8. Okt. 2016

Glatz H, Graf-Götz F (2011) Handbuch Organisation gestalten, 2. Aufl. Beltz, Weinheim

Greve G (2015) Organizational Burnout. Das versteckte Phänomen ausgebrannter Organisationen. 3. Aufl. Springer Gabler, Wiesbaden

Haas O, Janssen B (2012) Happiness steckt an. Personalwirtschaff 2012(8):56

Hannemann M (2011) Die Freischwimmer. brand eins 2011(6):94–97

Jansky SG. (2011) Arbeitswelt 2020: Führung und HR sind auf der Jagd nach „freien Radikalen". HR-Today, 11. November, S 24–27

Kres M (2007) Integriertes Employability Management. Arbeitsmarktfitness als Führungsaufgabe. Haupt, Bern

Kruse P (2009) Next practice. Erfolgreiches Management von Instabilität. Veränderung durch Vernetzung, 4. Aufl. Gabal, Offenbach

Laloux F (2015) Reinventing Organisations: Ein Leitfaden sinnstiftender Formen der Zusammenarbeit. Vahlen, München

Maturana HR, Varela FJ (1990) Der Baum der Erkenntnis. Goldmann, München

Pfläging N (2009) Die 12 neuen Gesetze der Führung, Der Kodex: Warum Management verzichtbar ist. Campus, Frankfurt a. M.

Planzer B (2012) Wie macht man einen Disponenten? Warum Diplome für Planzer keine Bedeutung haben. Gastvortrag am 15. Netzwerktreffen der Schweizerischen Gesellschaft für Arbeitsmarktkompetenz (www.employability.ch). Härkingen, 28. März 2012

Probst GB, Büchel ST (1994) Organisationales Lernen. Wettbewerbsvorteil der Zukunft. Gabler, Wiesbaden

Robertson B (2016) Holacracy. Ein revolutionäres Management-System für eine volatile Welt. Vahlen, München

Saaman W (2012) Leistung aus Kultur. Wie aus „Arbeit-Nehmern" Bestleister werden. Springer Gabler, Wiesbaden

Simon FB (1997) Die Organisation als Selbstorganisation. In: Managerie (Hrsg) Managerie 4. Jahrbuch. Carl-Auer, Heidelberg

Simon FB (2009) Gemeinsam sind wir blöd!? Die Intelligenz von Unternehmen, Managern und Märkten, 3. Aufl. Carl-Auer, Heidelberg

Wimmer R (2010) Wie lernfähig sind Organisationen? In: OSB (Hrsg) OSB-Reader. OSB, Wien, S 101

Wüthrich HA et al (2007) Musterbrecher. Führung neu leben, 2. Aufl. Gabler, Wiesbaden

Fragenmosaik für mutige Unternehmen

13

In diesem Kapitel haben wir noch einmal die Fragen des vorhergehenden Kapitels für Sie aufbereitet. Fragen, durch die mutige Unternehmen den Dialog in Gang setzen können, um ungeahnte Produktivität zu schöpfen. Jede Organisation ist einzigartig, hat eine andere Ausgangslage. Folglich lassen sich generische Fragen nicht einfach so auf den eigenen Unternehmensalltag übertragen. Sie müssen neu formuliert werden. Erfahrungsgemäß genügen jedoch kleine Veränderungen, um großes Umdenken zu erreichen.

Die Umsetzung von Transformation in Unternehmen ist ein heikles Thema. Wenn wir sie planen, funktioniert sie nicht. Wenn wir sie jedoch zulassen, passiert immer etwas. Leider wissen wir nie – die paradoxe Theorie der Veränderung hat es gezeigt – was konkret im Unternehmen abläuft. Transformation lässt sich nicht steuern. Um trotzdem zu einer gleichgerichteten Veränderung zu gelangen, ist es sinnvoll, den Menschen etwas mitzugeben, woran sie sich orientieren können. Gemeint sind nicht generische Pläne und Meilensteine, sondern individuelle Hilfestellungen, die es den Menschen ermöglichen, selbst mutiger zu werden. In den folgenden Fragenmosaiken finden Sie eine Übersicht der Fragen aus dem vorhergehenden Kapitel, anhand derer Unternehmen mutiger werden können. Vielleicht sind Sie Ihnen Anregung dazu, eigene Fragestellungen zu formulieren? (Abb. 13.1, 13.2 und 13.3).

Seit der ersten Auflage dieses Buches hat sich viel getan und wir konnten zahlreiche Beispiele mutiger Transformationen auf www.mutmacher.org für Sie zusammenstellen. Dabei hat sich herausgestellt: Mut macht Spaß! Regelmäßig kommen auf www.mutmacher.org neue Beispiele mutiger Transformationen dazu, publizieren wir Interviews oder stellen „Mutmacher"-Clips von Unternehmen ins Netz, um die Erfahrungen mit einer breiteren Öffentlichkeit zu teilen.

© Springer Fachmedien Wiesbaden GmbH 2017
M. Kres, *Mutmacher: Unternehmen stärken durch mutige Führung,*
DOI 10.1007/978-3-658-14288-9_13

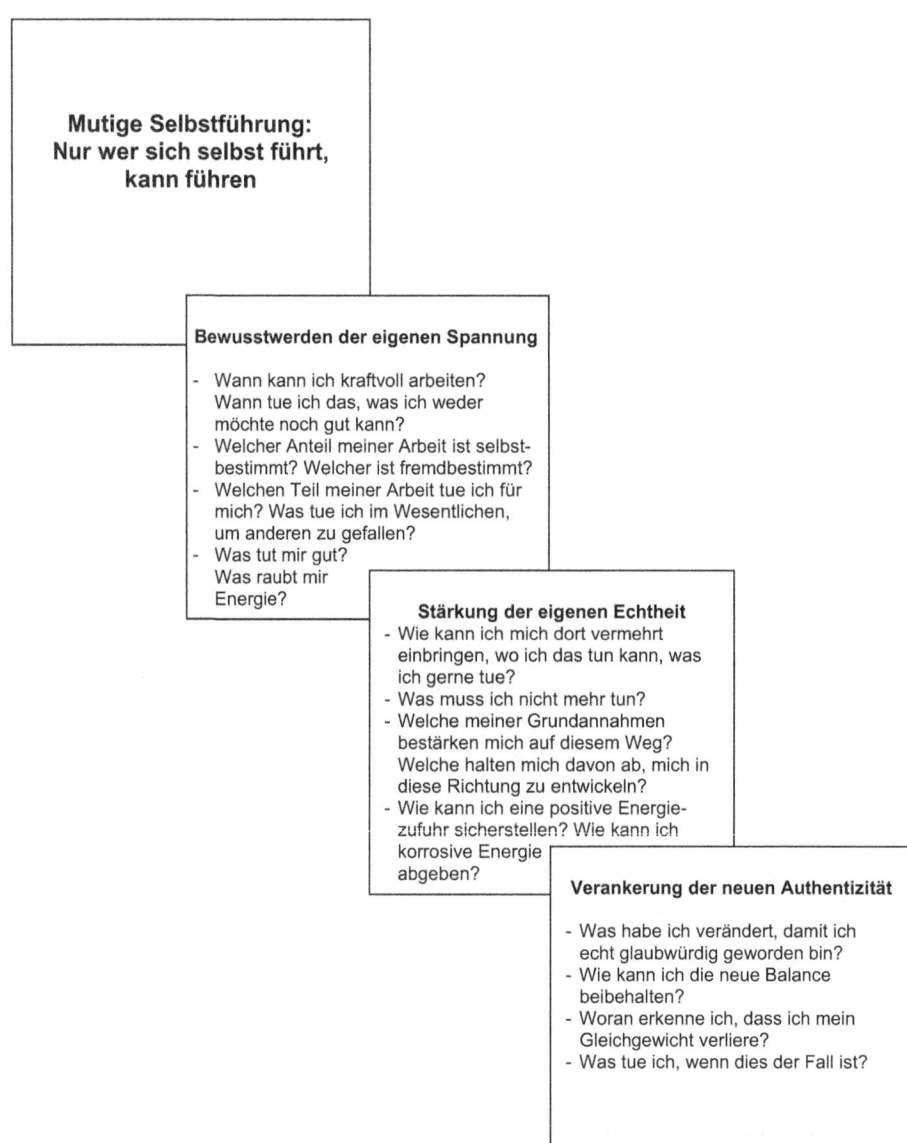

Abb. 13.1 Fragenmosaik 1: Mutige Selbstführung

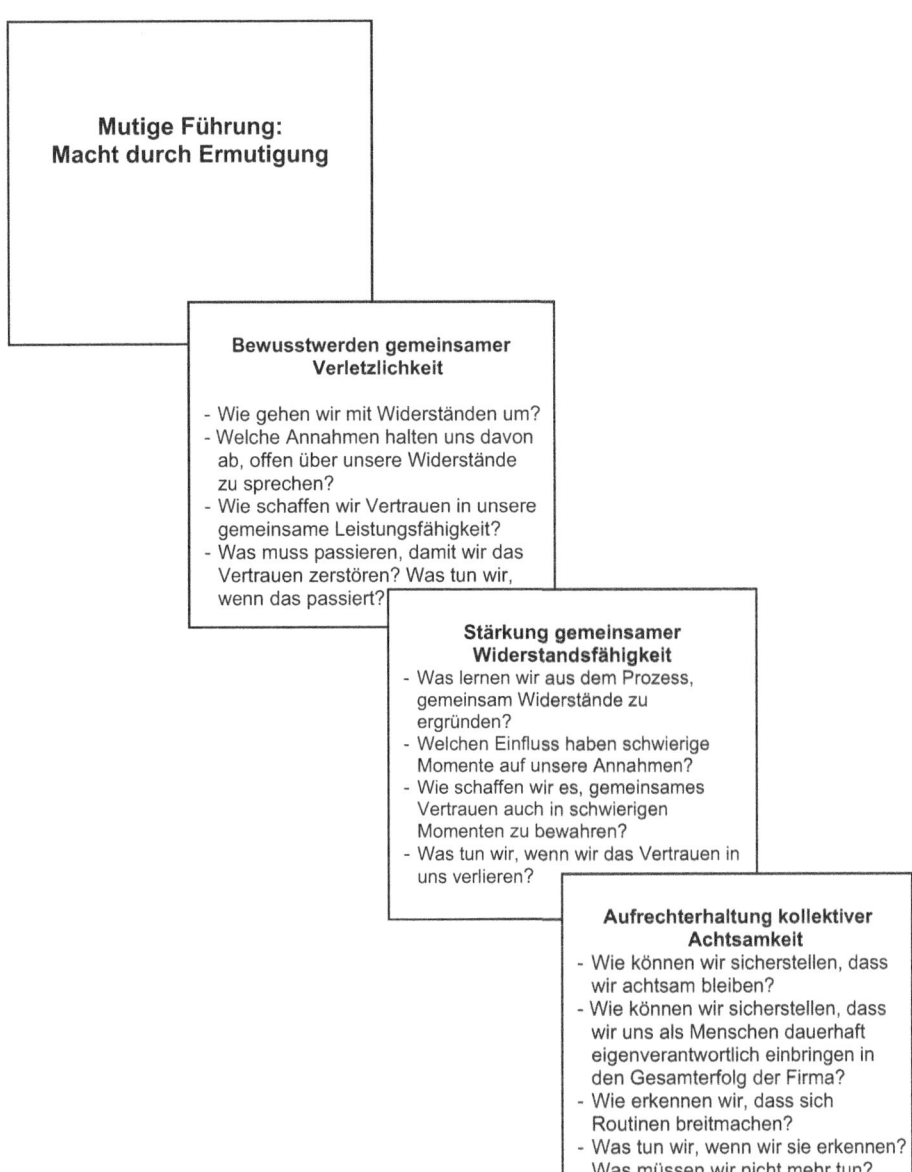

Abb. 13.2 Fragenmosaik 2: Mutige Führung

Mutige Organisationen: Transformation statt Entwicklung		
Strategie- und Zielebene	**Kultur- und Verhaltensebene**	**Struktur- und Prozessebene**
Bewusstwerden organisationaler Widersprüche - Wie gross sind die Abweichungen zwischen dem, was wir mit unseren Zielen erreichen wollen und dem, was wir tatsächlich tun? - Welche Widersprüche erkennen wir? - Wodurch entstehen diese Widersprüche? - Wie wollen wir damit umgehen?	**Bewusstwerden organisationaler Widersprüche** - Wie gross sind die Abweichungen zwischen unserem Leitbild und dem, was wir tatsächlich tun? - Welche Widersprüche erkennen wir? - Wodurch entstehen diese Widersprüche? - Wie wollen wir damit umgehen?	**Bewusstwerden organisationaler Widersprüche** - Orientieren sich unsere Strukturen und Prozesse nach aussen, auf den Markt, oder nach innen? - Welche Widersprüche erkennen wir? - Wodurch entstehen diese Widersprüche? - Wie wollen wir damit umgehen?
Förderung organisationaler Lernfähigkeit - Wie müssen wir unsere Strategien und unsere Ziele anpassen, um proaktiv von Veränderungen leben zu können? - Welche Chancen und Risiken entstehen dadurch? - Wie können wir die Risiken minimieren?	**Förderung organisationaler Lernfähigkeit** - Wie können wir sicherstellen, dass wir voneinander lernen? - Was tun wir, wenn sich jemand nicht an die Spielregeln hält? - Wie können wir im Unternehmen eine hinreichende Fehlertoleranz sicherstellen, damit wir nicht gleich beim ersten Misserfolg enttäuscht zu den alten Mustern zurückkehren?	**Förderung organisationaler Lernfähigkeit** - Wie können wir unsere Organisation durchlässiger gestalten? - Wo können wir Netzwerke und Cluster bilden? - Wie können wir sie beleben? - Welche Chancen und Risiken entstehen dadurch? - Wie können wir die Risiken eindämmen?
Erhalt organisationaler Resilienz - Woran erkennen wir, dass wir uns wieder mehr mit uns als dem Markt beschäftigen? - Was tun wir, wenn wir dies erkennen? - Was müssen wir nicht mehr tun? - Was lernen wir daraus für die zukünftige Ausgestaltung unserer Strategien und Aktivitäten?	**Erhalt organisationaler Resilienz** - Woran erkennen wir, dass wir wieder träge werden und sich Routinen in unseren Verhaltensweisen einnisten? - Was tun wir, wenn wir dies erkennen? - Was müssen wir nicht mehr tun? - Was lernen wir daraus für unser zukünftiges Verhalten?	**Erhalt organisationaler Resilienz** - Woran erkennen wir, dass unsere Strukturen und Prozesse wieder undurchlässiger werden? - Was tun wir, wenn wir dies erkennen? - Was müssen wir nicht mehr tun? - Was lernen wir daraus für die zukünftige Ausgestaltung unserer Strukturen und Prozesse?

Abb. 13.3   Fragenmosaik 3: Mutige Organisationen

Teil III

Mutige Unternehmen – Fallstudien und Interviews

Es gibt sie bereits, die mutigen Unternehmen, in den unterschiedlichsten Branchen haben wir sie gefunden. Unternehmen, die zeigen, wie durch Mut unerwartete Produktivität geschaffen werden kann. Barbara Lukesch und Michael Kres haben Interviews mit Persönlichkeiten geführt, die in mutigen Unternehmen tätig sind und die sich durch spezielle Einfälle hervorgetan haben. Sie haben in ihren jeweiligen Branchen etwas Neues geschaffen und Menschen ermutigt, über sich hinauszuwachsen. Die Mutmacher sind dabei unprätentiös vorgegangen. Es geht nicht um ihre eigene Macht, sondern um den Dienst an der Sache. Die gefundenen Lösungen sind leise. Nirgends finden sich Hochglanzprospekte, die Lösungen kommen im Kleinen zustande – erzielen aber weitreichende Wirkung. Eine wohltuende Abgrenzung zu dem lauten Projekt-Overkill in unseren Tagen.

- **BMW Group:** „Salutogenese ist für Exzellenz wichtig"
- **F. Hoffmann La-Roche AG:** „Wie Mitarbeiter ihre Karriere mitgestalten"
- **T-Systems AG:** „Auf dem Weg in die Selbstorganisation: Wie T-Systems Schweiz in einem Pilotprojekt die Kraft des Selbstmanagements entdeckt"
- **HSP Steuerberatung**: „Vom Mut, sich gegenüber Kollegen zu öffnen: Wie ein Kooperationsverbund von Steuerberatern den Markt revolutioniert"
- **Elektrizitätswerk des Kantons Schaffhausen:** „Quereinsteiger statt Diplome"
- **Possehl-Gruppe:** „Wenn wir den Leuten vertrauen, folgen die Zahlen"
- **Niels Pfläging:** „In Beta-Unternehmen haben alle mehr Macht – und sind deshalb erfolgreicher"
- **Sakret-Gruppe:** „Digitalisierung im Baustoffhandel"
- **AXA Winterthur:** „Durch Flexibilität profitabler arbeiten"

Salutogenese ist für Exzellenz notwendig

Joachim Hoffmann, bis Ende 2012 Leiter Personalentwicklung und Change-Management-Beratung bei der BMW Group in München, ist der Überzeugung, dass Führungskräfte nur dann exzellent führen können, wenn sie sich zuerst selbst führen lernen. Dazu gehört für ihn auch Zeit zur Selbstreflexion, um Achtsamkeit zu lernen und mit seiner inneren Mitte verbunden zu sein.

Herr Hoffmann, seit Jahren geistert das Bild von ausgebrannten, depressiven Managern durch die Medien. Was ist los mit den Führungskräften?
Joachim Hoffmann: Das Karussell der Wirtschaft dreht sich weltweit immer schneller. Die Rahmenbedingungen ändern sich, selbst im Management sind die Ressourcen knapp, gleichzeitig werden die Konkurrenzsituationen immer unübersichtlicher. Das ewige Schneller, Höher, Weiter erschöpft die Leute und lässt sie zunehmend nach Mechanismen suchen, um mit all diesen Herausforderungen umzugehen. Es gibt immer mehr Führungskräfte, die sich vor diesem Hintergrund die Frage nach dem Sinn des Ganzen stellen. Einige resignieren oder brennen aus.

Werden wir konkret. Die ständige Verfügbarkeit des Einzelnen dank iPhone, Blackberry, iPad und Laptop gilt als eine der Hauptursachen des zunehmenden Stresses, dem Manager ausgesetzt sind. Wie geht BMW damit um?
Wir thematisieren es in dem Wissen, dass Fluch und Segen von Errungenschaften oft nahe beieinander liegen. Es ist einerseits toll, dass es diese Geräte gibt. Andererseits ist es problematisch, wenn man in einem Meeting eine Präsentation macht und die Anwesenden unentwegt mit ihrem Blackberry oder iPhone hantieren. Da fehlt es ganz einfach

© Springer Fachmedien Wiesbaden GmbH 2017
M. Kres, *Mutmacher: Unternehmen stärken durch mutige Führung*,
DOI 10.1007/978-3-658-14288-9_14

an Wertschätzung gegenüber dem Redner. Solche Entwicklungen nehmen wir sehr aufmerksam zur Kenntnis und stellen sie zur Diskussion. Dass es keine banalen Antworten
auf derart komplexe Fragen gibt, versteht sich von selbst.

Aber was sagt BMW explizit zum Umgang mit den elektronischen Geräten?

Wir haben uns dagegen ausgesprochen, den Server im Sinne einer Firmen-Policy
von Freitag, 17 oder 18 Uhr, bis Montag, 8 Uhr, abzuschalten. Es gibt Firmen, die das
so handhaben. Von Kollegen in anderen Unternehmen weiß ich allerdings, dass sie sich
am Montagmorgen von der schieren Flut an Mails wie erschlagen fühlen. Wir haben uns
nun darauf verständigt, dass wir dem Unternehmen keine einheitliche Lösung von oben
aufpfropfen, sondern dass die einzelnen Teams den für sie adäquaten Weg wählen sollen.

Wie sieht der Weg innerhalb Ihres Teams aus?

Wir haben vereinbart, dass am Wochenende niemand die Mails, die aus der Hierarchie kommen, beantworten muss. Wer am Samstag in aller Ruhe zwei Stunden lang
seine elektronische Post erledigen will, kann das natürlich tun. Aber von uns ist die klare
Botschaft rausgegangen: Es gibt keine entsprechenden Erwartungen. Im Sinne einer
gesundheitsorientierten Führungsphilosophie halten wir die Leute sogar dazu an, ihre
Wochenenden arbeitsfrei zu halten, um sich erholen zu können und den Kopf freizube-
kommen für andere Dinge, was ihnen letztlich auch bei der Arbeit wieder zugutekommt.

BMW strebt nicht weniger als exzellente Führung an. Ein großes Wort.

Das ist tatsächlich ein großer Begriff und ein hehrer Zielanspruch, den man allerdings
nicht als statischen Zustand missverstehen darf, sondern im Sinne eines Weges oder
auch dynamischen Prozesses deuten muss. Es ist uns bewusst, dass wir den Zustand der
Exzellenz wohl nie zu hundert Prozent erreichen werden, aber dieses Wort hat die Funktion eines Bildes, auf das wir uns hinbewegen.

*Welche Kompetenzen sind erforderlich, um diesem Führungsverständnis von BMW zu
genügen?*

Unter dem Namen „Management House" hat BMW sein Führungsmodell in eine
übersichtliche und leicht nachvollziehbare Form gebracht. In diesem „House" repräsentieren drei Säulen die Erwartungen an das Verhalten unserer Führungskräfte: „Managing
Business", „Leading People" und „Leading Yourself". Das Fundament besteht aus den
12 Grundüberzeugungen der BMW Group. Im Dach sind die Leistungsergebnisse und
Zielerreichung angesiedelt.

*Erstaunlich, dass BMW den Selbststeuerungsfähigkeiten seiner Führungskräfte unter
dem Oberbegriff „Leading Yourself" eine eigene Säule widmet und ihnen damit einen
vergleichbaren Stellenwert einräumt wie der Mitarbeiterführung.*

Dieses „Leading Yourself" ist tatsächlich neu für uns. Die Kernaussage, die wir damit
machen, ist ganz klar: Eine Führungskraft, die sich nicht selbst führen kann, soll bei uns

auch keine anderen Menschen führen. Die Unterpunkte, die das „Leading Yourself" aus-differenzieren, lauten: „persönliche Ergebnisse und Leistungsorientierung", „Umgang mit Unsicherheit und Komplexität" und „Selbstreflexion". Sie sehen, das sind Begriffe, die eine große Tiefe haben und von den Einzelnen sehr viel verlangen.

Umso wichtiger dürfte es sein, dass Sie Ihre Leute dabei unterstützen, die im „Manage-ment House" dargestellten Anforderungen aus dem Modell in die gelebte Praxis zu über-führen.

Genau dafür haben wir neben einem umfassenden Angebot an spezifischen Füh-rungstrainings und weiteren begleitenden Instrumenten wie dem „360+ Feedback" für Führungskräfte seit 2010 ein neuartiges Dialogformat, den sogenannten „Treffpunkt Führung" installiert. Dort treffen sich die verschiedenen Führungskreise und erfahren ein möglichst realitätsnahes Lernen, das heißt einen Austausch unter Kollegen mit der eige-nen Führungskraft. Jeder Führungskreis diskutiert und reflektiert einen ganzen Tag lang das Thema Führung aus verschiedenen Perspektiven im Rahmen eines Parcours, der aus mehreren Stationen besteht. Konkret: An der Station „Führen und Geführt werden" ist der Einsatz der vielen elektronischen Geräte ein solches Thema, mit dem sich unsere Füh-rungskräfte auseinandersetzen. Ein weiteres Thema bilden Gespräche mit Mitarbeitern.

Erzählen Sie etwas mehr dazu!

Führungskräfte sollten gemäß unserer Auffassung über ein hohes Maß an Achtsamkeit verfügen. Damit meinen wir reflektierte Aufmerksamkeit, man könnte auch sagen aus-geprägte Antennen für die eigenen Gefühle, den eigenen Körper, die eigenen Gedanken, die eigenen Gedankenmuster und somit für das eigene Verhalten, aber eben auch für das Verhalten ihrer Mitarbeiter. Sie sollten realisieren, wenn sie vor einem Gespräch eigent-lich noch in Gedanken bei ihrem letzten Termin sind, und sich dann ganz bewusst davon freimachen. Nur so können sie der nächsten bevorstehenden Unterredung die volle Auf-merksamkeit widmen, die sie verdient. Oder: Sie sollten erkennen, wenn ein Mitarbeiter Probleme mit sich herumträgt, die ihn belasten, und ihn von sich aus darauf ansprechen. Das ist keine Selbstverständlichkeit, es gibt immer noch Chefs, die nicht mal mitbekom-men, wenn ein Mitglied ihres Teams einen schweren Krankheitsfall in der Familie hat.

BMW will ausdrücklich „eine Hochleistungsorganisation" sein. Welche Vorkehrungen treffen Sie, damit Ihre Mitarbeiter unter dem Druck nicht leiden oder gar krank werden?

Zum einen weiß man ja, dass ambitionierte Ziele, die positiv emotional besetzt sind, durchaus leistungsfördernd wirken. Es macht den Leuten Spaß, herausgefordert zu wer-den, sich einbringen zu können, etwas gestalten zu können. Kritisch wird es erst, wenn der Einzelne vom grünen in den gelben oder gar roten Bereich gerät, ohne sich dessen bewusst zu sein. Um dem entgegenzuwirken, genießt bei uns das Thema „Workload", um Ihnen nur ein Beispiel zu nennen, hohe Aufmerksamkeit. Da klären wir Fragen der Art: Wie gestalten wir die Zusammenarbeit von Führungskraft und Mitarbeitern? Ist es erlaubt oder sogar erwünscht, dass jemand sagt: „Sorry, das wird mir zu viel, jetzt muss ich passen"? Wird diese Person ernst genommen, und versucht ihre Führungskraft, Abhilfe zu schaffen? BMW räumt einer gesundheitsorientierten Führung, gleichwertig mit der transformationalen und transaktionalen, der nachhaltigen und der stärkeorientierten Führung, einen großen Stellenwert ein. Wir arbeiten daran, den Ansatz der Salutogenese in der Organisation zu verankern.

Was verstehen Sie unter Salutogenese?

Im klassischen Konzept der Salutogenese zeichnen sich optimale Arbeitsbedingungen dadurch aus, dass sie dem Einzelnen erlauben, seine Arbeit zu verstehen, zu bewältigen oder zu handhaben und als sinnvoll zu erleben. Darüber hinaus ist es uns ganz wichtig, dass die Salutogenese durch ihre Fokussierung auf die Gesundheit eine starke Botschaft vermittelt. Wir rücken ein positives Ziel ins Zentrum, das anziehend wirkt. Im Gegensatz dazu konzentriert sich die Pathogenese auf Krankheiten und löst damit eine Vermeidungsstrategie aus.

Salutogenese ist also auch eine Denkhaltung, sozusagen ein positiver Blick, der sich auf alle Bereiche anwenden lässt?

Genau. Dabei spielt es keine Rolle, ob unsere Leute den Begriff Salutogenese kennen. Entscheidend ist, dass sie die grundsätzliche Denkhaltung dahinter nachvollziehen können und verinnerlichen. Wenn uns das gelingt, haben wir einen weiteren Schritt auf dem Weg zur exzellenten Führung gemacht.

Wie ist es dazu gekommen, dass sich BMW dem Modell der Salutogenese verschrieben hat?

2009 hat der Vorstand das Projekt „Gesundheitsmanagement 2020" gestartet, das Führungskräfte darin unterstützen soll, das Thema Gesundheit stärker in den Blick zu nehmen. Ein Teilprojekt heißt ausdrücklich „Gesundheitsorientiert führen". Auf der Suche nach den konkreten Inhalten haben wir gemerkt, dass wir Bilder brauchen, Leitbilder, die uns die Richtung weisen. Dabei haben wir uns beispielsweise gefragt, inwieweit wir uns nur auf die westliche Medizin mit ihren Ansätzen beschränken wollen. Heute haben wir auf unserer Fortbildungsbroschüre das Bild von einem Mann und einer Frau, die auf ihrem Schreibtisch in Yogahaltung sitzen und meditieren. Damals wurden Bedenken laut, wir produzierten damit nur einen PR-Gag. So mussten wir Rechenschaft ablegen, wofür Yoga und Meditation stehen und was sie uns zu bieten haben. Im Zuge dieses für BMW typischen Meinungsbildungsprozesses kamen wir zu den Modellen der Salutogenese und Resilienz, die heute im Mittelpunkt unserer gesundheitsorientierten Trainings stehen.

Geben Sie uns doch ein konkretes Beispiel aus dem Firmenalltag das uns klarmacht, wie BMW Salutogenese interpretiert beziehungsweise Resilienz fördert.

Gesunde Arbeitsbedingungen hängen, wie gesagt, stark davon ab, dass die Einzelnen in ihrer Tätigkeit einen Sinn sehen. Auf dem Weg dahin kommt man automatisch an Themen wie Abwechslung, Lernmöglichkeiten, Freiräume, Selbststeuerung und Anforderungsvielfalt vorbei. All das braucht es, damit Menschen ihre berufliche Tätigkeit als sinnvoll oder bedeutsam erleben. Um diesem Anspruch zu genügen, pflegt BMW eine Kultur des Jobwechsels, der sogenannten Job-Rotation. Alle paar Jahre übernehmen Mitarbeiter und Führungskräfte eine neue Funktion im Unternehmen. Ich bin heute Leiter Personalentwicklung und Change-Management-Beratung, vorher hatte ich fünf Jahre die Personalleitungsfunktion für das Entwicklungsressort inne, davor war ich vier Jahre Geschäftsführer einer BMW-Tochtergesellschaft im Bereich Groß-werkzeugbau und nahm sowohl eine technische als auch eine kaufmännische Funktion wahr. Auf dem Weg habe ich nicht nur den Sinngehalt meiner Arbeit gesteigert, sondern auch meine Resilienz gefordert, indem ich lernte, mit den unterschiedlichsten Situationen aktiv umzugehen.

Sind sich Ihre Mitarbeiter bewusst, dass sie in einem Unternehmen arbeiten, dessen Füh-rungsphilosophie sich von derjenigen vieler anderer Unternehmen unterscheidet?
   Da bin ich mir ziemlich sicher. Das zeigt sich beispielsweise an der äußerst niedri-gen Fluktuationsrate bei uns. Auch unsere Mitarbeiterbefragungen ergeben jeweils, dass 86 % der Führungskräfte und Mitarbeiter die Aussage „Ich bin stolz, bei BMW zu arbei-ten" bejahen.

Wie entwickelt ein Großunternehmen wie BMW seine Führungsphilosophie?
   Das ist tatsächlich ein komplexes Thema, denn zum Thema Führung hat jeder schnell einmal seine eigene Meinung. Wir fahren deshalb auf zwei Schienen. Zum einen gibt es unser Center of Competence, dessen Aufgabe darin besteht, weltweite Trends zu orten und die für uns passenden Lösungen herauszufiltern. Unser Ziel ist es, Impulse ins Unternehmen zu tragen, die zur Kultur von BMW passen. Daneben pflegen wir eine breit angelegte Aushandlungs- und Diskussionskultur. Im Regelfall werden Entscheidungen bei uns nicht im stillen Kämmerlein gefällt und dann kurzerhand in die Organisation hin-eingepresst, sondern wir holen Meinungsbildner und Beteiligte an Bord und entwickeln Lösungen, von denen wir sicher sind, dass sich die Führungskräfte und Mitarbeiter damit identifizieren können. Auf diese Weise stellen wir ein maximales Commitment der han-delnden Akteure sicher.

Als Automobilhersteller und Anbieter von Mobilitätsdienstleistungen ist BMW ein Unter-nehmen, das in höchstem Maße technikdominiert ist. Wie gelingt es, in einer solchen Firma den Stellenwert der Menschen hochzuhalten?
   In unserer Personalstrategie heißt es explizit: „Der Mensch steht im Mittelpunkt". Dieses Denken hat eine lange Tradition im Haus BMW, die wir im „Treffpunkt Führung" an der Station „Ohne Herkunft keine Zukunft" dokumentieren. Dort sieht man zum Bei-spiel, dass BMW sich schon 1951 ausdrücklich zur Vollbeschäftigung bekannte und dem Thema Führung bereits damals große Bedeutung beimaß. Man mag einwenden, dass wir phasenweise ein bisschen auf Automatik gestellt hatten nach dem Motto: Wir sind ja unterwegs und erfolgreich. Aber 2009 kam es zu einer klaren Refokussierung und der

Entscheidung im Vorstand, weitere Schritte in Richtung exzellenter Führung zu machen. Das schlug sich beispielsweise darin nieder, dass uns der Personalvorstand volle Rückendeckung gegeben und mitten in der Krise das Budget für Führungstrainings nennenswert aufgestockt hat, obwohl nahezu alle anderen Budgets zusammengestrichen wurden. Daraufhin haben wir einen neuen Führungskräfte-Trainingszyklus entwickelt, der von 2013 bis 2016 von rund 7000 Führungskräften durchlaufen wurde.

Mit welchen Schwerpunkten?

Ein zentraler Stellhebel war das Thema Achtsamkeit auf den Ebenen Gefühl, Körper, Gedanken, aber auch Gedankenmuster. Eine Führungskraft muss sich beispielsweise der Denkmuster bewusst sein, die ihr Handeln leiten. Erst dann kann sie diese ändern und neue, breitere Lösungsräume angehen. Andere Themen, die wir ins Zentrum rücken, sind – stichwortartig – positives Menschenbild, Authentizität, innere Unabhängigkeit, Mut zum Dissens. Darüber hinaus vertiefen wir natürlich die Führungsaspekte der heutigen Trainings, die ich bereits erwähnt habe. Es reicht zur Verhaltensänderung und Weiterentwicklung im Regelfall eben nicht aus, wenn Führungskräfte sich einmalig und dann vielleicht nur kopfmäßig mit einer Thematik auseinandersetzen. Lernen ist ein emotionaler Prozess, der wiederholte positive Stimulierungen braucht. Hier lassen wir uns bei unserer Arbeit von Hirnforschern wie Gerald Hüther inspirieren.

Sie erwähnten eben das Thema Dissens. Das klingt gut. Aber wer hat im Alltag wirklich Mut und Lust, sich mit seinen Vorgesetzten anzulegen?

Unser Vorstand lädt ausdrücklich dazu ein, im Bemühen um die beste Lösung auch einen Dissens offenzulegen. Klar braucht es dazu die Fähigkeit, die Spannung auszuhalten, die entsteht, wenn man mit seinem Gegenüber nicht derselben Meinung ist. Dazu sind innere Unabhängigkeit und Authentizität erforderlich.

Gleichzeitig entnimmt man Ihren Papieren, dass bei BMW führen auch dienen ist. Was heißt das in der täglichen Praxis Ihres Unternehmens?

(Lacht.) Dieses Dienen ist ein sensibles Thema, weil es vielen Führungskräften nicht in den Sinn käme, von sich aus zu sagen: „Ich diene." Man versteht sich als Macher, Entscheider, als gestandene und erfahrene Frau oder ebensolcher Mann, die unter Beweis gestellt haben, dass sie die Richtigen sind für ihre Posten. Das Dienen ist ein ganz junges Pflänzchen bei uns.

Dabei ist es innerhalb der Führungsliteratur ja nicht neu.

Interessanterweise hat der jetzige Abt des Klosters Andechs, Pater Johannes Eckert, vor vielen Jahren bei BMW seine Dissertation zum Thema „Führen und Dienen" geschrieben. Wir lancieren es jetzt wieder neu, damit sich das Unternehmen und seine Führungskräfte daran reiben können. Schließlich ist Kundenorientierung, also die Bereitschaft, dem Kunden zu dienen, unsere Grundüberzeugung Nummer eins.

Am Begriff Dienstleister stört sich tatsächlich niemand.

Aber sobald man den Begriff in den Kontext von Führen bringt, löst er Irritationen aus. Ich kann das gut nachvollziehen, habe ich doch selbst vor ein paar Jahren zwar gesagt „Ich diene dem Unternehmen", aber nicht „Ich diene den Mitarbeitern". Ich hatte irgendwie die Befürchtung, ich würde damit zu einem Vorgesetzten, der seinen Mitarbeitern alle Wünsche absegnet.

Was hat sich seither bei Ihnen verändert?

Dank der jahrelangen Auseinandersetzung mit dem Thema Führen sage ich heute sehr bewusst: „Natürlich diene ich auch den Mitarbeitern, meinen Kollegen" oder noch weiter gefasst „den Menschen, mit denen ich täglich zu tun habe". Ein Beispiel: Wenn ich jemandem ein wertschätzendes, ehrliches Feedback gebe, diene ich ihm. Dann bekommt er nämlich die Chance, sein Verhalten zu reflektieren, gegebenenfalls zu ändern und neue Erfahrungen zu machen. Ich finde es fürchterlich, wenn Menschen klagen: „Hätte mir doch vor zehn Jahren mal jemand die Augen geöffnet!" Dazu passt auch der schöne Spruch eines Beraters: „Hoffentlich hast du Freunde, und wenn nicht, dann wenigstens Feinde, die dir ein ehrliches Feedback geben!"

In Ihren Ausführungen fällt auf: Sie betonen immer wieder, dass Sie etwas „bewusst" gesagt oder getan haben.

Ich bin überzeugt, dass die bewusste Auseinandersetzung mit Dingen die zentrale Voraussetzung ist, um Sichtweisen zu verändern und neues Verhalten zu ermöglichen. Die Weiterentwicklung des Bewusstseins ist der erste Schritt einer Verhaltensänderung – ohne den geht es nicht. 2011 habe ich mit meiner Mannschaft einen Workshop durchgeführt mit dem Titel „Employability – Gesundheit – Erfolg". Wir arbeiten als Personalentwickler und Change-Management-Berater de facto an allen drei Themen. Wir wollen Mitarbeiter und Unternehmen erfolgreich machen, wir wollen die Arbeitsmarktfitness sicherstellen und wir wollen gesunde Mitarbeiter ebenso wie eine gesunde Organisation. Wir haben uns auf dem Workshop auch die Frage gestellt, was diese Begriffe denn eigentlich verbindet. Woran sollten wir arbeiten, um all diese Themen positiv zu forcieren? Die Antwort für uns war das Schlagwort „Bewusstheit".

Nur: Wann hat eine Führungskraft Zeit, um all diese Themen zu reflektieren?

Das ist eine der Fragen, die wir genauso im „Treffpunkt Führung" zur Sprache bringen. Die Antworten decken jeweils die ganze Palette ab: „Morgens unter der Dusche", „beim Spaziergang mit dem Hund", „auf dem Weg zur Arbeit", „im Gespräch mit der Partnerin oder dem Partner". Bei den meisten laufen diese Prozesse der Selbstreflexion außerhalb der Arbeit ab. Da haken wir ein und sagen: Muss es nicht selbstverständlich werden, dass eine Führungskraft mindestens einen Teil ihrer Arbeitszeit dafür zur Verfügung hat? Wäre es nicht zielführend, wenn wir solche Prozesse in den Führungsalltag integrieren? Unsere Antwort darauf ist der „Treffpunkt Führung", der jedes Team einen Reflexionstag der besonderen Art erfahren lässt. Inzwischen gibt es Führungskräfte, die sich mit ihrem Führungsteam schon zwei-, ja dreimal dort versammelt haben. Es hat sich herumgesprochen, dass sich die eintägige Investition lohnt. Die Teams als auch die einzelnen Führungskräfte ziehen einen klaren Benefit für ihren Arbeitsalltag daraus.

Gemäß der Idee: Indem man sich Zeit nimmt, gewinnt man Zeit. Das könnte eine Vorstufe zur Entschleunigung sein, die ja immer breiter diskutiert wird.

Das ist auch meine Hoffnung. Es gibt ja das geflügelte Wort: „Wenn du es eilig hast, gehe langsam." Das entspricht zwar heute noch nicht der allgemeinen Managementlehre, aber ich erkenne auch bei uns erste Anzeichen in diese Richtung. So haben wir ein philosophisches Führungstraining mit hohem Praxisbezug entwickelt, in dem wir einen Teil der Weisheitslehren dieser Welt kennenlernen und uns mit Yoga, Meditation, Tai-Chi und ähnlichen Ansätzen beschäftigen. Die Resonanz der Teilnehmer ist hervorragend, und auf ihren Wunsch hin haben wir aus zweimal zwei Tagen zweimal zweieinhalb gemacht, ergänzt um einen freiwilligen Kontemplationstag. Offensichtlich haben wir einen Nerv getroffen mit diesem Angebot, das die Suche nach Sinn und das Bedürfnis, sich zu fokussieren, Kraft zu tanken und seine eigene Mitte wiederzufinden, in den Mittelpunkt rückt.

Wo möchten Sie in fünf Jahren stehen?

Natürlich sollte BMW dann noch erfolgreicher sein als heute. Führung ist ja kein Selbstzweck. Wir haben Visionen, aber letztlich geht es um Ergebnisse. Schön fände ich es auch, wenn möglichst viele unserer Führungskräfte und Mitarbeiter sagen würden: „Ich habe eine tolle Zeit bei BMW, kann etwas aktiv gestalten, trage meinen Teil dazu bei, dass BMW so erfolgreich ist." Und wenn sie dann auch noch zu Recht von sich behaupten könnten, dass sie einen Beitrag zu einer besseren Welt leisten und sich als Mensch weiterentwickelt haben, ja als Mensch über sich hinausgewachsen sind – das würde mich sehr freuen.

Biografie Joachim Hoffmann

Joachim Hoffmann, geboren im Oktober 1956 in Bielefeld, studierte an der Ludwig-Maximilian-Universität in München Betriebswirtschaft. Nachdem er zunächst als leitender Angestellter in einem Handelskonzern arbeitete, war er seit 1987 bis 2012 in verschiedenen Funktionen für BMW tätig: als Referent für strategische Personalplanung, Referatsleiter Personalmanagement, Geschäftsleiter der BMW Fahrzeugtechnik GmbH, Personalleiter des Entwicklungsressorts und schließlich als Leiter Personalentwicklung und Change-Management-Beratung. In seiner Freizeit widmet er sich dem großformatigen Malen und Schreinern, er ist mit seiner Frau und seinem Hund viel in der Natur unterwegs, liest gerne und genießt es, gemeinsam mit anderen Menschen die Tiefe und Weite des Lebens zu erfahren.

Alexander von Faber, F. Hoffmann-La Roche AG

Wie Mitarbeiter ihre Karriere mitgestalten

Alexander von Faber, vormals Leiter Lernen und Entwickeln beim Basler Healthcare-Unternehmen Roche, unterstützt Mitarbeiter, die ihre berufliche Entwicklung selbst in die Hand nehmen wollen. Das 2010 gestartete Programm „Opportunity-Management" dient genau diesem Zweck.

Herr von Faber, die Fluktuationsrate bei Roche ist niedrig.
Alexander von Faber: Es besteht tatsächlich eine überdurchschnittlich große Bindung der Mitarbeiter zur Firma Roche. Im Rahmen der globalen Mitarbeiterumfrage sagen 75 % der Befragten, Roche sei ein attraktiver Arbeitgeber; es sei klasse, hier zu arbeiten.

Was genau macht denn die Attraktivität von Roche aus?
Lassen Sie mich aus eigener Erfahrung berichten. Warum bin ich nach 21 Jahren immer noch hier? Zum einen habe ich sehr große Gestaltungsmöglichkeiten und kann in meinem Aufgabengebiet viel bewirken. Das Opportunity-Management ist das beste Beispiel dafür. Zum anderen sagen mir die Roche-Kultur und der Umgang miteinander sehr zu. Die Menschen, denen ich begegne, sind herzlich, und das macht die Zusammenarbeit sehr angenehm.

Trotzdem haben Sie mit Opportunity-Management ein Projekt gestartet, mit dem sie die „passiven Erwartungshaltungen" der Mitarbeiter aufbrechen möchten. Das klingt so, als würden Sie sich etwas mehr Bewegung aufseiten der Belegschaft wünschen.
Es ist für eine Firma nicht immer nur toll, wenn gewisse Leute aus Bequemlichkeit zwanzig Jahre auf ihren Stühlen kleben bleiben. Das ist das eine. Das andere ist, dass im Zusammenhang mit der Entwicklung der Einzelnen lange Zeit ein Denken vorherrschte, das sich in dem Satz ausdrückte: „Mein Chef entwickelt mich ja nicht; also kann ich

© Springer Fachmedien Wiesbaden GmbH 2017
M. Kres, *Mutmacher: Unternehmen stärken durch mutige Führung*,
DOI 10.1007/978-3-658-14288-9_15

nichts machen." Das ist eine typische passive Erwartungshaltung. Dass es uns, nicht zuletzt dank dem Opportunity-Management, gelungen ist, diese Haltung grundlegend zu verändern, halte ich für einen dieser berühmten Schlüsselfaktoren – also Key-Success-Factors. Heute sagen viele: „Aha, ich muss – und darf mich selbst um meine Entwicklung kümmern? Na, dann mal los!"

Was genau bewirkt das Opportunity-Management?

Die Initialzündung dieses Projekts ergab sich in dem Moment, als wir merkten, dass wir ein Mittel brauchen, um die Leute langfristig zu entwickeln und fit zu machen, sodass sie bei schnellen, überraschenden Veränderungen adäquat reagieren können. Dies kann zum einen bei Reorganisationen der Fall sein, wo es darum geht, die Leute beruflich breiter aufzustellen, damit sie innerhalb der Firma angestellt bleiben und neue Positionen – und somit Herausforderungen – auch kurzfristig annehmen können. Zum anderen bewirkt gezielte Weiterentwicklung, dass unsere Mitarbeiter beruflich am Puls der Zeit bleiben und sich gleichzeitig auch für weitere Aufgaben bei Roche qualifizieren. Gut ausgebildete und motivierte Mitarbeiter sind die Basis, auf die Roche baut, und das Kapital, das den Erfolg von Roche sicherstellt.

Woraus hat bei Ihnen ganz konkret das Projekt Opportunity-Management bestanden?

Am Anfang ging es darum, den Leuten überhaupt den Sinn dieses Projekts zu vermitteln. Dazu haben wir sogenannte Awareness-Workshops durchgeführt. Im Piloten saßen 400 Personen, darunter 80 Führungskräfte. Da hieß es: „Aufgewacht! Wir zeigen euch, worum es bei langfristiger Entwicklung geht und warum es euch etwas bringt." Das war ein erster großer Schritt. Die Reaktionen reichten von „wenig begeistert" bis hin zu „fantastisch". Es gab Widerstände im Sinne von: „Langfristige Entwicklung? Das brauche ich nicht! Ich mache meinen Job bis zur Rente und gehe dann." Das Schöne aber war, dass die Leute miteinander zu reden begonnen haben, sie haben sich ausgetauscht. Und nach vier bis sechs Wochen kamen die Ersten zu uns, die zunächst total dagegen waren, und meinten: „Das ist ja doch eine tolle Sache. Können wir noch einmal darüber reden?" Da habe ich mich sehr gefreut: Genau das wollten wir erreichen.

Parallel dazu haben Sie „Career-Checks" angeboten, persönliche Standortbestimmungen, dank derer Sie individuelle Perspektiven öffnen können.

Das war der zweite große Pflock, den wir im Rahmen des Opportunity-Managements eingeschlagen haben. Begonnen haben wir mit etwa 100 Personen, zusammengesetzt aus den unterschiedlichsten Anspruchsgruppen im Unternehmen, die sich im Rahmen des Pilotprojekts dafür zur Verfügung gestellt hatten. Das Echo war sehr gut, sodass wir uns entschlossen haben, das eigene Team in der Methode der Career Checks auszubilden, um unseren Mitarbeitern selbst diesen Service bieten zu können. Bis heute haben wir rund 600 Career Checks durchgeführt, Tendenz steigend.

Sie haben auch einen Marktplatz durchgeführt.

Der Roche-Marktplatz war sozusagen das Sahnehäubchen des Projekts, auf dem wir erstmals versucht haben, die verschiedenen Fachbereiche im Haus zusammenzubringen, und den Leuten einen Überblick darüber zu verschaffen, was die verschiedenen Funktionen eigentlich genau machen. Im Juni letzten Jahres haben sich mehr als 1200 Personen getroffen, um sich auszutauschen. Ein wunderbarer Erfolg.

Welche Rahmenbedingungen haben Ihnen in die Hände gespielt und den Erfolg des Opportunity-Managements begünstigt?

Unser Projektstart wurde nahezu gleichzeitig mit einer Organisationsveränderung angekündigt. Das heißt, die Firma befand sich in einer Phase der Veränderung, die teilweise auch Personalveränderungen nach sich zog. Wir haben uns nach langen Diskussionen dafür entschieden, das Opportunity-Management trotzdem beziehungsweise erst recht zu starten. Die Reaktionen auf diese Entscheidung waren dann auch sehr unterschiedlich und haben in jedem Fall dazu beigetragen, dass das Opportunity-Management sofort in aller Munde war und eine Eigendynamik entwickelte.

Wie sah die Unterstützung vonseiten Ihrer Vorgesetzten aus?

Wir hatten das Glück, dass das Basler Managementteam das Pilotprojekt sehr stark unterstützt hat. Ohne diese Unterstützung wäre es niemals gegangen. Wenn wir schon von Glück reden: Ein Riesenglück für das Projekt war auch die Kollegin, der ich die Leitung übertragen habe.

Erzählen Sie ein bisschen mehr von ihr!

Die Kollegin wurde damals gerade frisch eingestellt, sie war erst Mitte zwanzig, aber ich war überzeugt, dass sie ein hervorragendes Beispiel für eine individuelle Entwicklung und als Repräsentantin des Opportunity-Managements abgeben würde: Sie kam direkt von der Uni, musste das Projekt übernehmen, was für sie eine Riesenverantwortung bedeutete, und ist in den letzten Jahren unglaublich gewachsen. Heute ist sie – ganz im Sinne des Projekts – innerhalb der Firma weitergezogen und betreut einen großen Bereich am Standort Basel/Kaiseraugst.

Nimmt denn ein 50-jähriger Mitarbeiter eine 27-Jährige, die mit ihm einen Career Check durchführt, überhaupt ernst?

Das Alter der teilweise noch jungen Mitarbeiter in meinem Team kommt immer wieder zur Sprache. Doch letztlich punkten diese jungen Leute mit ihrer Freude und Leidenschaft. Da heißt es dann: „Die sind wirklich noch jung, aber man merkt, dass ihnen die Arbeit Spaß macht und sie sich dafür einsetzen!" Hinzu kommt, dass etliche meiner jungen Leute ein geniales Händchen für die richtigen Fragen haben und damit genau die entscheidenden Punkte auch eines 50-jährigen Mitarbeiters treffen, die ihn weiterbringen.

*Wie haben Sie Personen mit Führungsverantwortung an Bord geholt und davon über-
zeugt, dass das Opportunity-Management auch Ihnen nützt? Es könnten ja auch Ängste
auftauchen, wenn deren Mitarbeiter die eigene Entwicklung plötzlich derart initiativ an
die Hand nehmen.*

Es sind tatsächlich Verunsicherungen entstanden. Man weiß nicht, wie man mit solchen Leuten umgehen soll. Wie muss man mit einem initiativen Mitarbeiter reden? Muss
man überhaupt oder kann man das umschiffen? Da ist es an uns, diesen Führungskräften
den Spaß an der Entwicklung ihrer Leute zu vermitteln und ihre Begeisterung zu wecken.
Aus eigener Erfahrung weiß ich, dass es sehr motivierend ist, jemanden in der eigenen
Abteilung wachsen und aufblühen zu sehen. Das ist ein unglaublicher Fun-Faktor.

*Sind denn nicht auch Befürchtungen geäußert worden, dass die zunehmende Entwicklung
der Mitarbeiter deren Lust steigert, die Arbeitsstelle zu wechseln, allenfalls auch das
Unternehmen zu verlassen?*

Ich nehme an vielen firmeninternen Präsentationen zum Opportunity-Management
teil, und der erste Einwand dagegen lautet tatsächlich immer: „Aber die wollen dann ja
weg!" Da erwidere ich jeweils: „Ja, das stimmt, und ich sage Ihnen etwas, die gehen
auch weg, weil sie sich intern weiterentwickeln wollen". Aber sie werden überall erzählen: „Es war toll in einer Abteilung zu arbeiten, in der man die Möglichkeit bekommt,
sich zu entwickeln und dabei unterstützt wird."

Ihnen selbst wird es nicht anders ergehen.

Genau. Ich habe ein paar tolle Leute in meinem Team, und ich weiß, die machen
drei, vielleicht vier oder fünf Jahre einen fantastischen Job, sind dann aber auch reif und
wagen – hoffentlich – den nächsten Schritt. Das Schöne für mich als Vorgesetzter ist,
dass meine Leute mich in ihre Entscheidungen einbeziehen. Das empfinde ich als riesi-
gen Vertrauensbeweis. Hinzu kommt, dass neue tolle Kräfte nachrücken werden.

Wie viel Wechsel verträgt ein Unternehmen beziehungsweise eine Abteilung überhaupt?

Eine gewisse Kontinuität ist durchaus erwünscht. Wenn hier alle permanent mit dem
Huf scharren würden, hätte ich das Problem, dass mein System sehr fragil würde. Ich habe
bei mir auch sehr erfahrene Teammitglieder, die total committed sind und bleiben wollen.
Da sage ich: „Fein". Um die herum kann ich immer wieder neue Einsteiger aufbauen.

*Nun werden ja nicht alle Mitarbeiter, die das Opportunity-Management durchlaufen
haben, Roche verlassen wollen, sondern vielmehr intern einen Quereinstieg anstreben.*

Das ist ein spannender Punkt unseres Projekts, und wir führen schon jetzt mit dem
Recruiting entsprechende Gespräche. Was passiert, wenn die ersten Bewerbungen dieser
Art erfolgen? Bekommen diese Leute, die einen Perspektivenwechsel vollzogen haben
und jetzt eine neue Berufsrolle anpeilen, eine faire Chance innerhalb der Firma – oder
werden externe Kandidaten vorgezogen, die eine Tätigkeit vielleicht andernorts schon
zehn Jahre ausgeübt haben?

Der externe Kandidat stellt in diesem Fall das kleinere Risiko dar. Seine Einstellung bildet auf den ersten Blick – die einfachere Lösung.

Meiner Ansicht nach muss man Mut zum Risiko haben. Das heißt: Man entscheidet sich für eine Person, von der man überzeugt ist, dass sie Potenzial hat, Feuer und Begeisterungsfähigkeit, von der man aber auch weiß, dass sie noch weiterentwickelt werden sollte. Roche muss eine Mischung finden zwischen der Wahl guter externer Leute und starken internen Talenten.

Wo setzen Sie Mitarbeitern Grenzen, die ihre Entwicklung vorantreiben wollen? Was dürfen die alles, wo sagen Sie: „Stopp"?

An diesen Punkt bin ich bisher noch nicht gekommen. Entscheidend ist sicher, dass solche Mitarbeiter frühzeitig mit mir sprechen, damit wir gemeinsam planen können. Zwei Dinge könnten womöglich kritisch werden. Erstens, wenn der Eindruck entsteht, dass jemand seinen Vorgesetzten auszubremsen versucht und ohne dessen Wissen handelt. Darum haben wir auch gesagt: „Alle haben Anspruch auf einen Career-Check, vorausgesetzt, der Vorgesetzte ist informiert und hat zugestimmt." Zweitens sollte ein Reality-Check erfolgen. Man sollte seine Leute, die neue Schritte erwägen, auch mit der Frage konfrontieren, ob diese Schritte zu ihnen passen. Vielleicht begrüßt man zwar ihr Vorhaben, muss sie aber zeitlich etwas bremsen, weil es in der fraglichen Zeit irgendeinen Engpass gibt.

Stichwort Reality-Check. Wie erkennen Sie den Nutzen einer individuellen beruflichen Veränderung und eines damit verbundenen Quereinstiegs für den Arbeitgeber Roche?

Der größte Nutzen eines guten Quereinsteigers ist, dass er extrem viel Power in Ihr Team einbringt, weil er Lust auf diesen Job hat. Wir haben bei uns gerade eine Frau, die einen Perspektivenwechsel hinter sich hat. Sie kommt ursprünglich aus dem Labor in der Pharmaforschung. Vor einem Jahr hat sie mich angesprochen, sie mache zwar etwas ganz anderes, interessiere sich aber für Learning und Development. Sie finde den Bereich ganz toll, ob sie mal bei uns schnuppern könne. Warum nicht, sagte ich mir. Sie hat eine gewisse Erfahrung, bringt Dynamik rein und strahlt große Begeisterungsfähigkeit aus. Meine Entscheidung war richtig. Sie macht einen tollen Job, hat den Roche-Marktplatz mitorganisiert und verbreitet gute Laune. Sie muss fachlich noch ein, zwei Sachen lernen, aber das schafft sie, so wie die sich reinkniet.

Der zweite Mehrwert eines Quereinsteigers sind seine Erkenntnisse und seine Perspektiven, die er aus vorherigen Linienfunktionen mitbringt. Wir haben aktuell zwei bei uns, die unsere kleine Psychologenrunde gewaltig bereichern. Das ist Diversity im besten Sinn.

Drittens können Quereinsteiger natürlich auch zusätzliches Know-how einbringen. Ich besetze gerade eine Temporärstelle mit einer jungen Dame aus dem klinischen Bereich, genauer aus der Forensik, die zwar von Personalentwicklung noch keine große Ahnung hat, uns aber mit ihrem Fachwissen wertvolle Dienste, gerade auch in der Beratung, leisten wird.

Wie viel ist Roche für die Karriereentwicklung seiner Mitarbeiter zu zahlen bereit?
Grundsätzlich ist vieles möglich. Roche als Arbeitgeber ist extrem großzügig, was die Weiterentwicklung seiner Leute angeht. Da werden teilweise hohe Summen investiert. Das konkrete Problem im Einzelfall ist: Je höher die Kosten beispielsweise einer Weiterbildung sind, umso schwerer wird sich derjenige Fachbereich mit der Entscheidung tun, der sie aus seinem Budget bestreiten muss. In Sachen Career-Check haben wir einen Trick angewendet, um diese Maßnahme extrem kostengünstig dem Business anbieten zu können.

Kommen denn alle Personen unabhängig von ihrer Position in den Genuss von Opportunity-Management-Maßnahmen?
Wenn jemand sagt: „Ich will mich entwickeln und wünsche einen Career-Check, ein Gespräch oder eine Beratung", ist die Tür erst mal grundsätzlich offen. Diese Botschaft ist klar platziert und wird auch vom obersten Management mitgetragen. Natürlich braucht es zusätzliche sorgfältige Abklärungen, die im Rahmen des sogenannten Entwicklungsplanungsgesprächs zwischen Mitarbeiter und Führungskraft erfolgen, ob eine Maßnahme sinnvoll und richtig ist. Wer beispielsweise Chinesisch lernen will, obwohl er das für seinen Job überhaupt nicht braucht, kriegt das zwar nicht im Rahmen des Opportunity- Managements, aber zu absoluten Minimalpreisen, in deren Genuss nur Firmenangehörige kommen.

Roche entwickelt seine Leute nicht nur; sondern entlässt sie manchmal auch. Diejenigen, die gehen müssen, bekommen kein Opportunity-Management mehr. Wie gehen Sie mit dieser Dissonanz in Ihren Reihen um?
Wer seinen Job verliert, bekommt von Roche zwar kein Opportunity-Management, dafür aber etwas anderes. Und zwar eine hochprofessionelle Betreuung und Beratung in unserem hauseigenen Neuorientierungszentrum und bei Bedarf auch ein Outplacement-Paket, geschnürt von einer externen Organisation. Und auch da wird der Career-Check eingesetzt. Abgesehen davon bin ich zuversichtlich, dass sich diese Dissonanz immer mehr auflösen wird, je besser das Opportunity-Management in unserem Unternehmen verankert ist. In der Vision für die Zukunft sind die Leute so fit und gut vorbereitet für neue Positionen, dass sie sich bei Bedarf nach einem kurzen Vorlauf schnell verändern können.

Soll das heißen, dass das Opportunity-Management im Idealfall allfällige Restrukturierungskosten senken hilft?
Zu einem großen Teil würde ich das bejahen. Ich bin überzeugt, dass man Restrukturierungsaufwände reduzieren kann, wenn man Organisationseinheiten hat, die auf einen Rollenwechsel gut vorbereitet sind und im entscheidenden Moment sagen: Ich bin „ready to do it".

Wie sichern Sie die Nachhaltigkeit des Projekts Opportunity-Management?
Wir verfolgen alles, was wir erfassen können: sämtliche Career Checks, sämtliche Aufträge, die im Rahmen des Projekts erteilt wurden. Dazu versuchen wir über einen

kleinen Fragebogen kurz-, mittel- und langfristig zu evaluieren, was aus den so entwickelten Leuten geworden ist – stets natürlich unter Wahrung der Vertraulichkeit. Es gäbe natürlich nichts Schöneres, als wenn einer unserer Career-Check-Kandidaten eines Tages auf einer High-Potentials-Liste auftauchen würde. Wobei ich überhaupt kein Problem habe, wenn jemand erklärt: „Ich habe einen Career-Check gemacht, bin aber nach einem Jahr Probieren und Perspektivenwechsel zu dem Schluss gekommen, dass ich den optimalen Job für mich bereits habe, und bleibe da." Dann sage ich: „Prima!"

Was müsste am Projekt Opportunity-Management noch verbessert werden?
Wir haben zum Beispiel die Awareness-Workshops und deren Ablauf modifiziert. Dazu wurden kleine Lunch&Learn-Sessions eingeführt, die super ankommen und jedes Mal ausgebucht sind. Was wir noch auf der Agenda haben, ist die nachhaltige Sicherung des Mandats des Managements in Basel. Da ist mir nicht bange, weil das Opportunity-Management inzwischen Möglichkeiten geschaffen hat, die wohl niemand mehr missen möchte.

Was würden Sie anderen Firmen raten, die das Opportunity-Management bei sich einführen wollen? Wovon hängt der Erfolg in erster Linie ab?
Man braucht unbedingt begeisterte Leute, die Lust haben, so ein Projekt auf die Beine zu stellen. Dann muss eine Firma einen klaren Bedarf beziehungsweise einen Mehrwert benennen können. Es ist eine Art Storyline erforderlich, damit das Opportunity-Management nicht schräg in der Landschaft der bisherigen hausinternen Personalarbeit steht. Nicht zuletzt braucht es finanzielle und ideelle Unterstützung des Managements.

Wie präsentiert sich das Opportunity-Management im Idealfall in fünf Jahren bei Roche?
Es ist ein Selbstverständnis und kein Projekt mehr. Wir genießen große Anerkennung am Firmenstandort und verfügen über das volle und zeitlich unbeschränkte Commitment des Top-Managements. Wir haben im Recruiting eine messbare Quote von internen Stellenbesetzungen mit unseren Kandidaten, dazu ein fest etabliertes Perspektivenwechsel-Programm. Das Neuorientierungszentrum sollte idealerweise auf ein Minimum zurückgefahren werden können.

Biografie Alexander von Faber
Alexander von Faber ist seit 2015 HR Business Partner bei der Hoffmann La-Roche AG in Basel. Davor bekleidete er während 2 Jahren die Rolle des Head of Training and Development bei der Shanghai Roche Pharmaceuticals Ltd. Von 2009–2013 war er in der gleichen Funktion bei der Hoffmann La-Roche AG in Basel tätig. Von 2005–2009 war er Leiter der Führungskräfteentwicklung im selben Unternehmen. Den Einstieg in seine Berufslaufbahn tätigte er als Referent in der Personalentwicklung bei Roche Diagnostics in Mannheim und Penzberg. Alexander von Faber ist ausgebildeter Psychologe und hat sich in der Systemischen Beratung und in der Organisationsentwicklung weitergebildet.

Sabine Wetzel, T-Systems (Schweiz) AG 16

Auf dem Weg in die Selbstorganisation: Wie T-Systems Schweiz in einem Pilotprojekt die Kraft des Selbstmanagements entdeckt

„Die selbstorganisierte Unternehmung" ist in aller Munde. Während in der Theorie das Konzept hinreichend bekannt ist, gibt es in der Praxis erst wenige Unternehmungen, die sich an der Idee versuchen. Eine Ausnahme ist T-Systems Schweiz, eine Tochter der Deutschen Telekom. Im Programm „Empower to Perform" hat die Unternehmung damit begonnen, Managern und Mitarbeitenden Führung ohne Hierarchien in einem pragmatischen und greifbaren Format zugänglich zu machen. Die Echos und Resultate sind sehr ermutigend, sodass das Programm größere Wirkung entfalten soll. Der vorliegende Beitrag zeigt auf, wie dabei vorgegangen wird.

Sabine Wetzel, Sie sind die Leiterin der Personalentwicklung für die T-Systems Schweiz. Was hat Sie dazu bewogen, sich mit der Idee der „selbstorganisierten Unternehmung" auseinanderzusetzen?

Unsere ICT-Branche ist ein sprechendes Beispiel dafür, wie rasch und weitreichend sich Märkte verändern. In den letzten Jahren haben Geschwindigkeit, Unsicherheit, Komplexität und Widersprüchlichkeit – die bekannte VUCA-Formel – in der Wirtschaft enorm zugenommen. Führungskräfte, die sich in diesem Chaos zurechtfinden wollen, stehen vor großen Herausforderungen, denen wir im Allgemeinen mit altem, herkömmlichem Führungswissen entgegnen wollen. Wenn ein Bereich keinen Gewinn mehr macht, ist der erste Reflex oft eine Restrukturierung: die Kosten werden gesenkt, ohne dass betrachtet wird, dass diese gar nicht am Ursprung des Übels stehen, sondern die mangelnde Fähigkeit der Führung, von Veränderungen zu lernen.

© Springer Fachmedien Wiesbaden GmbH 2017   149
M. Kres, *Mutmacher: Unternehmen stärken durch mutige Führung,*
DOI 10.1007/978-3-658-14288-9_16

Veränderungen sind doch Alltag: Weswegen sollen die Führungskräfte daraus nichts lernen?
Wenn Menschen mit unbekannten Herausforderungen konfrontiert werden, reagieren sie mit dem Verhaltensdispositiv, das sie erlernt haben. Wir tun das, was wir immer schon getan haben und wenn etwas gar nicht mehr geht, dann tun wir eben noch mehr vom Gleichen. So reagieren wir auf Veränderungen damit, dass wir immer schneller in einem Hamsterrad drehen. Das Resultat dieses „immer mehr vom Gleichen" ist jedoch ernüchternd: Der stets steigende Planungsaufwand, die immer kürzeren Reporting Zyklen und der damit verbundene Zeitaufwand für die Datenaufbereitung, sind frustrierend. Führungskräfte und Mitarbeiter haben trotz enormer Anstrengungen den Eindruck, sich kaum mehr vom Fleck zu bewegen. Dieser Aktionismus ohne sichtbare Resultate macht müde – und wer müde ist, lernt nichts.

Wie kann es denn anders gehen?
Ich bin überzeugt, dass Menschen und Unternehmen dann überdurchschnittlich erfolgreich sind, wenn sie stärken- und potenzialorientiert arbeiten. Menschen entfalten dann ihr volles Potenzial, wenn sie das was sie tun auch gerne tun, wenn ihr Potenzial mit der Rolle im Unternehmen im Einklang steht. Wenn sie sich einbringen und mitgestalten können, eigenverantwortlich agieren und entscheiden, Verantwortung für ihr Handeln übernehmen. Heute jedoch halten wir durch beschränkende Prozesse und Strukturen die Leute davon ab, ihr Potenzial zu nutzen. Meiner Ansicht nach wird die klassische Führung in Zukunft abgelöst durch Selbstführung mit verteilten Entscheidungsprozessen in netzwerkartigen Gefäßen. Selbstführung gelingt dann, wenn Menschen verortet sind mit ihren Ressourcen, d. h. über eine ausgeprägte Resilienz verfügen und einen achtsamen Umgang mit sich selbst und ihrem Umfeld pflegen. Meine Leitgedanken dazu sind zwei bekannte Zitate von Peter F. Drucker, dem Pionier der modernen Managementlehre: „Nur wenige Führungskräfte sehen ein, dass sie letztlich nur eine Person führen müssen, nämlich sich selbst" sowie „die erste und vorrangige Aufgabe von Führungskräften ist es, sich um ihre eigene Energie zu kümmern und dann zu helfen, die Energie anderer nutzbar zu machen".
Ich habe mir überlegt, wie ich diese Leitgedanken in die Praxis umsetzen kann. Ich wollte nicht einen weiteren klassischen Changeprozess machen, sondern Erfahrungsräume schaffen, in denen die anstehenden Lernprozesse entstehen können. Kulturentwicklung und Einstellungsveränderung lassen sich ja bekanntlich nicht „machen" oder per Knopfdruck produktiv setzen. Selbstorganisation ist eine Haltung – sich selbst und anderen gegenüber.

Sie haben sich entschieden, die Idee bei T-Systems Schweiz im Projekt „Empower to Perform" umzusetzen. Was war der Anlass?
Der Auslöser war für mich eine Führungskraft, die mich Ende 2015 angefragt hat, sie in einem klassischen Change-Prozess in einem kundensensitiven Bereich zu unterstützen. Es ging um Zukunftsgestaltung. Der Prozess sollte traditionell anhand einer Blaupause aufgesetzt werden. Geplant war der top down orientierte, klassische Weg von A nach B, die Definition eines Zielbilds (Sollzustand). Terminierte Meilensteine und eine

kaskadenförmige Implementierung sollten den Weg zum Ziel sicherstellen, untermauert mit umfassenden Analysen als Entscheidungsgrundlage. Also „mehr des Gleichen", ein weiteres Programm der Sorte „Gap-Analysen mit Zielen zur Erreichung des Soll-Zustands".

Meine Einschätzung dazu war, dass der Prozess auf diese Weise wenig Chancen gehabt hätte, erfolgreich umgesetzt zu werden. Die Ratio dominierte das Herz. Die skizzierte Herausforderung des Zielbereiches eignete sich bestens dafür, Dinge anders und neu zu denken. Ich überzeugte die verantwortliche Führungskraft und den Bereichsleiter, mit dem Projekt „Empower to Perform" einen anderen Weg zu gehen – einen Weg, bei dem das Herz über den Verstand dominieren und bei dem das Prinzip „Selbstmanagement" viel mehr Gewicht bekommen sollte, eine Haltung, die bei T-Systems Schweiz im Grunde bereits vorhanden ist, jedoch in der Praxis noch viel zu wenig gelebt wird.

Das Herz soll über den Verstand dominieren. Ist das nicht etwas gewagt?

Ich wollte Wirkung erzielen. Ich verzichtete auf einen durch alle Instanzen abgesegneten Projektbeschrieb für die geplante Transformation und entschied mich bei diesem Pilotprojekt für einen anderen Weg. Für mich war es entscheidend, Räume für Selbsterfahrung zu schaffen, d. h. den Beteiligten keine Modelle zu vermitteln, sondern sie in Bewegung, ins Tun zu bringen. Wir beschränkten uns auf einen klassischen „Roll-out" Plan und das Design der wichtigsten Module, wohl wissend, dass wir diesen Ablaufplan und die Gestaltung der Module vermutlich nach der ersten Veranstaltung wieder ändern mussten. Zusammen mit ProMove TM, einem Unternehmen, das Unternehmen in der Gestaltung von Selbstmanagement-Systemen unterstützt, setzte ich auf raumgebende Kulturarbeit. Das Projekt sollte sich an einfachen Zielen orientieren, die sich ganz bewusst von bestehenden Zielgrößen im Unternehmen abhoben, und die die Menschen in ihren Herzen berühren:

1. Wir möchten wieder vermehrt Freude in der Zusammenarbeit verspüren.
2. Wir möchten unser Potenzial mit unserer Rolle im Unternehmen in Einklang bringen.

Perfekte Themenstellungen also, um Selbstmanagement im Unternehmen einzuführen und Selbstmanagement ist ja im Wesentlichen Kulturarbeit.

Wie sind Sie dabei vorgegangen?

Als Erstes ging es darum, auszuloten, in welchem Stadium der organisationalen Energie sich die betreffende Organisationseinheit befand, um geeignete Maßnahmen für die Transformation abzuleiten. Dafür haben wir mit den Beteiligten Career-Checks durchgeführt. Career-Checks sind wissenschaftlich validierte, vertrauliche Standortbestimmungen für Menschen, die ihrer Karriere neuen Schwung verleihen möchten. Er unterstützt Fach- und Führungskräfte darin, besser mit VUCA umzugehen, ihr Potenzial in ihrem Arbeitsumfeld besser zu nutzen und in die Eigenverantwortung zu gelangen. Eine Standortbestimmung dauert 1,5 h/Person. Ziel ist es jeweils, in die Umsetzung zu kommen und einen Aktionsplan zu erstellen, auf dessen Basis das Individuum sich eigenverant-wortlich bewegen kann.

Die individuellen Career-Checks wurden anschließend in einem kollektiven Transfor-mation-Check aufbereitet. Der Transformation-Check ermöglicht, das Prinzip „Selbst-management" auf die organisationale Ebene zu übertragen. Er fokussiert auf dem Prinzip „Selbstmanagement". Er zeigt auf, wo Veränderungsprojekte auf die größten Wider-stände stoßen, wo sie aber auch die größte Hebelwirkung erzielen können. Sie können Interventionen in der Folge dort ansetzen, wo die größte Veränderungsdynamik herrscht und die Eigenverantwortung der Beteiligten am höchsten ist. Eine Erkenntnis des Trans-formation-Checks etwa war, dass die Zielgruppe des Projekts ein überdurchschnittliches Engagement an den Tag legte, dieses aber einem sehr geringen Willen für Veränderung gegenüberstand, was wiederum die Menschen über die Massen ermüdete.

Auf dieser Erkenntnis haben wir als erstes ein Achtsamkeits- und Resilienztraining „Zen&Work" konzipiert. Ziel des Trainings sollte es sein, die eigene Achtsamkeit und die Resilienz für den Umgang mit VUCA zu erhöhen. Die Idee war, eine Art Mental-training anzubieten, ein Work-out fürs Gehirn also, welches bei regelmäßigem Praktizie-ren nachweislich positive Veränderungen in der menschlichen Gehirnstruktur hinterlässt. Wir haben uns für Meditation, dabei die Variante ZEN entschieden – Yoga, MBSR, etc. wären Alternativen gewesen. Wir praktizierten im Team ZEN-Meditation inmitten des Business Alltags als Oase der Ruhe für die im Geist kreisenden Gedanken. In dem Moment des „Innehaltens" kamen die Menschen wieder mit ihren Ressourcen in Kon-takt, und wurden sich bewusst, wie sie durch eine korrekte Haltung und Atmung zur Ruhe kommen und Kraft tanken können. Alle Smartphones waren übrigens weggelegt, damit wir zu 100 % im Hier und Jetzt sein konnten. Es herrschte pure Stille, ein guter Kontrast zu dem hektischen Arbeitsalltag!

Aufbauend auf diesem Nährboden der Achtsamkeit haben wir eine Workshop-Kas-kade angeboten, wo wir das Thema der Führung ohne hierarchische Macht vertieft und in eigenverantwortliches Handeln überführt haben. Das Echo der Workshops war sehr ermutigend. Aus den wild zusammengewürfelten Teilnehmenden – die Workshops waren im Unternehmen öffentlich ausgeschrieben – ergab sich schon rasch eine Gemeinschaft, die sich selbst stützte und in Bewegung setzte.

Wie konnten Sie die Führungskräfte und die Mitarbeitenden für das Projekt gewinnen?

Ich war mir bewusst, dass die Führungskräfte und Mitarbeitenden diesem Projekt mit Skepsis gegenüberstanden. Vermeintlich ein weiteres Programm, das vordergründig zur Mitgestaltung einlud, die Ziele jedoch bereits vom Management definiert wurden und man nun versuchte, die Menschen subtil in die richtige Richtung zu bewegen. Dies in einer Zeit, in der alle Beteiligten bereits am Anschlag waren und der Alltag von Aktivis-mus geprägt war.

Deswegen war ich der Meinung, dass den Ansatz umdrehen sollten – wir soll-ten selbst definieren, worum es ging, und dies auf der Basis dessen, was uns wirklich antreibt: Unserer eigenen Grundannahmen und Glaubenssätze. Zunächst wollte ich also die Führungskräfte in einem ersten Workshop in ihrem ureigenen „Ich", ihren Glaubenssätzen ansprechen. Ein heikles Unterfangen, normalerweise getraut man sich ja eher nicht, auf diese Ebene vorzudringen, wir geben ja dann die vermeintliche Kontrolle über das Geschehen ab und müssen uns auf das einlassen, was ist und entsteht. Wir wussten zum Beispiel nicht, was passiert, wenn die Führungskräfte begannen, über ihre Ängste zu sprechen. Der etablierte Führungsanspruch suggeriert ja, dass man alles wissen muss – und dabei sind zurechtgebogene Key Performance Indices oftmals ein willkommener Orientierungspunkt. Dabei ging es in Wirklichkeit sehr einfach: Wir sind vor die Leute hin gestanden und haben offen erklärt, dass wir keine Ahnung haben, wohin das Ganze führt. Wir haben aber auf die Ziele und Rahmenbedingungen des Projekts hingewiesen und gesagt, dass ein derartiger Prozess stets einen ungewissen Ausgang habe und es vielmehr um die gemeinsame Erfahrungsreise dorthin gehe. Das Resultat war nicht Ablehnung, sondern im Gegenteil Neugier und Engagement, da wir alle vom Gleichen – also vom Ungewissen – gesprochen haben. So haben wir gleich zu Beginn der Arbeit Erwartungen angeglichen und gleichgerichtete Energien geschaffen.

Sie haben also wissentlich mit Unwissen gearbeitet.

Die Ausgangslage war herausfordernd. Die Leute waren es gewohnt, sich an Zielen zu orientieren, auch wenn sie inhaltlich nur teilweise damit einverstanden waren. Man forderte mehr Freiraum, Dinge anders gestalten zu können. Man geht davon aus, wissen zu müssen, wohin die Reise geht, sonst macht man sich ja nicht auf den Weg. Zielklarheit suggeriert vermeintliche Sicherheit und Orientierung. Und trotzdem dominiert in der Praxis in der Regel die „Ja aber" Haltung: „Ziele ja, aber die Zielvorgaben sind die falschen, der Weg dahin wird nicht gehen, wir machen's aber es wird schiefgehen, etc." Diskussionen über die „richtigen" Ziele und den „richtigen" Weg waren bekannt und schienen mir nicht der richtige Weg, um weiterzukommen. Über Unsicherheit und Ängste zu sprechen, war zunächst unbekanntes Terrain. Misstrauen herrschte vor, irgendein „Haken" musste an der Sache sein.

Wie sind Sie damit umgegangen? Was hat Ihnen geholfen?

Die verantwortliche Führungskraft, also der Auftraggeber, der zuständige Bereichsleiter und der HR Director waren sehr überzeugt von dieser anderen Vorgehensweise, dem „weniger ist mehr", das war eine entscheidende Voraussetzung. Zudem sind die Mitarbeiter direkt auf das Angebot der Career- Checks eingestiegen, der persönliche Nutzen und die Impulse für die eigenverantwortliche Karrieregestaltung war offensichtlich erkennbar. Sie haben sich mit Offenheit, Neugier und viel Engagement auf diesen Prozess eingelassen.

Auch das Verhalten der Führungskräfte im ersten Workshop „Führen ohne hierarchische Macht" hat mich zuversichtlich gestimmt. Sie waren – trotz anfänglicher Skepsis – begeistert, welcher vertrauens- und kraftvolle Rahmen durch das Sprechen und Gestalten von Unsicherheit entstanden ist. Das Bewusstmachen und die Auseinandersetzung mit den eigenen Glaubenssätzen, die Konzentration auf Stärken und das, was heute bereits funktioniert, war – so die Stimmen der Teilnehmer – fundamental anders als das, was sie bisher kannten.

Sehr hilfreich waren die Ergebnisse des Transformation-Checks, die „Energieland-karte" des Bereiches. So wussten wir, was wir in den weiteren Interventionen berück-sichtigen mussten: wo die Widerstände lagen und wo bereits positive Energie bzw. eine gute Qualität der Zusammenarbeit vorhanden war, auf welchen positiven Verstärkern wir aufbauen konnten. Es war sehr wichtig für mich, konsequent auf Stärken aufzubauen und keine Defizite beseitigen zu wollen.

Welche Erfahrungen haben Sie am meisten überrascht im Projekt?
Für mich entscheidend waren eigentlich vier Erfahrungen:

Erstens: Vom Musterbruch zur Mustererweiterung
Wir wurden oft mit der Frage konfrontiert, wie sich denn Selbstorganisation in einen durchorganisierten Konzern einfügen lässt. Die Antwort darauf: Gar nicht. Selbstor-ganisation verstehen wir nicht als Musterbruch, sondern als erweitertes Denkmuster für Führung und Mitarbeitende. Es geht nicht darum, das Bestehende infrage zu stel-len, sondern ein neues, attraktives Verhaltensmuster zu entwickeln, das die Leute dann freiwillig ausprobieren können. Es geht gar nicht darum, die Vor- und Nachteile für die bestehende Führung zu diskutieren und uns der Frage zu widmen, wie Führungskräfte bei der hoffentlich erfolgreichen Einführung der für das Thema notwendigen Haltung dann ihre Verhaltensweisen verändern sollen. Jedes Mal, wenn wir die Diskussion an dieser Seite – also top down – angesetzt haben, liefen die Gespräche ins Leere. Viel sinnvoller ist es nach der gemachten Erfahrung, einfach etwas Neues entstehen zu las-sen. Dabei ist es irrelevant, ob die Initiative bottom-up, top down oder querbeet gestartet wird: Hauptsache man tut es!

Zweitens: Weniger ist mehr
Wir haben erfahren: weniger ist mehr. Bei diesem Versuch, die Kraft des Selbstma-nagements im definierten Zielbereich einzuführen, tauchte eine Vision oder eine Stra-tegie des Auftraggebers auf, die ins Programm eingeflochten werden sollte, was wir auch versucht haben. Rückblickend betrachtet, bin ich heute klar der Meinung, dass dies ein Fehler war. Wir hätten konsequent jedes fremde Zielbild ablehnen sollen. Ent-weder lassen wir die Menschen selbst Verantwortung für den Prozess übernehmen oder wir bleiben selbst in unseren alten Mustern verhaftet und versuchen sie für eine Idee zu gewinnen. Es braucht mitunter Mut, mit dem Auftraggeber und seinen Vorgesetzten zu klären, dass es bei einer Transformation weder um ihre Vision noch um ihre Strategien und Ziele geht, sondern in allererster Linie um Kultur. Management by objectives funk-tioniert bei der Selbstorganisation – wie ja auch bei vielen anderen Führungsmodellen – nicht! Die Ziele ergeben sich stets aus dem Dialog mit den beteiligten Menschen. Die Ziele bei unserem Projekt mögen banal klingen, aber dahinter steckt eine starke Grund-annahme: Menschen sind gut. Sie wollen engagiert zusammenarbeiten. Sie können mehr,

als wir glauben. Sie verstehen, was sie tun. Sie können eigenverantwortlich handeln. In den Workshops wurden wir auch darauf angesprochen, dass derartige Glaubenssätze naiv seien und Menschen in der Praxis nur durch Planung und Kontrolle zu Höchstleistungen angetrieben werden können. Wir stellten dann die Gegenfrage: Habt ihr es schon einmal versucht? Die Antwort ist dann oft betretenes Schweigen. Unsere eigenen Glaubenssätze hindern uns daran, durch weniger mehr erreichen zu können.

Drittens: Es geht nicht um Strukturen, sondern um Erfahrungsräume.

Es hat eine Weile gedauert, bis wir herausgefunden haben, welche Formate im bestehenden Umfeld die größte Wirkung erzielen. So haben wir bei der ersten Durchführung mit verschiedenen Großgruppenformaten experimentiert, um das hohe Engagement der Mitarbeitenden zur Schaffung einer positiven Transformationsenergie zu nutzen. Die Gefahr dabei war stets, dass wir uns nicht von bestehendem Denken lösen konnten. Kontinuierlich haben uns klassische Denk- und Lösungsansätze davon abgehalten, umzudenken und am System, und nicht im System zu arbeiten. Im Rückblick hätten wir uns von vielen durchgetakteten Kollektivformaten früher verabschieden und uns darauf konzentrieren können, eigentliche Erfahrungsräume zu schaffen. Das wirkliche Umdenken haben wir erzielt, als wir den Workshop „Zen&Work" eingeführt haben. Hier entstanden die tiefgründigen kollektiven Erfahrungsräume für Selbstreflexion und der individuelle Mut, zu sich selbst zu stehen. Außerdem konnten wir in sämtlichen folgenden Aktivitäten auf diese sehr schönen Erlebnisse hinweisen und so stets positive Energie für den Transformationsprozess schöpfen.

Viertens: Mut zum Experimentieren

Mut ist bei der Deutschen Telekom eine Einladung, eine Eigenschaft, die im Verhaltenskodex genannt wird. Ich bin heute überzeugt, dass Mut zum Experimentieren zum Design eines derartigen Prozesses gehört. Kein Erfahrungsraum ist gleich wie der andere. Wenn wir mit der Teamenergie mitgehen wollen, bedeutet dies auch, von allfälligen Agenden für Workshops Abstand zu nehmen. Es ist oft passiert, dass wir zwar Handouts und Fallstudien vorbereitet haben, diese aber in der Interaktion mit den Menschen gar nicht benutzt haben. Viele Beispiele entstanden ad hoc, aus der täglichen Erfahrung der Teilnehmenden. Es gehört zu den Größen der Führung der T-Systems Schweiz AG, dass uns diese Freiheiten zugestanden wurden. Ein besonderer Moment war, als das Management Board der T-Systems Schweiz – inspiriert durch Resonanz und Wirkung von „Empower to perform" – sich ebenfalls auf das Experiment eingelassen hat, einen Workshop für sich zu gestalten, bei dem es im Hier und Jetzt um die Gestaltung von Erfahrungsräumen ging – ohne KPIs, Score Cards o. Ä.

Wenn Sie nun auf das Projekt zurückblicken: Was ist der Nutzen des Ansatzes für die Firma und die Mitarbeitenden?

Für alle durchgeführten Workshops haben wir ein qualitatives Feedback der Teilnehmer eingeholt. Die Evaluation der Rückmeldungen zeigt eine sehr erfreuliche Resonanz: Nahezu 100 % der Teilnehmer bestätigt, dass der jeweilige Workshop sie darin unterstützt, in ihrem beruflichen Alltag mehr Wirkung zu erzielen. Die Teilnehmer zeigten sich überzeugt, dass die in den Workshops erworbenen Erkenntnisse und gemachten Erfahrungen ihre Perspektive und die Handlungsspielräume für die tägliche Arbeit erweitern. Die neuen Denk- und Verhaltensmuster – vermittelt in einem ebenfalls neuen „Set-up" – haben alle Teilnehmer ermutigt, ihre Eigenverantwortung verstärkt wahrzunehmen. T-Systems Schweiz hat sich auf den Weg gemacht, die Kraft der Selbstorganisation zu erfahren.

Es gab zahlreiche „Aha-Momente", die Menschen haben sich Zeit genommen, über sich und das System als solches nachzudenken, um Handlungsoptionen und Impulse zur Steigerung ihrer Wirkung im Alltag zu entwickeln. Sie haben Mut gezeigt, etwas Neues auszuprobieren und ihren Gestaltungsspielraum vermehrt zu nutzen. Die Konzentration auf Stärken und das was geht, die Reflexion über die je eigenen Glaubenssätze und darüber was die Leute antreibt, motiviert oder auch blockiert, hat Energie freigesetzt. Die Mitarbeiter haben begriffen und erfahren, wie wichtig es ist, die Karriere eigenverantwortlich zu gestalten, überhaupt den eigenen Wirkungsradius zu erweitern und die Verantwortung für das eigene Handeln zu übernehmen. Mitarbeiter und Führungskräfte haben die Chance erhalten, ihre Potenziale zu ergründen und können sich nun darüber Gedanken machen, wie sie diese nun in Folge mit ihrer Rolle im Unternehmen in Einklang bringen können.

Ein wichtiger Aspekt ist auch die Vernetzung, der vertrauensvolle Austausch von Führungskräften und Mitarbeitern untereinander, die Erfahrung, die sie gemacht haben, dass man über Unsicherheit, Widerstand und Ängste sprechen kann und dadurch an Stärke gewinnt. Der anfängliche Glaubenssatz, dass Leistung und Entwicklung nur durch Wissen erzielt werden kann, haben die Teilnehmer im Verlauf des Prozesses abgelöst durch die Erfahrung, dass Stärke und Kraft entstehen kann, wenn man loslässt und sich auf das einlässt, was ist und entsteht. Erweiterte Perspektiven, neue Denk- und Handlungsmuster, Selbstreflexionskompetenz, vermehrt mutiges und wirkungsorientiertes Handeln und, daraus resultierend, ein gesteigertes Energiepotenzial der einzelnen Personen und der Organisation allgemein begründen aus meiner Sicht den zentralen Nutzen.

Zudem haben wir einen Relax-Raum eingerichtet und mit Meditationsmaterial ausgestattet. Jeder Mitarbeiter kann diesen Raum buchen, über Mittag oder wann immer ein Moment der Ruhe, die Konzentration auf den Atem, das Loslassen des Gedankenkarussells zum Kraft tanken und Fokussieren benötigt wird.

Was haben Sie persönlich aus dem Prozess gelernt?

Es braucht Zeit und konsequentes Durchhaltevermögen, um neue Denkweisen zu entwickeln, die genügend attraktiv sind, um die alten im Zeitverlauf abzuwechslen, den Wandel sozusagen durch eine evolutionäre Sicht der Dinge entstehen zu lassen. Sehr entwaffnend ist die Erkenntnis, dass die Änderung der Sichtweise auf die Dinge völlig neue, unerwartete Perspektiven entstehen lassen kann, es quasi darum geht, die Fähigkeit zu erlernen, mit den Umständen umzugehen und nicht die Umstände per se ändern zu wollen.

Es braucht intensives Coaching, Ermutigung, das neu erlernte Verhaltensdispositiv zu üben, auszuprobieren, Fehler zu machen, seine Erfahrungen zu teilen in Feed-Forward Schleifen. Hier wird das für die Zukunft erwünschte Verhalten trainiert anstelle den Blick auf die Vergangenheit zu richten. Die Führungskräfte müssen darin unterstützt und begleitet werden, wie sie für ihre Mitarbeiter Erfahrungsräume schaffen und diese begleiten können. Das Trainieren der neuen Verhaltensmuster ist kein Selbstläufer. Zu stark sind die Kräfte, die die Menschen wieder in ihr „altes" Verhaltensdispositiv zurückfallen lassen. Auf die Führungskräfte muss ein besonderes Augenmerk gerichtet werden, ihre Skepsis bzw. Angst vor Kontroll- und Machtverlust muss in Erfahrungen münden, bei denen sie entdecken, dass sie Raum gewinnen für andere Führungsaufgaben, um sich in ihrer Führungsrolle weiter zu stärken.

Ich habe sehr viel über mich selbst gelernt, zwischendurch spürte ich meine Ungeduld, meine implizite Erwartungshaltung, dass jetzt Ergebnisse, erste Veränderungen sichtbar werden müssen und habe mich des Öfteren dabei ertappt, wie ich selbst in meinen Verhaltensmustern verhaftet bin. Mit der Zeit konnte ich mir hier mit einem Lächeln begegnen. Ich selbst habe in diesem Projekt sehr viel Enthusiasmus gespürt, die Career Coachings, Workshops, Gespräche und gemeinsamen Erfahrungen mit den Teilnehmern waren insgesamt „Kraftspender" für mich im Vergleich zu den „Energieräubern", die es ja in jedem Alltag ebenfalls gibt. Ich habe selbst erfahren durch dieses Projekt, wie viel mehr Kraft und zielgerichtete Energie ein Mitarbeiter freisetzen kann, wenn er Dinge mit Herzblut tut bzw. Wege findet, Dinge für sich neu oder anders zu gestalten.

Worauf möchten Sie in Zukunft vermehrt achten?

Ich möchte verstärkt Gefäße schaffen, Erfahrungsräume gestalten, überzeugte Führungskräfte und Mitarbeiter dafür gewinnen, ihre Erfahrungen offen einzubringen und auszutauschen. Darüber zu reden, was gut gelang und welche Stolpersteine es allenfalls gab. Ich möchte Menschen ermutigen, über ihre ganz persönliche Veränderung und die erzielte Wirkung zu sprechen, Tandems bilden für Feed-Forwards und unsere Geschäftsleitung der T-Systems Schweiz dafür noch stärker und expliziter einbinden.

Das Angebot für Mitarbeiter und Führungskräfte, einen Career-Check durchzuführen, die Möglichkeit für ein Team, eine Abteilung oder einen Geschäftsbereich, ihre organisationale Energie zu messen als Grundlage für die Gestaltung ihrer Zusammenarbeit werden ebenso bestehen bleiben wie das Angebot zur Teilnahme an den Workshops.

Was möchten Sie dafür nicht mehr tun?

Change Prozesse im klassischen top-down Set-up realisieren, Prozesse, Strukturen und das Verhalten von Menschen „modellieren" – das möchte ich nicht mehr tun. Ebenso kraftlose Ziele in Form von Zahlen und KPIs verfolgen und Abweichungen vom Sollzustand überwachen. Dabei gehen das Bewusstsein und der Fokus für die organisationale Energie, der Blick für die wirklichen Hebel für Veränderung verloren.

Was würden Sie anderen „Mutmachern" raten wollen, die einen ähnlichen Prozess ange-hen wollen?

Sich zuerst über die eigenen Glaubenssätze bewusst zu werden, das ist die Grundlage für den Erfolg. Mutig und beharrlich zu sein, Menschen dafür zu gewinnen, die Kraft des Nichtwissens zu erfahren. Selbstorganisation lässt sich nicht im Kopf designen, man muss den Weg gehen und diese Haltung verinnerlichen.

Biografie Sabine Wetzel

Sabine Wetzel ist seit 2008 Leiterin HR-Development bei der T-Systems Schweiz AG. Sie verfügt über langjährige Führungserfahrung in der ICT-Branche. Drei Jahre war sie verantwortlich für die Rekrutierung und amtete als Stellvertreterin des HR-Directors. Ihre Fokusthemen heute sind: Führungs- und Organisationsent-wicklung, Coaching, Mentoring und Talent Management sowie Mindfulness und Resilienz.

Vom Mut, sich gegenüber Kollegen zu öffnen: Wie ein Kooperationsverbund von Steuerberatern den Markt revolutioniert

Herr Bodmann, Sie sind Rechtsanwalt und Steuerberater bei der HSP STEUER Henniges Schulz & Partner Steuerberatungsgesellschaft in Hannover. Diese Kanzlei stellt die Keimzelle der HSP GRUPPE dar, einem Kooperationsverbund für Steuerberater, Rechtsanwälte und Wirtschaftsprüfer, in dem sich während der letzten Jahre mehr als 90 Berufsträger zusammengeschlossen haben, die mit ihren Kanzleien mehr als 580 Menschen beschäftigen. Eine Erfolgsstory. Worauf führen Sie das zurück?

Holger Bodmann: Das Fundament für diesen Erfolg wurde tatsächlich am 1. Juli 2004 bei der Gründung unserer Kanzlei in Hannover gelegt. Carsten Schulz, Silke Henniges und Ina Ansorge hatten bereits bei ihrem Zusammenschluss die Vision, eine hochmoderne Steuerkanzlei zu entwickeln. Mit einem professionellen, durchdachten Außenauftritt, mit Prozessen, die Effizienz und Qualitätssicherung garantieren und einer leistungsstarken EDV, deren Betreuung allerdings von Anfang an außerhalb der Kanzlei im Rechenzentrum der DATEV eG angesiedelt sein sollte. Für all diese Bereiche wurden anspruchsvolle Leistungskriterien erarbeitet, die dann von professionellen Dienstleistern – wie etwa der Werbeagentur brigade eins, mit der wir heute noch zusammenarbeiten – erbracht wurden. Das hatte zur Folge, dass sich Führungsebene der Kanzlei auf ihr Kerngeschäft und die Mandaten-Akquise konzentrieren konnte. Mit dem Ergebnis, dass HSP STEUER Hannover – so unser Markenauftritt – im Vergleich zum Gesamtmarkt überdurchschnittlich wachsen konnte.

Hört sich nach einer zwar erfolgreichen, aber dennoch eher normalen Gründung an? Wie kam es daraufhin zum Kooperationsverbund?

In der Kombination der genannten Schlüsselfelder Außenauftritt, Prozesse und EDV und in der konsequenten Umsetzung der dazu definierten Qualitätsziele wurde diese

© Springer Fachmedien Wiesbaden GmbH 2017
M. Kres, *Mutmacher: Unternehmen stärken durch mutige Führung*,
DOI 10.1007/978-3-658-14288-9_17

Gründung in der Branche keineswegs als normal angesehen. Im Gegenteil, hinsichtlich dem Umfang und der Umsetzungskonsequenz ihrer Visionen haben die Gründer hier wirklich Mut bewiesen. Schnell trat daher auch die DATEV eG, bis heute unser enger Partner und Branchenführer bei Steuerberatungssoftware, an HSP STEUER Hannover heran, um uns als Referenzkanzlei zu gewinnen. Klar, dass die Gründer diese Chance dankbar annahmen. In den folgenden Jahren referierte Carsten Schulz in zahlreichen Vorträgen vor insgesamt mehr als 2500 Zuhörern. Aus dieser Tätigkeit resultierten viele Anfragen von Kollegen, die in ihren Kanzleien aber häufig zunächst nur Teillösungen implementieren wollte. Da der Erfolg aber vom Zusammenspiel abhängt, wurde die HSP GRUPPE gegründet, innerhalb der Kanzleien ein Komplettpaket nutzen können, das sie in vielen Bereichen entlastet und ihnen die Konzentration auf ihr Kerngeschäft – professionelle Steuer-, Wirtschafts- und Rechtsberatung ermöglicht.

Wie funktioniert das Modell?

Die HSP GRUPPE ist ein Kooperationsverbund. Einer unserer Grundsätze ist, dass unsere Mitglieder Räder nicht neu erfinden müssen, sondern die Lehren und Lösungen der anderen nutzen können. Dadurch steigt für alle Bereiche das Qualitätsniveau im Vergleich zu einem Szenario, bei dem sich jede Kanzlei selbst um bestimmte Aufgaben kümmern müsste. Das fängt ganz banal beim Außenauftritt an. Alle HSP-Kanzleien nutzen eine hochmoderne Website, die zudem für mobile Endgeräte optimiert ist. Ließe man so etwas von einem Webdesigner individuell entwickeln, spricht man schnell von einer Investition im höheren fünfstelligen Bereich. Die HSP GRUPPE hingegen hält Lösungen fürs Corporate-Identity vom Kugelschreiber über die Kaffee-Tasse bis hin zum Firmenschild vor. Das entlastet natürlich vor allem kleine Kanzleien, die oft weder das Knowhow noch das Budget für Marketing in diesem Umfang haben. Allerdings erfordert der Schritt des neuen Marktauftritts auch Mut. Denn man muss sich überwinden, das alte Firmenkleid abzulegen und das neue HSP-Gewand anzulegen. Hier gibt es erfahrungsgemäß durchaus Bedenken bei neuen Mitgliedern. Bislang haben sich alle Ängste – etwa im Hinblick auf Mandantenreaktionen – als unbegründet erwiesen.

Aber auch im Inneren einer Kanzlei sind Veränderungen unvermeidbar. Momentan arbeiten wir beispielsweise an einem einheitlichen Kanzleimanagementsystem nach dem EFQM-Modell, was doch recht ungewöhnlich ist für Steuerkanzleien. Durch eine intensive Zusammenarbeit innerhalb der Gruppe können wir schneller voranschreiten als eine Einzelkanzlei. Der Clou des Kooperationsverbundes HSP GRUPPE ist aber das Folgende: Jede Kanzlei ist und bleibt unternehmerisch völlig eigenständig. Es gibt keinerlei gesellschaftsrechtliche Verflechtung der Kanzleien untereinander, die Inhaber bestimmen selbst, welche Schwerpunkte sie bei Dienstleistungen setzen wollen – oder welche Personalpolitik sie verfolgen wollen und so weiter. Dies sind wichtige Unterschiede etwa zu einem Franchise-System, mit dem die HSP GRUPPE gelegentlich verglichen wird. Ich würde sagen, wir bieten für den Marktauftritt ähnliche Vorteile wie Franchise-Konzepte – aber ohne die einschränkenden Nachteile. Zudem ist das die Grundvoraussetzung, dass der Kooperationsverbund am Leben bleibt und möglichst viele Partner aktiv weitere Erfolgschancen mitgestalten wollen.

Wie gelingt die kreative, konstruktive Zusammenarbeit innerhalb der Gruppe?

Ursprünglich übernahm die Mutter-Kanzlei aus Hannover in vielen Dingen die Vorreiterrolle. Aber heute kommen die Inputs zunehmend auch aus anderen Kanzleien. Um diese Entwicklung zu fördern, haben wir im vergangenen Jahr ein Kollaborationsportal – wir nennen es „HSP.ONE", das Social Intranet der HSP GRUPPE – aufgebaut. Jeder Mitarbeiter, vom Azubi bis zum geschäftsführenden Partner, nutzt dieses Portal zum Austausch. So sind extrem schnelle und produktive Diskussions- und Abstimmungsprozesse möglich. Es gibt thematische Arbeitsgruppen, ein Ideen- und Projektmanagement – und das alles standortübergreifend. Allein dieses Werkzeug hat die Dynamik innerhalb des Kooperationsverbundes enorm gesteigert. Und es zeigt: Auch bei Steuerberatungen greift die Digitalisierung um sich – und ein digitales Werkzeug hilft uns, gemeinsam auf technologische Entwicklungen zurückzugreifen.

Sie teilen also Informationen, einfach so. Entsteht da nicht ein Wettbewerbsnachteil?

Im Gegenteil: Durch den Informationsaustausch und gemeinsame Ideen und Lösungen können kleine Kanzleien groß sein, ohne dafür die Kosten und Risiken zu tragen. Dadurch findet das Wachstum wieder an der Basis statt, weil wir die Leute von administrativen Aufgaben und Dingen entlasten, die nicht zu ihrem Kerngeschäft gehören. Die Kanzleien können sich so wieder mehr aufs Tagesgeschäft konzentrieren.

Also viel Freiraum für alle Teilnehmenden. Wie stellen Sie sicher, dass es trotzdem eine gemeinsame Ausrichtung gibt?

Wir haben einige Rituale, die uns dabei helfen. Wir treffen uns dreimal im Jahr: Einmal an der CeBIT in Hannover zu einem Innovationstreffen, einmal im Sommer zu einer Strategietagung in Mallorca und einmal zu einem gemeinsamen Planungstreffen in Travemünde oder Nürnberg. So entstehen Gemeinsamkeiten, ein Gefühl der Verbundenheit und eine Kultur, die uns über die Kanzleien hinweg vereint. Ja auch Freundschaften: So wurden wir etwa zur Segensfeier des Sohnes eines Steuerberaters aus einer Partnerkanzlei eingeladen. Das hat mir gezeigt, welcher Spirit durch einen offenen, konstruktiven Umgang und gemeinsame Ziele entstehen kann.

Freundschaften sind schön – aber ein Treffen auf Mallorca: Wer bezahlt das denn?

Die Kanzleien haben einen Vertrag mit der Servicegesellschaft der HSP GRUPPE und bezahlen eine kleine Fee für die organisatorischen Dienstleistungen. Diese Fee wird investiert in die genannte Kulturarbeit.

Kulturarbeit bei Steuerkanzleien? Das klingt reichlich utopisch

Im Gegenteil: Wir haben erkannt, dass Menschen nur dann ihr volles Potenzial nutzen können, wenn nicht nur Strategien und Prozesse stimmen, sondern eben auch das gelebte Miteinander.

Steuerkanzleien wollen doch auch den Gewinn maximieren.

Wie passt das zusammen, wenn Konkurrenten hier miteinander leben wollen?

Keine HSP-Kanzlei sieht sich als Konkurrentin einer anderen aus dem Kooperationsverbund. Im Gegenteil, alle bringen den Mut auf, Misstrauen von vornherein zu vermeiden und auf Offenheit, Vertrauen und die Stärke der Gemeinschaft zu setzen. Und so entwickeln wir gemeinsame Prozesslösungen, die die Kanzleien wiederum für ihre Mandanten einsetzen können. Ein Beispiel ist etwa unsere Teilnahme an der Initiative „A Great Place To Work", die eine Kanzlei nur schwer alleine stemmen könnte. So eine Teilnahme wirkt sich nicht nur positiv auf die Arbeitgebermarke aus und erzielt so eine gute Wirkung auf dem Fachkräftemarkt, sondern kommt auch bei den Mandanten gut an. Ein anderes Beispiel ist unser Projekt HSP OPTILOHN. Damit können unsere Kanzleien den Mandanten eine sogenannte Nettolohnoptimierung anbieten. Das ist ein ziemlich komplexes Spezialgebiet der Gestaltungsberatung, bei dem nicht nur das Steuerrecht, sondern auch das Sozialrecht berührt wird. In seiner Gesamtheit ist das also sehr arbeitsintensiv und fehleranfällig, daher haben wir eine Expertengruppe innerhalb des Kooperationsverbundes, die für unsere Kanzleien im gesamten Bundesgebiet die Nettolohnoptimierung vor Ort durchführt. Zudem können einzelne Kanzleien selbst Lösungen entwickeln und diese den anderen Partnern gegen Entgelt zur Nutzung anbieten. Das sorgt für eine hohe Innovationsdynamik im Rahmen eines vertrauensvollen Miteinanders. Schon allein weil stets die Chance besteht, selbst von pfiffigen Lösungen zu profitieren, entsteht kein Neid oder Missgunst. Außerdem hat der Großteil der HSP Kanzleien die HSP STEUER AG gegründet, bei der besondere Projekte angesiedelt werden können wie zum Beispiel HSP OPTILOHN. Jeder Premiumpartner hat hier die Möglichkeit, Anteile zu erwerben, was sicherstellt, dass eine gemeinsame Stoßrichtung auch für die Zukunft gegeben ist.

Der Ansatz Ihres Kooperationsverbundes verlangt doch einiges an kulturellem Umdenken für Kanzleien. Wie gelingt es Ihnen, diesen Ansatz bei den Mitarbeitern der Kanzleien zu verankern?

Indem wir den Mitarbeitern spezielle Angebote machen. Einmal jährlich etwa laden wir zu Mitarbeitertagen ein, bei denen sich die Kollegen aus vielen Standorten kennenlernen. Dabei geht es um fachlichen Austausch aber auch um den Ausbau von Soft Skills. Das Rahmenprogramm bietet zudem viele Möglichkeiten für Gespräche und zum Vernetzen, was dann im Alltag über unsere Kollaborationsportal HSP.ONE weiter gepflegt wird. Unsere Fachkräfte organisieren sich dort in bestimmten Interessens- und Projektgruppen in denen dann kollegial gefachsimpelt wird. Das stärkt enorm das Wirgefühl innerhalb der Gruppe. In diesem Jahr haben wir die Mitarbeitertage zudem erstmals in einen HSP KONGRESS mit rund 150 Teilnehmern integriert, bei dem auch die Kanzleiinhaber zu den herkömmlichen Partner-Themen getagt haben. Das hat uns in puncto HSP-Spirit von den Kanzleichefs bis hin zu den einzelnen Mitarbeitern in eine völlige neue Dimension der Identifikation mit der HSP GRUPPE katapultiert. Und es hat mir gezeigt, Kultur lässt sich am besten dann vermitteln, wenn Menschen mit Menschen interagieren.

Man hat den Eindruck, bei Ihnen geschieht viel auf Basis von vertrauensvoller Zusammenarbeit, ohne gleich alles in Verträge gießen zu müssen. Wie schaffen Sie das?

Wir verstehen uns als starke Kooperationspartner. Wir testen an den einzelnen Standorten Dinge aus, die nicht nur fachlicher Art sind, sondern auch ganze Methoden, die unsere Arbeit verbessern. Kürzlich haben wir, durch eine gemeinsame Produktentwicklung, deren Entwicklungskosten senken können und diese Preissenkung an die Mandanten weitergeben können. Das schafft natürlich einen Aha-Moment sowohl in den Kanzleien als auch auf Mandantenseite.

Neue Denkansätze sind ja immer schwierig zu vertreten. Welche Widerstände haben Sie angetroffen?

Am Anfang war es schwierig, das Konzept zu erklären, heute erklärt es sich oftmals von alleine durch die Vielzahl von echten Erfolgsbeispielen der bereits zur Gruppe beigetretenen Kanzleien. Wenn eine Mutbasis da ist, kann Mut für Neues entstehen und man probiert Neues aus. Ich selbst habe das bei mir erlebt: Meine Frau ist an Krebs verstorben. Das hat mich in ein tiefes Loch geworfen. Ich habe mir Unterstützung geholt und gelernt: Man darf umfallen. Trauerarbeit ist wichtig. Ebenso wichtig ist jedoch, dass man wieder aufsteht. Ich habe bei diesem Aufstehen stets Bilder vor meinen inneren Augen, Nelson Mandela etwa oder das Herbstlaub im Wald aus dem neuer Humus entsteht. Ich fühle mich für die Veränderung verantwortlich. Leute von den Klagemauern wegzuholen, das entspricht mir. Diese Begleitung, dieses Mutmachen, das bin ich.

Sie scheinen in dieser neuen Rolle aufzugehen. Hat Mut etwas damit zu tun, seine eigene Berufung zu leben?

Sicherlich. Wer den Mut zu sich selbst hat, kann auch andere ermutigen.

Was sind bisher Ihre größten Lehren aus dem Ansatz?

Jede Krise ist eine Chance, wenn man sie selbst durchlebt. Erfahrung ist viel wichtiger als Ausbildung und Diplome.

Wohin gehen in Zukunft Ihre Reise und die des Kooperationsverbundes?

Ich denke, unser Ansatz lässt sich nicht endlos multiplizieren. Wenn eine gewisse Größe erreicht ist, bei der die notwendige Nähe für ein gemeinsames Arbeiten nicht mehr gegeben ist, ist irgendwann Schluss. Bei 100 Kanzleien dürfte diese Größe erreicht sein, vermute ich. Wenn man darüber hinausgehen möchte, muss man sich die Frage stellen: Ist Wachstum wichtiger als die persönlichen Beziehungen? Beides geht in meinem Verständnis nicht dauerhaft zusammen. Mich bei dieser Entwicklung einzubringen und zum Erhalt und dem Ausbau dieser persönlichen Beziehungen beizutragen, das empfinde ich als eine sehr reizvolle Aufgabe in den nächsten Jahren.

Wozu würden Sie andere Führungskräften einladen wollen, die sich auf eine ähnliche Reise machen wollten?

Am Anfang sollte man sich darüber klar sein, dass nicht die Idee zählt, sondern der Nutzen, den man stiften kann und will. Dann muss man das Projekt mit aller Überzeugung auf die Straße bringen und nicht zu groß denken. Wirkung wird immer erst im Kleinen erzielt. Sonst erreichen Sie vielleicht Quantität, nicht jedoch die alles entscheidende Qualität der Beziehungen. Auch diese anfängliche Selbstbeschränkung erfordert zunächst vielleicht etwas Mut. Mut, der allerdings belohnt wird. Davon bin ich überzeugt.

Biografie Holger Bodmann
Holger Bodmann absolvierte ein Studium der Rechtswissenschaft an der Gottfried Wilhelm Leibnitz Universität in Hannover. Seit 1992 arbeitet er als Steuerberater und Rechtsanwalt bei der HSP-Gruppe in Hannover. Daneben füllt Herr Bodmann unterschiedliche Rollen aus als Wirtschaftsmediator, Vorstand, Aufsichtsrat und Eigenland-Berater.

Thomas Fischer, Elektrizitätswerk des Kantons Schaffhausen

18

Quereinsteiger statt Diplome

Thomas Fischer ist Chief Executive Officer der Elektrizitätswerke des Kantons Schaffhausen. Damit steht bewusst erstmals ein Branchenfremder dem Schweizer Unternehmen vor und dies in einer Zeit, wo die Liberalisierung des Strommarkts vor der Tür steht. Was die Hintergründe für diesen ungewohnten Schritt sind, zeigt das folgende Interview.

Sie können auf einen langen Erfahrungshintergrund in der Optikbranche zurückblicken. Nun sind Sie seit vier Jahren CEO beim Elektrizitätswerk des Kantons Schaffhausen tätig, in einer Branche, wo sich vieles im Umbruch befindet. Ein mutiger Schritt. Wie kam es dazu?

   Thomas Fischer: Der Verwaltungsrat war sich bewusst, dass die Liberalisierung des Strommarktes auch vor der Schweiz nicht Halt macht. Wir steuern also auf etwas zu, das wir weder in der Branche noch bei der EKS als solches kennen. Ein Sturm kommt auf. In der Energiebranche leben wir alle in relativ geschützten Räumen. Die einen in kleineren Häusern, die anderen in größeren, manche in Hochhäusern, aber bislang waren wir alle gut geschützt. Die Stromanbieter sitzen draußen vor ihren Häusern auf einer Bank und sonnen sich im Wissen, dass die Stromabnehmer ihnen als Kunden sicher sind. Die einen blicken stolz auf ihre Häuser, einige andere in Richtung des Sturms, der in Form der Liberalisierung immer näher kommt. Dabei gefällt ihnen das, was sie sehen nicht – und so ziehen einige es vor, sich wieder dem Haus zuzudrehen. Der Verwaltungsrat, dessen Mitglied ich ja auch war, wusste, dass ich mich nicht umdrehen würde. Ich komme aus einer Branche mit starkem Wettbewerb und bin wetterfest geworden. Ich weiß, dass ich bei Sturm nicht auf der Bank Sitzenbleiben kann, denn sie wird weggeweht. Wir müssen unsere Bank stehen lassen und uns darum kümmern, unser Haus wetterfest zu machen.

© Springer Fachmedien Wiesbaden GmbH 2017
M. Kres, *Mutmacher: Unternehmen stärken durch mutige Führung*,
DOI 10.1007/978-3-658-14288-9_18

Der Verwaltungsrat traut mir das zu. Zudem bin ich in der Organisation akzeptiert und denke, dass ich eine gesunde Mischung finde zwischen Soll und Muss.

Was bedeutet das?

Um eine gesunde Mischung zwischen Bewahren und Verändern. Wir brauchen nicht alles umzukrempeln, denn vieles ist gut. Aber wir müssen uns vorbereiten auf Zeiten, wo es stürmisch wird. Die Schwierigkeit ist es, den Menschen zu zeigen, dass der Sturm wirklich aufzieht. Es ist ihnen auch nicht zu verübeln; sie leben seit Jahrzehnten in Schönwetterphasen, in der besten aller Welten, und nun kommt einer, der ihnen weismachen will, dass das bald vorbei sein soll. Da muss ich mir viel Zeit nehmen, um zu verstehen, was die Menschen antreibt. Gleichzeitig muss ich eine eigene Position einnehmen und ihnen aufzeigen, dass diese Widersprüche keine Gefahr darstellen, sondern eine Chance. Ich muss ihnen zeigen, dass ich es ernst meine und mich nicht hinter den Prozessen verstecke, sondern bewusst mit Widerständen arbeite.

Wie tun Sie das konkret?

Ich kommuniziere als Person sehr schnell, sehr klar und transparent – im Wesentlichen durch Bilder, wie eben die Bank, auf der wir sitzen. Es nützt nichts, Augenwischerei zu betreiben aus Angst, die Leute könnten dann gehen.

Und wie reagieren die Menschen darauf?

Unterschiedlich. Einige gehen, weil sie glauben, im bestehenden Umfeld in einem größeren Haus eher Karriere machen zu können. Wenn Menschen die Vorstellung haben, dass ihre Karriere sich nach oben entwickeln muss, dann ist das ein verständlicher Weg. Wir können kaum hierarchischen Aufstieg bieten, dafür eine Erweiterung des Tätigkeitsfelds etwa im Veränderungsmanagement oder der Produktentwicklung. So können langjährige Mitarbeiter zu Partisanen werden.

Was geschieht mit Menschen, die nicht mitgehen wollen bzw. können?

Ich unterscheide zwischen Können und Wollen. Jeder, der will kann auch befähigt werden etwa über Zielsteuerung und eine Verflachung der Hierarchien. Wer nicht will, ist frei, unser Haus zu verlassen und ich wünsche ihm dabei viel Erfolg. Wir können keine Jobs um Personen herum bauen.

In einem gewissen Sinn zwingen Sie den Leuten also Ihren Willen auf.

Ich nehme nur den Markt vorweg. Aber natürlich glaube ich an das, was ich mache und stehe dafür ein. Ich gebe alles, um Vertrauen dafür zu schaffen, dass ich kein Zerstörer bin. Es geht hier nicht um mein Wohl, sondern um das Gemeinwohl der ganzen Organisation.

Das klingt altruistisch.

Führung, die nicht der Allgemeinheit dient, ist keine Führung.

Sie sind als Quereinsteiger in diese Führungsposition gekommen. Nun ist ja ein Normal-bürger nicht unbedingt Verwaltungsrat. Wie kann ihm ein Branchenumstieg gelingen?

Von alleine geht es nicht. Man muss schon rechtzeitig Netzwerken und dort entsprechende Signale aussenden. Ich habe mich seit Jahren für Energiefragen eingesetzt, so etwa in der lokalen Industrievereinigung. Der Verwaltungsrat wusste, dass ich in meinen Aussagen verbindlich und berechenbar bin. Dazu kommt die Kompatibilität mit der Gegend. Ich fühle mich wohl hier und habe mit meiner Familie ein gutes privates Freundesnetz aufgebaut. Auch soziale Netzwerke sind wichtig. Ich sende regelmäßig XING-Geburtstagskarten. All dies hat bei mir dazu beigetragen, ein Image zu schärfen, das mir sodann geholfen hat, in diese Position zu wechseln.

Stellen Sie selbst nun auch Branchenfremde ein?

Ja klar, sehr gerne sogar. Sie müssen aber KMU-tauglich sein.

Woran erkennen Sie das?

Dass jemand gewohnt ist, Veränderungen mitzugestalten und sich nicht scheut, die Ärmel zurück zu krempeln. Ich brauche keine Diplome, sondern authentische Menschen.

Wie schafft ein Branchenfremder bei Ihnen die Hürde der Personalabteilung?

Alle Bewerbungen kommen direkt zu mir. Ich habe in dieser ersten Phase ausbedungen, dass ich selbst auch Personalchef bin.

Wenn Sie in weiteren drei Jahren zurückblicken auf Ihre Arbeit in der EKS: Was möchten Sie sagen können?

Die veränderte Strategie ist mit Leben gefüllt. Wir sind viel stärker betriebswirtschaftlich geprägt, erfüllen aber immer noch unseren Versorgungsauftrag. Ich möchte neue Geschäftsfelder erschlossen haben und nicht mehr von Strombezügern sprechen sondern von Kunden.

Biografie Thomas Fischer
Thomas Fischer startete seine Karriere in der Optikindustrie, wo er sich vom Einkäufer bis zum CEO hocharbeitete. Seit September 2013 ist Herr Fischer CEO des Elektrizitätswerks des Kantons Schaffhausen und dort für die Stärkung der Unternehmung in die Liberalisierung des Strommarktes verantwortlich.

Mario Schreiber und Andreas Hofmann, L. Possehl & Co. mbH

19

Wenn wir den Leuten vertrauen, folgen die Zahlen

L. Possehl & Co. mbH ist eine in hanseatischem Grundverständnis geführte Unternehmensgruppe mit mehr als 160 Gesellschaften, aufgeteilt in acht, bewusst voneinander unabhängige, Geschäftsbereiche. Die Possehl-Gruppe beschäftigt weltweit mehr als 12.500 Mitarbeiter, davon mehr als die Hälfte in Deutschland. In der Führung der Gesellschaften legt die Gruppe Wert darauf, dass die Unternehmen ihre gewachsene Identität bewahren und sich innerhalb der Gruppe erfolgreich weiterentwickeln. Der Name „Possehl" steht für mittelständisches Unternehmertum – seit nunmehr 168 Jahren. Welche Vorteile diese Tradition gegenüber einer stark kennzahlengetriebenen Führungskultur hat, erzählen uns Mario Schreiber, Vorstandsmitglied und Andreas Hofmann, Personalverantwortlicher der Gruppe.

Herr Schreiber, Herr Hofmann, Sie vertreten eine Unternehmensgruppe, die in hanseatischem Grundverständnis geführt wird. Was bedeutet das?

Mario Schreiber: Die Gruppe wird heute nach Grundprinzipien geführt, wie sie schon vom Gründer, Ludwig und seinem Sohn Emil Possehl, bei der Firmengründung 1847 festgelegt wurden: Zuverlässigkeit, Beständigkeit sowie Bodenständigkeit und Zurückhaltung. Auf dieser Basis führen wir unsere Gesellschaften mit einer sehr schlanken Struktur aus der Holding heraus. Unsere Gruppe definiert sich gesamthaft durch einen starken Leistungsgedanken: Unternehmer unternehmen. Jeden Tag. Dabei lassen wir den Unternehmen viel Freiraum im operativen Geschäft. Die Verantwortung soll dort bleiben, wo sie hingehört: in die Unternehmen.

© Springer Fachmedien Wiesbaden GmbH 2017
M. Kres, *Mutmacher: Unternehmen stärken durch mutige Führung,*
DOI 10.1007/978-3-658-14288-9_19

Zuverlässigkeit, Beständigkeit und Zurückhaltung sind doch tradierte Werte. Trotzdem
agieren Sie nach modernen, marktwirtschaftlichen Kriterien. Wie passt das zusammen?
Mario Schreiber: Unsere Unternehmen haben einen starken Auftritt in ihren Märkten.
Leistung und Qualität stimmen zusammen. Wir sind leise unterwegs und sind trotzdem
sehr erfolgreich. Wir agieren nach dem Motto: „mehr Sein als Schein und nicht umgekehrt".

Andreas Hofmann: Wir leben die Werte, die uns prägen und sind dabei trotzdem leis-
tungsorientiert und ehrgeizig. Aufgrund unserer Vielfalt bietet Possehl gute Chancen
für Karrieren. Manager müssen bei uns Unternehmermentalität besitzen, das heißt die
Fähigkeit leben, Entscheidungen zu treffen und unternehmerisch zu agieren. Dies fordert
und fördert die Possehl-Gruppe Das ist attraktiv und spornt an, im jeweiligen Umfeld
Höchstleistungen zu erbringen.

Wie verträgt sich Unternehmertum und Gemeinnützigkeit, für die Ihre Gesellschafterin,
die Possehl-Stiftung, steht?
Mario Schreiber: Wir sind eine auf wirtschaftliche Erträge ausgerichtete Unter-
nehmensgruppe, die in einen gemeinnützigen Kontext eingebunden ist, denn alleinige
Gesellschafterin ist die Possehl-Stiftung mit Sitz in Lübeck. Wir erwirtschaften unseren
Erfolg aus den Unternehmen heraus, die zu uns gehören. Dies verpflichtet zu umsichtiger
Führung. Es geht dabei um Optimierung, nicht um Maximierung. Es geht um Langfristigkeit, weniger um Kurzfristigkeit. Wir müssen nicht von Quartal zu Quartal denken.
Für unseren wirtschaftlichen Risikoausgleich ist es auch wichtig, dass wir sehr diversi-
fiziert aufgestellt sind. Wenn einmal ein Geschäftsbereich etwas schwächelt, sind andere
besser aufgestellt. So können wir dauerhaft wachsen. Für uns heißt dies aber nicht
Wachstum um jeden Preis. Wachstum ist für uns dann in Ordnung, wenn wir gesamthaft
unser Vermögen mehren.

Sie lassen Ihren Unternehmen sehr viel Eigenständigkeit. Wie widerstehen Sie der Ver-
lockung, Ihre Unternehmen kontrollieren zu wollen und im Tagesgeschäft Einfluss zu
nehmen?
Mario Schreiber: In unserer Holding arbeiten ca. 25 Leute, die 160 Gesellschaften unterstützen. Da kann man nicht tagtäglich kontrollieren. Für das Führen unserer
Geschäfte brauchen wir die besten Menschen vor Ort. Diese müssen wiederum Eigenständigkeit wollen, dafür dann aber auch Verantwortung übernehmen. Wir wollen unseren Leuten vertrauen.

Andreas Hofmann: Vertrauen ist ein wesentlicher Punkt. Ich kam vor 12 Monaten zu
der Gruppe und sehe hier wirklich den großen Unterschied zu anderen Strukturen dieser
Größenordnung. In vielen anderen Unternehmen wird Vertrauen propagiert, aber Misstrauen gelebt. Trotzdem praktizieren wir kein „laisser-faire", aber wir lassen Unternehmertum zu und fördern dieses mit einem konstruktiven Diskurs. Natürlich gehört zur
Führung auch angemessene Kontrolle.

Sie sprechen von einem konstruktiven Diskurs. Offenbar gewichten Sie Kultur stärker als Strategien und Strukturen.

Andreas Hofmann: Strategie ist wichtig, denn Sie gibt Orientierung. Eine zweckmäßige Aufbau- und Ablauforganisation leitet sich sinnvoller Weise daraus ab, um die strategischen Ziele zu erreichen. Was Possehl daneben wirklich stark macht, ist die Kultur, die auf Vertrauen und Verantwortung gleichermaßen setzt.

Und trotzdem messen Sie: Kennzahlen gibt es auch bei Possehl.

Mario Schreiber: Natürlich sind Mess- und Kennzahlen für Transparenz, Objektivität und Beurteilung wichtig. Aber man muss daneben auch nah am operativen Geschäft dran sein, um Geschäftssituationen und Mitarbeiter bestens einschätzen zu können. Wichtig ist, dass man darüber die Menschen kennenlernt und spürt, ob man ihnen vertrauen kann. Denn wenn Sie den Leuten vertrauen können, dann folgen auch die Zahlen.

Nach welchen Kriterien entscheiden Sie, ob eine Firma zu Ihnen passt?

Mario Schreiber: Wir erwerben Unternehmen nach dem Best-Owner-Ansatz: Im Mittelpunkt unserer Überlegungen steht, die Stabilität unserer Unternehmen zu sichern und ihre Stärken zu unterstützen. Unternehmen gelangen oft dann zu uns, wenn keine eigene Nachfolgelösung gefunden werden kann. Wir erwerben ein Unternehmen nur dann, wenn wir der Überzeugung sind, dass Possehl langfristig der beste Eigentümer ist. Für Firmen bei Possehl entstehen somit kaum post-merger-Probleme wie anderswo, weil wir sie dort führen, wo sie ihre Stärken haben und ihnen maximale Unabhängigkeit lassen. Auch können Unternehmen so Investitionen tätigen, die ihnen sonst verwehrt blieben.

Und wie wählen Sie Ihre Geschäftsführer aus?

Mario Schreiber: Wenn immer möglich bei Geschäftsführer-Besetzungen, werden Bewerber aus den eigenen Reihen bevorzugt. Der Entscheidungsprozess ist bei uns ein mehrstufiges Auswahlverfahren, bei dem die Vorstände der jeweiligen Geschäftsbereiche mit an Bord sind. Es ist klar, dass ein Bewerber fachlich top sein muss. Zusätzlich sind für uns die Kulturverträglichkeit wichtig und ein gleichgerichtetes Zielverständnis.

Andreas Hofmann: Der Prozess ist bei uns klar und gut organisiert, das durfte ich selbst miterleben. Eine Herausforderung ist, dass man uns als Gruppe in der Öffentlichkeit weniger wahrnimmt als unsere Gesellschaften und wir somit nicht automatisch auf dem Radar von Führungskräften sind, die zu uns passen könnten. Auch bei mir selbst war es Liebe auf den zweiten Blick: ich kannte Possehl nicht, als man mich darauf ansprach. Heute bin ich Feuer und Flamme, dieses Umfeld mitgestalten zu können. Dieses Potenzial zu öffnen, wird eine der Herausforderungen für die Zukunft sein. Wir werden deshalb auch vermehrt Employer Branding betreiben und wirkungsvolle Kanäle zur Vermittlung unserer einzigartigen Werte finden müssen.

Wo sehen Sie die größten Spannungsfelder für Zukunft?

Mario Schreiber: Wir können nur dann erfolgreich blieben, wenn wir in Zukunft vermehrt geeignete Menschen für uns gewinnen können. Dabei spielt zum Beispiel Mobilität von Führungskräften eine wichtige Rolle. Die Familien ziehen heute wegen einer Geschäftsführeraufgabe des Familienvaters nicht mehr unbedingt um. Man hat sich in der Gesellschaft darauf eingestellt, dass solche Aufgaben in vielen Fällen nur eine gewisse Verweildauer haben. Das ist legitim: das Geschäftsführer-Karussell dreht tatsächlich schneller als früher. Bei Possehl ist das grundsätzlich anders: Wir können Beständigkeit bieten. Diese Langfristigkeit kennen die Menschen in der Regel nicht und sind dann positiv überrascht, wie sich das anfühlt. Aber selbst dann besteht weiterhin die Gefahr, dass sich neue Führungskräfte zwischen lokaler Arbeit und entfernter Familie aufreiben, was im Endeffekt immer für die Familie und gegen die Firma ausgeht. Im Endeffekt sollten wir dort leben, wo wir auch arbeiten.

Und wie gehen Sie mit der Situation um?

Andreas Hofmann: Possehl bietet flexible Arbeitsmodelle wo es sinnvoll ist. Wir sind der Überzeugung, dass wir nur dann leistungsfähig bleiben, wenn wir nicht zwischen beruflichen und privaten Ansprüchen zerrieben werden. Possehl stellt hier ein wohltuendes Gegenmodell dar, das Beständigkeit und Verlässlichkeit kombiniert.

Ein Gegenmodell *zu was?*

Andreas Hofmann: Ich habe bisher in börsennotierten Unternehmen gearbeitet. Wir haben sehr viel Zeit für Planung, Budgets und Controlling aufgewendet. Auch bei Possehl geht es um Budgets, Forecasts und Controlling. Aber unsere Planungen und Strategien ändern sich nicht fortwährend quartalsweise. Wir brauchen in der Holding massiv weniger Zeit für solche Aktivitäten. Wir wollen, können und lassen die Geschäftsführer umfassend Verantwortung übernehmen und können uns somit auf die wirksame Steuerung konzentrieren.

Mario Schreiber: Bei uns tragen Geschäftsführer Verantwortung, im Guten wie im Schlechten. Der Geschäftsführer ist für das verantwortlich, was gut und nicht so gut läuft. Dabei müssen Geschäftsführer auch eigene Fehler eingestehen können. Wenn jemand erkennt, woran es liegt und entgegenwirkt, ist das ja auch kein Problem.

Und sonst?

Mario Schreiber: Sonst kann es auch zu einer Trennung kommen. Da sind wir konsequent. Wir sind überzeugt, dass es besser ist zu handeln, anstatt zu warten in der Hoffnung, dass es sich schon irgendwie bessert. In unserem Verständnis bringt das nichts. Eine Trennung ist unter entsprechenden Umständen dann eine für beide Seiten faire Lösung. Diese muss rechtzeitig erfolgen, damit sich die Leute auch rechtzeitig neu orientieren können. Was nützt es denn, mit einem 50-jährigen Geschäftsführer während Jahren die wesentlichen Probleme schön zu reden und ihm dann mit 56 Jahren anzukündigen, dass wir so nicht weitermachen können? Wir sind angehalten, rechtzeitig zu unterstützen und dann auch konsequent zu handeln, wenn es nicht geht. Dafür verlangen wir von unseren Geschäftsführern auch eine Bringschuld: Sie müssen uns mitteilen, falls etwas nicht läuft. Das ist eine Erwartungshaltung, die wir dann aber auch mit fairer Unterstützung und Reflexion erfüllen.

Possehl ist erfolgreich mit einem Mindestmaß an Kontrolle und einem Maximum an Verantwortung. Was würden Sie jemandem raten wollen, der sich und sein Unternehmen zunehmend in diese Richtung entwickeln möchte?

Andreas Hofmann: Den Mut zu haben, Leute in ihrer Verantwortung leben zu lassen und selbst loszulassen. Dies sagt sich leichter als getan. Fehler zu zulassen und nicht nur zu bestrafen, befördert den Willen, Verantwortung zu übernehmen, aus Fehlern zu lernen und sich weiter zu entwickeln. Daraus ergibt sich Vertrauen auf die eigenen und die Fähigkeiten der anderen. Und aus Vertrauen folgt Freiheit und Verantwortung im Handeln.

Mario Schreiber: Man darf sich nicht ermutigen lassen durch Rückschläge und muss auf der Suche nach dem bleiben, was man sich selbst vorstellt. Man muss sich selbst im Klaren darüber sein, was für ein Typ man ist und ehrlich zu sich sein. Wenn man z. B. in einer starken Konzernstruktur arbeitet, muss man sich im Klaren sein, was das bedeutet und wenn man damit nicht leben kann, eben die Konsequenzen ziehen. Ohne Selbstreflexion geht es nicht. Es gehört zur Führung, sich zu fragen, wo Du das, was Dir wichtig ist, auch leben kannst. Ein entsprechendes Umfeld ist dann wie eine Befreiung, auch wenn man unter Umständen viel weniger Mitarbeitende führt als vorher.

Biografie Mario Schreiber

Mario Schreiber ist Diplom-Betriebswirt. Seit 2004 ist er für die Possehl-Gruppe tätig und dort seit 2013 als Mitglied des Vorstands verantwortlich für den Geschäftsbereich Mittelstandsbeteiligungen.

Biografie Andreas Hofmann

Andreas Hofmann hat seine Berufslaufbahn bei der Bundeswehr begonnen. Seit 1997 arbeitet er in leitenden Personalabteilungen internationaler Unternehmen und hat dort verschiedene Branchen und Unternehmenskulturen kennengelernt. 2005 stieg Herr Hofmann als Leiter Personal bei der Possehl-Gruppe ein.

In Beta-Unternehmen haben alle mehr Macht – und sind deshalb erfolgreicher.

Der deutsche Unternehmensberater und preisgekrönte Buchautor Niels Pfläging teilt die Wirtschaftswelt in unzeitgemäße Alpha- und zukunftsweisende Beta-Unternehmen. An zahlreichen Praxisbeispielen illustriert er sein Managementmodell.

Herr Pfläging, Sie vergleichen modernes Management mit der Kurpfuscherei und Quacksalberei des Mittelalters. Sie halten es nicht einmal mehr für verbesserungswürdig sondern rufen dazu auf, das Management abzuschaffen. Ist das mehr als Provokation?
    Niels Pfläging: Das ist es. Es ist eine Einsicht. Dass sie so provokant rüberkommt, ist nicht beabsichtigt. Meiner Meinung nach ist es offensichtlich, dass die Sozialtechnologie „Management" ausgedient hat und dass sie nicht mehr reformiert oder verbessert werden kann. Eine vergleichbare Entwicklung hat es im Umgang mit der Sklaverei gegeben: Das war auch einmal ein Konzept, das große soziale und wirtschaftliche Bedeutung hatte. Schließlich aber war es nicht mehr zeitgemäß – es hatte ökonomisch ausgedient und war moralisch-gesellschaftlich nicht länger tragbar. Nach langem Hin und Her wurde es abgeschafft, geächtet. Das Gleiche wird mit dem Management passieren.

Was verstehen Sie genau unter Management?
    Zunächst einmal: Management ist nicht dasselbe wie Führung. Einige Managementexperten wollen den Unterschied nicht sehen – das ist ein kapitaler Denkfehler. Das ist so, als würde man iPads Schreibmaschinen nennen! Führung leistet etwas ganz anderes als Management. Den Unterschied zu ignorieren bedeutet, die Geschichte der Unternehmensführung zu verkennen. Management leistet etwas ganz Spezifisches: Es ist ein Denkmodell, eine Sozialtechnologie aus dem Industriezeitalter, die dazu geeignet ist, in arbeitsteiliger Organisation unter bestimmten Bedingungen Effizienz zu erzeugen – mithilfe des Prinzips der Teilung zwischen Denken und Handeln.

© Springer Fachmedien Wiesbaden GmbH 2017
M. Kres, *Mutmacher: Unternehmen stärken durch mutige Führung,*
DOI 10.1007/978-3-658-14288-9_20

Diese Idee geht auf Frederick Taylor zurück und sie hat unsere Gesellschaften geprägt wie nur wenige andere Ideen – die Evolutionstheorie etwa. Taylor schlug eine Methode vor, um erstmals in der Menschheitsgeschichte weite Teile der Arbeit vom Denken zu befreien, einen Großteil der Arbeiter zu nicht denkenden, nur ausführenden Quasi-Maschinen zu machen. Das war zu jener Zeit, vor gut einem Jahrhundert, eine revolutionäre Idee! Die personelle, zeitliche und auch geografische Trennung zwischen Denken und Handeln ist das entscheidende Merkmal von Management. Dies war sein genialer Kern und es ist heute seine fatale Schwäche. Das Prinzip der personellen und zeitlichen Teilung steht nämlich heute Innovation, Kundennähe und Ausrichtung auf den Markt im Weg – und mithin dem effektiven Umgang mit Komplexität.

Sie haben selbst als Controller gearbeitet und kennen deutsche Großunternehmen wie ThyssenKrupp und Boehringer Ingelheim aus eigener Anschauung. Was war Ihr Schlüsselerlebnis, das in Ihnen die Überzeugung geweckt hat, Management sei überflüssig?

Es gab im Grunde zwei Arten von Schlüsselerlebnissen. Zum einen hatte ich als Controller ein inhaltliches Aha-Erlebnis. Ich musste einsehen, dass Instrumente und Methoden wie Budgetplanung, Management-Reporting und -Meetings, Forecasting – also das ganze Planungs- und Berichtswesen – nicht funktionieren. Sie erzeugten weder Effektivität noch Einsicht oder Dialog, geschweige denn Verbesserung. Sie produzierten bloß Leerlauf! Hinzu kam die persönliche Erfahrung mit Vorgesetzten und Chefs, durch die ich gemerkt habe, dass hierarchische Steuerung regelmäßig versagt. Diese Idee, dass Chefs Bescheid wissen, dass sie gut, richtig und besser als andere entscheiden können – das funktioniert überhaupt nicht, egal wo ich hinsehe und hinhöre. Kommunikation ist überall zu einseitig, es mangelt an Lernen, Könnerschaft und Korrekturmechanismen. Das Richtige, das Sinnvolle setzt sich darum meist nicht durch. Auch heute, in meiner Rolle als Berater, beobachte ich dieses Steuerungsversagen praktisch überall. Wir alle kennen das. Darum sind Bücher wie *Ich arbeite in einem Irrenhaus!* von Martin Wehrle ja solche Bestseller.

Wer soll ein Unternehmen steuern, wenn das Management abgeschafft wird?

Sie gehen davon aus, dass es heute die Manager sind, die Unternehmen steuern? Das ist ein Irrtum. Ich habe in vielen Konzernen gearbeitet und beraten. Klar denken die Manager, dass sie den Laden steuern. Aber weit gefehlt! Wenn man sich die internen Prozesse, den Verlauf von Gesprächen anschaut und verfolgt, wie Entscheidungen getroffen werden, dann sieht man, dass diese nicht vom Management getroffen werden. Man tut aber so, als seien die Manager am Drücker. In Wirklichkeit steuern heute schon dynamische Märkte unsere Organisationen.

Wer trifft denn stattdessen die Entscheidungen?

In gemanagten Unternehmen weiß das ja eigentlich niemand ganz genau. Dort werden wesentliche Konzepte wie Marktmacht, Sachzwänge und Optionen oder der Unterschied zwischen Vereinbarungen und unternehmerischen Entscheidungen nicht

verstanden. Eine traditionelle Unternehmensorganisation ist insofern organisierte Ver-
antwortungslosigkeit. Selbst wenn es heißt, der CEO habe eine Entscheidung zugunsten
eines großen Investments gefällt, sind ihr zahlreiche informelle, aber äußerst machtvolle
Schritte vorausgegangen. Mitarbeiter haben Informationen gefiltert, Optionen vorbereitet
und damit maßgeblichen Einfluss auf die sogenannte Entscheidung genommen.

Trotzdem noch einmal die Frage: Was passiert, wenn das Management abgeschafft ist?
Bricht dann das totale Chaos aus?

Um das Management auf den Müllhaufen der Geschichte zu befördern, muss man
weder Manager aufs Schafott stellen noch jemanden einen Kopf kürzer machen. Es
geht nicht darum, dass wir *Manager* abschaffen, sondern *Management*. Also ein Denk-
werkzeug, ein Denkmodell, das aus dem Industriezeitalter stammt und das heute nicht
mehr nützlich ist. Das ist ähnlich wie mit der Schreibmaschine: Die braucht heute kein
Mensch mehr. Wir schreiben auf PCs, Laptops, Tablets, Handys. Die entscheidende Veränderung beim Übergang von Management hin zu zeitgemäßer Organisation besteht
darin, dass wir die Trennung zwischen Denkenden und Handelnden aufheben müssen.
Es dürfen, können und müssen zu jedem Zeitpunkt alle denken. Das ist nicht ganz einfach vorstellbar in heutigen Unternehmen mit ihren Ritualen, Dogmen, Prozessen und
Management-Tools. Im neuen Dogma denken nämlich nicht nur ein paar Manager, sondern da gibt es vielleicht Tausende, die sich Gedanken machen. Da entsteht die Notwen-
digkeit echter Teamabstimmung. Es gibt mehr soziale Dichte, auch mehr Gruppendruck.
Mehr kollektive Intelligenz, mehr Selbstorganisation.

Aber es braucht doch jemanden, der den Überblick hat.

Überblick schon – aber nicht Entscheidungshoheit und Macht über alles und jeden. In
einer Zeitungsredaktion leisten das mit dem Überblick beispielsweise der Chefredakteur
und der Chef vom Dienst. Die treffen aber nicht alle Entscheidungen. Im Gegenteil. Bei
den täglichen Redaktionsbesprechungen sind alle, wirklich alle dazu verdammt mitzudenken.

Wie sieht die Funktion des Managers in sogenannten Beta-Unternehmen aus, wie Sie
Firmen des neuen Stils nennen, in Abgrenzung zu gemanagten Alpha-Unternehmen?

Wesentlich bescheidener. Manager sollen dort nur noch selten Entscheidungen treffen. So wenig wie möglich! Stattdessen sollen sie für Transparenz sorgen. Sie sollen
dazu beitragen, dass Sinnkopplung entsteht und die bedingungslose Marktorientierung
für alle erlebbar wird. Ein Beispiel: Wo ein Manager alter Schule seine Leute anbrüllt,
wenn ein Kunde Terror macht, lädt der Beta-Manager den unzufriedensten Kunden am
besten leibhaftig ins Unternehmen ein und lässt den seinen Leuten klarmachen, was ihn
alles nervt. Darüber hinaus muss er für seine Mitarbeiter Barrieren aus dem Weg räumen.
Wenn sie bei ihrer Arbeit auf Widerstände stoßen, muss er zur Stelle sein und dafür sorgen, dass sie weiterdenken und Weiterarbeiten können.

Sie sind ein Kenner des deutschen Drogeriehändlers dm-Drogeriemarkt aus Karls-
ruhe. Die Verantwortlichen dort haben das Unternehmen vor rund zwanzig Jahren in
ein Beta-Unternehmen verwandelt. Erzählen Sie etwas mehr von dieser erfolgreichen
Transformation.

Eine Aussage von Götz Werner, dem Mitgründer und Haupteigentümer von dm, illustriert die Haltung, die ich den Beta-Kodex nenne, besonders anschaulich. In den neun-
ziger Jahren, so Werner, habe er noch gedacht, ein guter Manager zeichne sich dadurch
aus, dass er seinen Mitarbeitern auf ihre Fragen immer eine Antwort zu geben weiß.
Schließlich weiß ein guter Chef alles besser und hat entscheidungsstark zu sein. Dann
sah Werner ein, dass das ein himmelweiter Unterschied zu echter Führung ist. Er lernte,
dass es besser ist, wenn Leute, die ihn etwas fragen, sein Büro nicht mit fertigen Antworten, sondern mit fünf sehr guten neuen Fragen verlassen. Sie sollen nicht folgen! Sie sollen sich selbst Übersicht erarbeiten, Verantwortung übernehmen, Risiken einschätzen. Er
will sie in einen permanenten Denk- und Lernprozess bringen. *Das* ist Führungsarbeit!

Warum sprechen Sie von Alpha- und Beta-Unternehmen?

Die Unterscheidung zwischen Alpha und Beta, zwischen Management und Führung,
mag etwas aufwendig erscheinen. Sie ist aber entscheidend. Es braucht Begriffe, damit
man etwas Neues denken und es vom Alten unterscheiden kann. Das hat mit Branding
im Sinne des Wortursprungs zu tun: Mit „Branding" war ja früher das Markieren der
eigenen Rinderherde mit einem Brand-Abzeichen gemeint. Man markierte die Rinder,
um sie auseinanderhalten zu können. Das Gleiche brauchen wir jetzt in Organisationen,
in Unternehmen: Für tief greifende Veränderung bedarf es Menschen, die unterscheiden
können, was Alpha-Management ist auf der einen Seite – also Praktiken, Rituale, Konzepte, Dogmen, die Teilung zwischen Denken und Handeln erzeugen. Und was Beta-
Führung ist auf der anderen Seite.

Den meisten Unternehmern, Managern und Gründern ist gar nicht bewusst, dass es
zwei Modelle der Unternehmensführung gibt: ein altes und ein neues. Und diesen neuen
Modus versteht man nur, wenn man ihn ständig dem alten gegenüberstellt, unterscheiden lernt. Ein Beispiel: Vor rund vierzig Jahren hatten wir die sogenannte dritte Revolu-
tion in der Automobilindustrie, die vor allem mit Toyota in Verbindung gebracht wurde.
Viele wollten das Toyota-Modell, das für ganzheitlichen Erfolg und höchste Effektivität
steht, kopieren. Nur: Dadurch, dass man wie bei Toyota in den eigenen Fabriken Andon-
Bänder installiert, mit denen die Arbeiter bei Bedarf die Fertigungslinie eigenhändig
stoppen können, hat man längst noch nicht den „Toyota Way", also Toyota-Denken und
-Kultur eingeführt. Dieser Toyota Way ist kein Tool. Er setzt sich aus einer Vielzahl
von Prinzipien und Hunderten von Konzepten zusammen, auf die alle Mitarbeiter einschließlich der Führungskräfte regelrecht gedrillt sind. Das haben alle intus. Um einen
Umwandlungsprozess hin zu einer solchen Höchstleistungskultur vollziehen zu können,
muss man verstehen, dass es zwei Modelle der Unternehmensführung gibt: ein taylo-
ristisches, hierarchisch-bürokratisches, für Fremd-Kontrolle optimiertes Alpha-Modell.
Und ein auf Selbstkontrolle, Dezentralisierung und gemeinsame Verantwortung hin

getrimmtes Beta-Modell. In der heutigen Unternehmenswelt ist Alpha noch der Standard, Beta die Ausnahme. Toyota ist eine davon – seit 50 Jahren schon.

In dynamischen, engen Märkten ist der Wettbewerbsdruck, den Beta-Unternehmen durch ihre Höchstleistung ausüben, für Alpha-Firmen nicht zu bewältigen. Man hat das in den letzten Jahren gut am Niedergang von Schlecker beobachten können. Aber: Nur wer sich des Alten bewusst ist, kann das Neue in Angriff nehmen.

Woran kann man erkennen, dass man es mit einem Alpha- beziehungsweise Beta-Unternehmen zu tun hat?

Das geht recht einfach – es gibt viele Symptome, die typisch für die beiden Modelle sind. Ich lebe seit einigen Jahren auch in den USA und kaufe dort oft bei einer Ladenkette ein, die Trader Joe's heißt. Sie gehört zu Aldi, hat aber so einen aufgeklärten Öko-Touch. Jede Filiale sieht so aus, als wäre sie ein lokales Unternehmen – sie spiegelt genau den Stadtteil wider, in dem sie steht. Das ist sehr clever und angenehm. Nicht zu vergessen die hohe Qualität der Produkte und die sensationellen Preise im Vergleich zu anderen Supermärkten. Will ich nun herausfinden, ob das ein Beta- oder Alpha-Unternehmen ist, brauche ich den Angestellten nur ein paar knifflige Fragen zu stellen. Sie mit einem Problem konfrontieren. Dann stellt man fest: In einem Beta-Unternehmen wie Trader Joe's gibt einfach jeder Mitarbeiter intelligente Antworten, die davon zeugen, dass man dort Verantwortung hat und wahrnimmt. Dort sagt niemand: „Ich bin nicht zuständig. Das ist aber bei uns ebenso. Da kann ich nichts machen." Oder: „Beschweren Sie sich doch bei der Firmenleitung!"

In einer solchen Firma kann es aber auch zu kuriosen Situationen kommen, die fast das Zeug zum Skandal haben. Nehmen Sie Southwest Airlines, auch so ein gereiftes Beta-Unternehmen. Dort haben Flugbegleiter mal eine Passagierin aus dem Flugzeug verwiesen, weil sie ihren Rock für zu kurz hielten. Diese Frau ist in ihrem Minirock dann durch die Talkshows getingelt und hat für Aufsehen gesorgt – weil man sie nicht „richtig" behandelt hätte. Aber Southwest steht dazu, dass Flugbegleiter selbst entscheiden. So etwas passiert halt, wenn die eigenen Leute mitdenken und selbstverantwortlich unternehmerische Entscheidungen fällen. Da entsteht ständig Lernen und ganz viel kollektive Intelligenz. Bei den schwedischen Handelsbanken ist man stolz darauf, kein Callcenter zu betreiben, weil man sagt, in einer solchen Struktur könne nicht sinnvoll unternehmerisch gedacht und gehandelt werden. Bei Handelsbanken, Southwest und dm wie auch andernorts hat man die Jahresplanung abgeschafft, weil man die eigenen Leute nicht länger bevormunden will. Beta-Unternehmen produzieren viele solche Geschichten, Eigenheiten, ungewöhnliche Praktiken, an denen man sie augenblicklich erkennt.

Sie verknüpfen die Beta-Unternehmen auch mit einem Konzept, das Sie „Sinnkopplung"
nennen. Erläutern Sie uns diesen Begriff doch etwas ausführlicher.

Unternehmen sind im Grunde die tollsten Abenteuerspielplätze der Welt. Sie bieten eine riesige Anzahl an Problemen, die gelöst werden müssen. Das ist für intelligente Menschen mit viel Spaß, Spannung, Anregung, Herausforderung – und Sinn verbunden.

Ein Alpha-Unternehmen ist aber so organisiert, dass es gar nicht alle an diese Probleme heranlässt. Es meint, Probleme standardisiert, immer gleich und der Hierarchie nach in den Griff kriegen zu können. Das ist eine ungeheure Verschwendung von Herausforderung, Motivation, kreativem Potenzial und letztlich Freude an der Arbeit.

Beta-Unternehmen gehen anders vor. Sie konfrontieren viele, sogar alle, mit Problemen. Sie organisieren auch Innovation so, dass letztlich jeder daran teilhaben und seine Motive an den Sinn der Arbeit koppeln kann. Jeden Tag wieder. Google und W. L. Gore sind dafür schöne Beispiele. Dort kann jeder Mitarbeiter Forschungs- und Entwicklungsprojekte anstoßen, und das auf Basis von finanziellen Ressourcen, die Ideen folgen, nicht Budgets.

Die Menschen hängen an der Macht. Wie passt das Thema Macht in den Kontext eines Beta-Unternehmens?

Darauf werde ich oft darauf angesprochen. Wahrscheinlich, weil wir dem Irrglauben aufsitzen, Macht sei irgendwie nur in begrenzter Menge verfügbar. In einem Alpha-Unternehmen haben ja Manager die Macht, alle anderen sind ohnmächtig. Das ist klassischer Taylorismus. Nun besteht die Angst, dass Manager, die in einem Beta-Unternehmen Macht mit den übrigen Teammitgliedern teilen, selbst an Macht einbüßen müssen. Doch Macht ist kein Nullsummenspiel. Teile ich meine Macht mit anderen, gewinnen wir als Team insgesamt an Macht, weil wir erfolgreicher arbeiten können – und damit letztlich an Einfluss gewinnen. Fängt man an, Macht als Einfluss zu definieren, den man gemeinsam hat, dann wird schnell klar: Macht in gemanagter Hierarchie ist hohl und leer. Manager in Alpha- Organisationen sind auch tragische Figuren.

Lässt sich das Beta-Modell auch auf hochkomplexe Branchen übertragen?

Wir haben in allen möglichen Branchen Firmenbeispiele gefunden. Mit Toyota gibt es mindestens einen Beta-Automobilhersteller – das ist eine der komplexesten Fertigungsindustrien, die es gibt. Es gibt eine Bank, die nach dem Beta-Kodex tickt, verschiedene Handelsunternehmen, Dienstleister, mit Google ein Softwareunternehmen. Oder nehmen Sie W. L. Gore, ein hochinnovatives Technologieunternehmen. Je komplexer die Wertschöpfung eines Unternehmens ist, umso mehr spielen die Vorzüge einer Beta-Organisation eine Rolle. Komplexität kann man weder reduzieren noch managen noch wegdiskutieren. Man kann ihr nur mit menschlicher Meisterschaft und Intelligenz wirksam begegnen. Und das geht im Alpha-Modus, also mit Teilung zwischen Denkenden und Handelnden einfach nicht.

Privilegiert denn das Beta-Modell nicht die Gutausgebildeten, die sich in einem solchen beruflichen Umfeld durchsetzen können?

Nur wenn Sie unterstellen, dass gute Ausbildung quasi automatisch die Fähigkeit zum Mitdenken und zu verantwortungsbewusstem unternehmerischem Handeln erzeugt. Das stimmt so aber nicht. Jedes Vorschulkind hat heute mehr Lust auf Lernen und Verantwortung als ein gewöhnlicher deutscher Abiturient, dem unser Schulsystem diese Lust und Fähigkeit längst ausgetrieben hat. Das Studiensystem dümpelt im selben Geist dahin.

Wir haben eben auch ein massives Bildungsproblem: Denn auch im Bildungswesen steckt der Geist des Industriezeitalters. In Einstellungsverfahren wird weiterhin viel zu viel Wert auf fachliche Qualifikation und Erfahrung gelegt.

Einige Beta-Pioniere wie Southwest Airlines sind da lange weiter. Dort misst man Haltung und kulturellem „Fit" von Stellenbewerbern deutlich höhere Bedeutung bei als technischer Qualifikation. Dort hat man schon lange aufgehört, Leute einzustellen, die vorher bereits bei einer anderen Airline Flugbegleiter waren: Denn die kommen mit der falschen Haltung – gelten als quasi „verdorben" durch die wenig unternehmerischen Firmenkulturen der Wettbewerber. Der langfristige ökonomische Erfolg von Southwest in einer schwierigen Branche gibt dem Unternehmen Recht.

Wie muss man sich den Übergang von einem Alpha- zu einem Beta-Unternehmen vorstellen? Wer stößt einen solchen Prozess an?

Wer ihn anstößt beziehungsweise wer den Ball zuerst wirft, spielt keine Rolle. Aber das Top-Management muss den Ball fangen und sagen: „Wir müssen und wollen verstehen, warum wir unsere Probleme im alten Modus nicht mehr gelöst bekommen, warum unsere Veränderungsinitiativen immer weniger fruchten und warum unsere Mitarbeiter sich denkfaul oder demotiviert zeigen." Das Top-Management muss verstehen wollen, warum der bisherige Weg am Ende ist und wie ein alternatives Organisationsmodell funktioniert. Dann muss es die Veränderung wollen – und letztlich auch eine Art Glaubensbekenntnis ablegen.

Wie geht es dann weiter?

Es gibt grundsätzlich zwei Wege. Zum einen haben wir Beta-Organisationen gefunden, in denen einzelne Akteure diese Art der Transformation initiiert und angetrieben haben. Ich nenne solche Figuren „Lichtgestalten". Götz Werner von dm, Dr. Jan Wallander von Handelsbanken, Taiichi Ohno von Toyota oder Ricardo Semmler von Semco in Brasilien – das sind oder waren solche Lichtgestalten. Das sind regelrechte Genies, die mit viel Energie und auch Charisma tief greifende Veränderungen in ihren Firmen angestoßen haben. Die aber auch verstanden, wo es Nachdruck und Entschlossenheit brauchte. Solche Veränderungsgenies gibt es naturgemäß nur wenige. Also wird man in aller Regel etwas anderes brauchen als eine Lichtgestalt – nämlich so etwas wie eine „Koalition der Willigen". Eine Führungskoalition, bestehend aus einer Reihe unterschiedlicher Akteure, die gemeinsam die wesentlichen Veränderungsfertigkeiten wie Durchsetzungsvermögen, Leidenschaft, informellen Einfluss, formelle Macht und intellektuelles Kaliber mitbringen. Nicht in einer Person, sondern als Team. Der amerikanische Veränderungsexperte John Kotter hat sehr schön beschrieben, wie eine solche Vorgehensweise aussehen kann und muss.

Wie ist dm diese Transformation gelungen?

Wunderbar an dm ist, dass dort viele Leute arbeiten, die diese Transformation selbst von Anfang an, seit mehr als zwanzig Jahren, mitgemacht haben. Diese Leute erzählen, dass man sich seinerzeit erst einmal zusammengesetzt und ziemlich viel diskutiert hat. Da sind reihenweise Workshops gelaufen, in denen man überlegt hat, was passieren würde, wenn es eine Hierarchieebene weniger gäbe. Das war die eigentliche Ursprungsidee: weniger Hierarchie, weniger Macht in der Zentrale, damit die einzelnen Läden mehr Verantwortung haben. Darum nannte sich der Prozess auch „Filialen an die Macht!" Diesen Prozess des Nachdenkens hat man moderieren lassen, das ist nicht ganz ohne externe Begleitung passiert. Nachher kamen die ersten konkreten Schritte: Abschaffung einer Hierarchieebene, mehr Entscheidungen in die Filialen, Transparenz und Zahlen für alle, Ressourcenverantwortung in die Filialen. Nach ein bis zwei Jahren, heißt es, habe sich der Arbeitsalltag bereits völlig anders angefühlt. Da wurde es immer unternehmerischer. Das ging nicht ohne Schmerzen ab – der eine oder andere Mitarbeiter hat aus freien Stücken das Unternehmen verlassen. Und da haben wohl auch schmerzhafte Einsichten stattgefunden. Wie in jedem Lernprozess. Schließlich muss es ein Unternehmen mit Tausenden von Leuten in einer tief greifenden Transformation ertragen, dass eine Zeit lang ein spannungsvoller Schwebezustand herrscht.

Ich begleite so einen Prozess derzeit als Berater in einer Großbank. Dort stellen sich ähnliche Fragen wie damals bei dm. Etwa: Sind unsere einstigen Top-Performer, um die wir uns bisher so viele Gedanken gemacht haben, wirklich die Besten und Wichtigsten? Wie führt man eigentlich ein Team, wenn man es nicht mehr anweisen soll und wenn dieses plötzlich auch alle Anordnungen uncool findet? Welchen Handlungsspielraum nehme ich mir, wenn die Zentrale mir keine Zahlen mehr vorgibt, keine Verhaltensvorgaben mehr macht, es keine Budgets mehr gibt? Wie können wir lernen, wo wir es bisher doch gewohnt waren, nur das abzuarbeiten, was aus der Zentrale kam? Wie werden wir viele plötzlich sinnlose Prozesse, Regeln und Personalmanagement-Tools los? Wie erzeugt man Verbesserung und Wachstum in einem Team wirklich? Und: Was bleibt für zentrale Bereiche zu tun, wenn diese Macht aufgeben und stattdessen dienen sollen? Auf diese Fragen muss man Antworten finden und neue Praktiken einüben.

Wie präsentiert sich dm heute, zwanzig Jahre nach dem Wandel zum Beta-Unternehmen?

Vor einiger Zeit hatte ich Gelegenheit, an einer internen Veranstaltung mit rund 200 Führungskräften von dm teilzunehmen. Dort fand ich auffällig, wie hoch das Reflexionsniveau in diesem Unternehmen ist im Vergleich zu anderen Firmen, die ich so kennenlerne. Der Unterschied ist wirklich frappierend. Man könnte sagen, in Beta-Organisationen geht es disziplinierter zu, bedachter auf den gemeinsamen Erfolg, überhaupt nachdenklicher, aber auch aufgeklärter. Ich würde das heute mit „professionell und kultiviert" umschreiben. Die Leute dort haben ein sensationell klares Verständnis davon, was sie gemeinsam erfolgreich macht, wie Wertschöpfung und Leistung entstehen.

Warum haben wir nicht schon viel mehr Beta-Unternehmen?

Ganz einfach: Wir haben ein Denkproblem. Die Leute können nicht richtig denken, was Organisationen und Führung angeht. Das klingt ziemlich arrogant, so ist es aber keineswegs gemeint. Was ich sagen will: Die Leute können nicht effektiv über Organisation, Leistung und Erfolg nachdenken, weil ihre Denkwerkzeuge, ihre „mentalen Modelle", wie Max Weber das nannte, von obsoleten Alpha- oder Management-Dogmen geprägt sind und darum für Problemlösung nicht mehr taugen. Management-Denkwerkzeuge sind in einer dynamischen Marktwelt nutzlos und sogar schädlich. Daran hat keiner Schuld, denn das ist ja nach wie vor der Standard der Unternehmensführung von heute. So erzeugt man aber keine Leistung mehr.

Nehmen wir ein paar klassische Beispiele: Risikomanagement besteht zu 90 % aus Methoden, die Risiken erzeugen und befördern. Qualitätsmanagement ist fast immer ineffektiv. Kostenmanagement ist durchweg ineffektiv und schädlich – das ist wie Schattenboxen. Formelle Strukturen erzeugen Koordinations-Ineffizienzen. Vergütungssysteme erzeugen die Probleme, die sie zu lösen vorgeben. Das heißt nicht, dass Risiko, Qualität und Kosten, Struktur, Vergütung nicht wichtig wären. Aber der Umgang damit in den Alpha-Unternehmen ist in etwa so, als würden wir Krankheiten heute noch mit Aderlass und Klistieren behandeln.

Unter den Bedingungen des Industriezeitalters – in trägen Märkten und bei relativ geringer Komplexität der Wertschöpfung – konnte man mit Managementmethoden wie Standards, Regeln und Planung Effizienzgewinne erzielen. Auch wenn diese Methoden oft schon damals nicht als moralisch einwandfrei galten. Inzwischen sind sie in jeder Hinsicht zum Problem geworden – ökonomisch wie moralisch. Die meisten Manager aber haben Mühe, sich Alternativen vorzustellen. Zu Kostenmanagement beispielsweise. Oder Strukturen ohne funktionale Teilung und Organigramme. Oder Leistungsverbesserung ohne Zielvorgaben, Budgets, Plan-Ist-Vergleiche.

Sie kennen die Alternativen gar nicht?

Sie können sie sich nicht vorstellen und nachvollziehen. Man kann natürlich Manager von General Motors, Fiat oder VW zu Toyota schicken. Das ist alles passiert. Schon vor dreißig, vierzig Jahren. Da sind Manager scharenweise nach Japan geflogen, tun das „japanische Produktivitätswunder" kennenzulernen – also vor allem Toyota. Die meisten dieser Manager haben sich dort auch Toyota-Fabriken angeschaut. Was haben sie da gelernt? Nichts! Sie haben das Modell einfach nicht verstanden. Nicht einmal gesehen. Denn es ist fast unmöglich, mit Alpha-Logik und -Begriffen im Kopf Beta-Wertschöpfung zu beschreiben. Es gibt da diese Anekdote, wo ein frisch aus Japan zurückgekehrter GM-Mann steif und fest behauptete, die Japaner hätten ihnen nur „Fake"-Fabriken gezeigt – Fabrik-Imitationen also. Dort habe es nämlich nicht einmal Läger gegeben!

Man kann sagen: Bis heute haben die meisten Produktionsunternehmen sehr wenig gelernt von Toyota. Sie haben das Offensichtliche imitiert. Das Beta-Denken, das sie hätten erlernen können, haben sie aber nicht kopieren können. Wenn man zu dm ginge und versuchen wollte, das dortige Führungsmodell mit üblichem Managementvokabular zu beschreiben oder die Praktiken von dm klassischen Management-Tools zuzuordnen – man würde scheitern.

Aber ich erlebe auch immer wieder Manager, denen es rasch gelingt, sich in Beta-Welten hineinzudenken. Vor ein paar Jahren war ich zu Besuch bei einer italienischen

Bank mit 10.000 Mitarbeitern. Dem CEO und seinem Team habe ich den Beta-Kodex und das Handelsbanken-Modell erläutert. Der CEO war ein sehr sachlicher, rationaler, nachdenklicher Mann. Er hörte aufmerksam zu, aber ich war mir zunächst nicht sicher, was er von der ganzen Sache hielt. Nach eineinhalb Stunden sagte der: „Ich verstehe jetzt das Handelsbanken-Modell. Das ist genau die Philosophie, die wir brauchen, die wir aber nicht haben und die zu greifen uns so schwerfällt. Bei vielen technischen Fragen des Bankwesens kann ich mir noch nicht vorstellen, wie sie im Beta-Modus gelöst werden. Aber: Wenn Handelsbanken das erfolgreich umgesetzt hat, dann lassen sich auch die technischen Probleme lösen." Er fing sofort an, in dieser ihm neuen Logik zu denken. Ohne diese Bereitschaft, alle Probleme im Beta-Denken verstehen und lösen zu lernen, geht es nicht.

Was passiert, wenn ehemalige Alpha-Manager in ein Beta-Unternehmen kommen? Ist ein ehemaliger Schlecker-Mitarbeiter in einer dm-Filiale adaptierbar?

Ein Schlecker-Mitarbeiter war in der Regel in irgendeiner Form geprägt vom Alpha-Denken. Klassische Kontrollkultur, klassischer Taylorismus. Das ist ein Drill. Die Frage ist nicht so sehr, ob jemand aus einer solchen Organisation bei dm funktionieren könnte, sondern ob dm überhaupt an ihm interessiert wäre: dm hat in den letzten paar Jahren sicher rund 10.000 neue Arbeitsplätze geschaffen. Ich bin mir ziemlich sicher, dass sie kaum Leute von Schlecker genommen haben. Nicht wegen irgendwelcher Vorurteile, sondern weil man dort einen bestimmten Typ von Persönlichkeit und Haltung in potenziellen Mitarbeitern sucht, die man bei einem ausgeprägten Alpha-Wettbewerber naturgemäß nicht finden würde. Bei dm lautet eine der Maximen: Je mehr Persönlichkeiten bei uns arbeiten, umso besser für das Unternehmen.

Wie muss man sich solche Persönlichkeiten vorstellen?

dm will keine Leute, die irgendwelchen Klischees, Qualifikationsprofilen oder standardisierten Anforderungskatalogen entsprechen. Alpha-Unternehmen wollen das. Sie sind nicht interessiert an Mitarbeitern, die ihre Persönlichkeit zur Arbeit mitbringen. Sie wollen Leute, die einer Stellenbeschreibung entsprechen und ins Organigramm-Kästchen passen. Ein Beta-Unternehmen sucht das Gegenteil, es sucht Individuen mit Ecken und Kanten. Dann muss man allerdings auch in Kauf nehmen, dass die Mitarbeiter die Haarfarbe ihrer Wahl tragen, selbst wenn es blau ist. Man achtet auch nicht mehr auf den sogenannten richtigen, lückenlosen Lebenslauf, sondern sucht dort beispielsweise nach Indizien für die Bereitschaft, Verantwortung zu übernehmen. Das ist einer der attraktivsten Unterschiede zwischen Alpha- und Beta-Unternehmen: der aufgeklärte Umgang mit hochindividuellen Persönlichkeiten.

Wie vergüten Beta-Unternehmen?

Auch das funktioniert nach anderen Prinzipien als in Alpha-Unternehmen. Diese haben oft Dutzende von definierten Job-Profilen, denen Gehaltsbänder und Gehälter zugeordnet werden. In Beta-Unternehmen werden die Leute nicht nach Position bezahlt,

sondern danach, wer sie sind. Also nach Qualifikation, Marktwert, Betriebszugehörig-
keit, Seniorität. Ich muss also einem Senior Analyst bei einer Bank nicht das Gleiche
zahlen wie einem anderen Senior Analysten, nur weil die beiden den gleichen Titel tragen. Bezahlt wird die Person, nicht die Position. Das ist transparenter, fairer, einfacher.
Gleichzeitig braucht man keine Jobbeschreibungen, Gehaltsbänder und HR-Berater
mehr.

Beta-Organisationen kennen auch keine Boni, keine Anreizsysteme, keine individuelle variable Vergütung. Denn dort glaubt man nicht daran, dass es individuelle Leistung
überhaupt gibt, dass Anreizung per Karotte bei Menschen funktioniert. Stattdessen findet
man dort typischerweise teambasierte Systeme der Erfolgsbeteiligung – also der Beteiligung aller Mitarbeiter am Unternehmensergebnis. Wir finden dort häufig auch Systeme
der Beteiligung aller Mitarbeiter am Gesellschaftskapital – das macht Google als bör-
sennotiertes Unternehmen so, aber auch W. L. Gore, das in Familienbesitz ist. In Beta-
Unternehmen geht es, was die Vergütung angeht, um Teilhabe, nicht um Konditionierung
und Verhaltenskontrolle. Ich bin überzeugt, dass Bonussysteme in nicht allzu ferner
Zukunft als unsittlich gelten und gesetzlich verboten sein werden.

Wer entscheidet in Beta-Unternehmen über Gehälter?

Da kann man in der Praxis verschiedene Methoden beobachten. Ich kenne Beta-
Unternehmen, in denen die Mitarbeiter Gehälter selbst definieren. Klingt etwas
radikal, funktioniert aber. Da bestimmt dann das Team, das einen neuen Kollegen rek-
rutiert, gemeinsam dessen Gehalt; jährliche Gehaltsrunden werden gemeinsam im Team
gemacht. Es sind auf jeden Fall weder die HR-Abteilung noch das zentrale Management,
die darüber entscheiden. Bei dm und Handelsbanken können heute Filialleiter neue
Leute zu den Bedingungen einstellen, die sie für richtig halten. Diese unternehmerische
Freiheit ist allerdings gepaart mit der Verantwortung, dass der Laden rentabel ist oder
werden kann. Auch das ist also anders als in Alpha-Unternehmen, wo man Ziele verhan-
delt und nur Budgets einhalten muss, um fein raus zu sein. Weil die Zahlen aller Filialen
transparent sind und andere Mitarbeiter auch wissen, wie das Geschäft läuft, steht jedes
Team entsprechend unter Beobachtung und Gruppendruck. Das ist ein höchst wirksamer
„sozialer" Kontrollmechanismus.

*Was würden Sie einem Unternehmen raten, wenn es sich auf den Weg vom Alpha- zum
Beta-Unternehmen machen möchte?*

Als Begleiter und Berater in Veränderungsprozessen dieser Art habe ich gelernt, dass
es jemanden an der Spitze der Organisation braucht, der diese Transformation nicht nur
will, sondern der die eigene Identität, die eigene Karriere daran knüpft, dass sie gelingt.
Tief greifender Wandel ist anders als Instrumente einzuführen: Das kann man nicht Berater machen lassen oder an das mittlere Management delegieren. Da muss man selbst
verändern, sich selbst und die eigenen Rollen hinterfragen. Darin steckt auch eine Rie-
senchance!

Biografie Niels Pfläging

Niels Pfläging ist Diplom-Ökonom und Präsident der MetaManagement Group. Er unterstützt Organisationen in Europa und Lateinamerika bei der Neugestaltung ihrer Steuerungsmodelle. Als Controller war er mehrere Jahre lang in verschiedenen multinationalen Unternehmen tätig, zuletzt als Business Controller im ThyssenKrupp Konzern. Seit 2002 ist er offizieller Repräsentant des Beyond Budgeting Round Table (BBRT) in Lateinamerika. Er veröffentlichte zahlreiche Fachartikel über Controlling, Managementsysteme und Beyond Budgeting, und führt zu diesen Themen internationale Vorträge, Workshops und Seminarveranstaltungen durch.

Jürgen J. Wellnitz, Sakret-Gruppe

21

Digitalisierung im Baustoffhandel

Die SAKRET – Gruppe mit heute über 600 Mitarbeitenden und 17 Fabriken in Deutschland, stellt eine breite Produktpalette für Profi-Handwerker und Heimwerker her. Am bekanntesten ist wohl der Trockenmörtel, als dessen Erfinder die SAKRET gilt. Die Firma besteht in einem anspruchsvollen Markt: neue, internationale Konkurrenten tauchen auf, die den Preisdruck erhöhen. Das Hauptprodukt, eben der Trockenmörtel, ist weder sichtbar noch emotional aufgeladen. Vielmehr ist es staubig und braucht Platz, nicht gerade die beste Ausgangslage für die Aufladung einer Marke, die Kundenbindung schafft. Und schließlich ist die Unternehmung abhängig von den großen Distributoren, wo Kunden ihre Produkte einkaufen und der Platz um Wahrnehmung immer härter umkämpft ist. Trotz all dieser Rahmenbedingungen gelingt es SAKRET, sich im Markt zu behaupten, nicht zuletzt deswegen, weil die Unternehmung kulturell mutige Schritte wagt, um die Digitalisierung in ihrem Sinne zu nutzen. Jürgen Wellnitz, Mitglied der Geschäftsleitung, erzählt uns, wie dies gelingt.

Herr Wellnitz, Sie sind Mitglied der Geschäftsleitung der SAKRET GmbH. Wie gelingt es Ihnen, an diesem schwierigen Markt zu bestehen?

Jürgen Wellnitz: Das hat zugleich mit mehreren Faktoren zu tun. Da sind zum einen die Menschen und deren Leistungsbereitschaft in unserem Unternehmen, zum anderen unsere einfach zu verarbeitenden Produkte und hauptsächlich unsere Kunden, die auf die Marke SAKRET seit vielen Jahren vertrauen. SAKRET kam 1966 als Lizenzsystem aus den USA nach Europa und startete regional als Profi-Marke für den Handwerker in Deutschland. Heute sind Handwerker und Heimwerker begeisterte Anwender unserer Markenprodukte. In diesem Umfeld haben wir uns in den letzten Jahren stets damit beschäftigt, wie wir das Thema der „Digitalen Transformation" in unserer Gruppe integrieren, und

© Springer Fachmedien Wiesbaden GmbH 2017
M. Kres, *Mutmacher: Unternehmen stärken durch mutige Führung*,
DOI 10.1007/978-3-658-14288-9_21

gemeinsam mit unseren Händlern, wie z. B. Baustoffhändler und Baumärkte, umsetzen. Dabei versuchen wir stets, aus der Brille unserer Kunden zu sehen.

Um Ihre eigenen Worte zu benutzen: Sie stehen für ein staubiges, schweres Produkt ohne Hypepotenzial, nicht gerade Grundvoraussetzungen für eine Digitalisierungskampagne. Was hat Sie dazu bewegt, trotzdem auf Digitalisierung zu setzen?
Die Digitalisierung verändert Abläufe im beruflichen wie auch im privaten Alltag. Die Disruption betrifft alle Branchen, auch den Handel mit Konsumgütern. Denken Sie an Bücher, Elektroartikel oder die CD vor ein paar Jahren und heute. Da hat sich einiges dramatisch verändert. Es lag und liegt für uns nahe, dass wir uns damit auseinandersetzen. Wir setzen hier ja nicht ausschließlich auf die Digitalisierung als solches, sondern versuchen interne und externe Synergien zu entwickeln. Als SAKRET agieren wir handelstreu, und es war klar, dass wir die Herausforderung nur gemeinsam mit unseren Handelskunden bewältigen können. Und wenn Sie sich die Baustoffhändler und Baumärkte betrachten, finden auch dort große Veränderungen durch die Digitalisierung statt.

Deutschland ist ein klassisches Heimwerkerland und die Baumärkte bieten tolle Sortimente für Frauen und Männer zum Heimwerken an. Wir bezeichnen das als „DO-IT-YOURSELF". Diese Branche steht für 41 Mrd. EUR Umsatz. Und wenn Sie sich nun diese genauer ansehen, dann hat gerade das Unternehmen Amazon mittlerweile viele Artikel aus dem Heimwerkerbereich in der Vermarktung. Ich behaupte, dass nahezu jeder Konsument schon einmal mit Amazon in Kontakt war, sei es durch die Online-Suche vor einem Kauf oder durch einen Kauf über die Amazon-Plattform. Der Umsatz, den Amazon mittlerweile in der DO-IT-YOURSELF-Branche macht, liegt bei ca. 10 Mrd. EUR im Jahr. Schauen wir uns das Wachstum der Branche an, dann wächst der Non-Food-Umsatz um 1,8 %. In unserem Segment wächst der Umsatz im E-Commerce hingegen um 9,1 %, also um ein Mehrfaches. Es ist also absolut notwendig, dass wir handeln!

Wir haben bei SAKRET mehrere Prozesse aufgesetzt und diese integriert. Man wird mit diesem Thema ja irgendwie nie fertig uns so bleibt es auch bei uns ein ständiger Entwicklungsprozess. Zwei Beispiele möchte ich jedoch herausgreifen, die gerne als Best-Practice hergenommen werden und die auch in der Baumarktbranche mit Preisen ausgezeichnet wurden.

1. Vendor-Managed-Inventory (VMI)
In diesem Projekt managen wir die Artikelbestände unserer Baumarktkunden. Die Verantwortung für die bestückten Regale in den Verkaufspunkten obliegt uns. Im Rahmen der Implementierung haben wir zunächst mit Teststandorten begonnen und nach erfolgreicher Testphase alle Baumarktstandorte ausgerollt. Heute können wir als Ergebnis vorweisen, dass wir viele Prozesse bei SAKRET, aber auch bei unseren Kunden verbessern konnten. Zum Beispiel haben wir die Umschlagshäufigkeit des Sortimentes deutlich erhöht, was sich in Umsatz- und Ertragssteigerungen widerspiegelt. Zudem ist der gesamte Warenbeschaffungsprozess für unseren Kunden automatisiert.

2. SAKRET Projektplaner (www.heimwerker.sakret.de)

Der Projektplaner ist das erste volldynamische Onlineplanungstool, welches unseren Kunden die Projektplanung vereinfacht. Ein paar wenige Eckdaten zu den geplanten Arbeiten werden abfragt und dann von der Einkaufsliste mit fertig berechneten Mengen bis zur bebilderten Anleitung in Text, Bild und oft auch Video für den Kunden zur Verfügung gestellt. Der Kunde wird in den Einkaufsprozess weitergeleitet und kann dann entscheiden, ob er die Produkte online im Baumarkt bestellt und sich nach Hause liefern lässt oder ob er diese im Baumarkt abholt (Click & Collect).

Sie sprechen von Projekten und angepassten Prozessen. Dabei hat Digitalisierung ja auch einen wesentlichen Einfluss auf die Kultur einer Unternehmung. Wie hat sich die Kultur entwickelt im Hause durch die Digitalisierung?

Unsere bisherige Erfahrung ist, dass die Menschen im Unternehmen noch nicht bewusst wahrnehmen, was Digitalisierungsprozesse bedeuten und welche Auswirkungen diese auf jeden Einzelnen haben. Es gibt eine große Anzahl von Menschen, die vor allem ihren Aufgabenbereich abdecken und die ihnen bekannte Arbeit bewältigen. Hier haben wir mit der Digitalisierung noch kein wirkliches Umdenken erreicht. Dann gibt es aber auch eine steigende Anzahl „Mit-Denker" und die muss man versuchen einzufangen, damit sie die Reise mitgehen und ihre Kolleginnen und Kollegen anstecken. Wir sind hier ständig am „Quer-Denken" und diskutieren uns die Köpfe heiß, um möglichst das Richtige zu tun. Am Ende des Tages kommen wir auf einen gemeinsamen Nenner, der das Unternehmen weiter nach vorne bringt. Das hört sich etwas philosophisch an, soll jedoch unseren Pragmatismus widerspiegeln, der bei uns herrscht.

Wie konkret äußert sich dies? Was hat sich konkret in der Haltung bei SAKRET verändert, seitdem sie die Digitalisierung ernst nehmen?

Ich darf sagen, dass unser Top-Management auf Linie ist und sich den Themen stellt. Dort, wo wir es beeinflussen können, agieren wir. Und dort wo wir wenig Einfluss nehmen können, reagieren wir. Die wichtigste Rolle nimmt jedoch unser Kunde ein. Der entscheidet ja letztendlich darüber, was und wo er kauft. Und er treibt uns dazu zu Spitzenleistungen, sowohl im Produkt als auch im Service. Wir nennen das „kundenzentriertes Denken" und hieraus ergeben sich alle Handlungen.

Sie haben hier Neuland betreten für die Firma und haben sicherlich nicht nur Zustimmung für Ihre Ideen erhalten. Was waren die größten Hürden, die Sie überwinden mussten?

Die Händler, die wir beliefern, müssen nicht überzeugt werden, die leben bereits Digitalisierung. Am meisten mussten wir intern Überzeugungsarbeit leisten, sowohl bei unseren Mitarbeitern als auch bei den Gesellschaftern. Der Handlungsdruck, der durch die Digitalisierung entsteht, sorgt aber für die Bereitschaft, Projekte auch gemeinsam auszuprobieren.

Wie leisten Sie diese Überzeugungsarbeit?

Wir haben stets versucht, den Mehrwert für uns als Unternehmen, jedoch hauptsächlich für unsere Kunden, zu vermitteln. Innerhalb der Testphase konnten wir schon Ergebnisse vorweisen, die alle überraschten. Nach Einführung unseres Projektplaners und der Integration auf unserer Homepage sind die Seitenaufrufe exorbitant angestiegen und steigen weiter. Wir haben damit den Nagel auf den Kopf getroffen. Die Kunden nutzen dieses Tool, da gab uns natürlich Aufwind.

Nun kann man argumentieren: Das ist ja schön, wenn man steigende Klicks hat. Wie aber stellen Sie sicher, dass sich das Projekt auch in steigende Verkaufszahlen mündet?

Wir sorgen dafür, dass unsere Produkte für den Kunden während der Online-Suche sichtbarer sind. Wir haben uns in diesem Kontext mit den wichtigsten Baumarktbetreibern vernetzt, sodass wir auch in deren Shops gefunden werden. Zudem haben wir unsere SEO- und SEA-Aktivitäten deutlich erhöht.[1] Darüber hinaus hören wir auf unsere Kunden, die uns ständig mit Feedback versorgen. Sodann helfen wir unseren Handelskunden, eine umfassende Beratung sicherzustellen. Wir können heute feststellen, dass über 10 % der über dieses Tool geplanten Projekte in einem Einkaufsprozess münden.

Der Kunde hat Ihnen also geholfen, sich intensiver mit dem Thema zu befassen. Wagen wir einen Ausblick. Wohin, denken Sie, geht die Reise mit Ihrem Digitalisierungsprojekt?

Wir sind aufgrund unserer Handelstreue zu Baumärkten und Baustoffhandelskooperationen durchaus abhängig von den Entwicklungen, die auch dort stattfinden. Die meisten Kunden informieren sich mittlerweile online über Produkte und Preise. Es ist nahezu alles in irgendeiner Form und in kurzer Zeit bequem zu Hause verfügbar. Die Gatekeeper, wie z. B. Amazon, beherrschen viele Disziplinen, um es dem Endverbraucher bequem zu machen. Konkret müssen wir weiter daran arbeiten, digitales Retail – Marketing mit unseren Handelskunden zu entwickeln. Dazu gehören, neben Produkt und Preis, individuelle Apps, multimediale Erlebnisse in den Stores und eine gute Präsenz auf allen Kanälen. Und wir müssen den Kontakt zu den Endkunden weiter ausbauen. In Summe kann man sagen, dass wir im Rahmen der sog. „Customer Journey" die Touchpoints richtig besetzen müssen.

Welche Herausforderungen werden dabei auf Sie zukommen?

Unser Kunde denkt fast nur noch „online". Wenn Sie heute ein Produkt von SAKRET online suchen, dann finden Sie garantiert mehrere, und dies auf unterschiedlichen Plattformen

---

[1]SEO = steht für die engl. Bezeichnung „Search Engine Optimization", zu Deutsch Suchmaschinen-Optimierung. Es geht darum, Websites so zu optimieren, dass diese ein besseres Ranking bei der Online-Suche erzielen. SEA = ist die Abkürzung für die engl. Bezeichnung „Search Engine Advertising", zu Deutsch Suchmaschinenwerbung. Man versteht darunter das Schalten von bezahlten Suchanzeigen, die i. d. R. das Ranking verbessern und über den unbezahlten Suchanfragen erscheinen.

von Online-Pure-Playern als auch bei Baumärkten und Baustoffhändlern. Eine große Herausforderung wird sein, dass es uns gemeinsam mit dem Handel gelingt, Kunden weiter an die Marke zu binden und weiterhin einen hohen Zufriedenheitsgrad zu generieren. Das geht nur über Mehrwerte und Convenience. Wenn das Leistungsversprechen beim Kunden nicht passt, wird er nicht kaufen. Das geht uns doch selbst genauso. Aber wir sind ja nun schon ein paar Jahre mit der Digitalisierung beschäftigt und ich kann Ihnen sagen, es ist unglaublich spannend.

Ich stelle bei Ihnen eine hohe Zuversicht und eine positive Grundenergie für das Projekt fest. Wie stellen Sie sicher, dass dies weiterhin so bleibt?

Wie schon gesagt, es gibt keine Umkehr. Weder für uns noch für unsere Kunden, dafür ist der Markt- und Wettbewerbsdruck zu hoch. Strategisch gesehen müssen wir die Prozesse permanent verbessern und uns zu exzellenten Leistungen antreiben, und vor allem unsere Mitarbeiter motivieren, den Weg weiter zu gehen.

Was treibt Sie selbst an, immer weiter zu gehen?

Es ist neben meiner Neugierde für neue Dinge auch unglaublich spannend, die Digitalisierungsprozesse im Unternehmen voranzutreiben. Im Jahr 2007 wurde das erste Smartphone einer breiten Masse zugänglich gemacht. Denken wir einfach mal darüber nach, was sich alles in diesem doch überschaubaren Zeitraum verändert hat! Dramatisch, jedoch unglaublich packend. Wir stehen ja in allen Branchen erst am Anfang und es gibt noch so viel zu tun.

Was würden Sie anderen „Mutmachern" raten wollen, die einen ähnlichen Prozess in Ihrem Unternehmen vorantreiben wollen?

Die Digitale Transformation ist allgegenwärtig und wird viele Bereiche im Leben und im Beruf weiter dramatisch verändern. Es gibt keine Umkehr und insofern möchte ich raten, sich diesen Tatsachen zu stellen und den Mut aufzubringen, alles daran zu setzen, den Change-Prozess im Unternehmen zu befeuern und Mitarbeiterinnen, Mitarbeiter und Kunden auf diese Reise mitzunehmen. Diskutieren Sie „tabulos" und denken Sie intensiv darüber nach: Wer und was könnte mein eigenes Geschäftsmodell mit welchen Mitteln zerstören? Mit diesem Ansatz kommt man zu interessanten Erkenntnissen, die die Zukunft des Unternehmens bestimmen werden.

Biografie Jürgen J. Wellnitz
Jürgen J. Wellnitz arbeitet seit 2001 bei SAKRET, aktuell als Mitglied der Geschäftsleitung. Seit 2009 amtet er zudem als Geschäftsführer der repakret GmbH, eines Tochterunternehmens der SAKRET. Jürgen J. Wellnitz ist Vorstand Programm des Marketingclubs Saar e. V. in Saarbrücken, eines des aktivsten und innovativsten Marketingclubs in der Republik.

Durch Flexibilität profitabler arbeiten

Christoph Müller, ehemaliger Leiter HR der AXA Winterthur und Yvonne Seitz, Head Diversity & Family Care, haben eine Initiative ins Leben gerufen, die für Aufsehen sorgt: Ein umfassendes Flexibilitätsprogramm, das die Arbeitsweise bei der AXA Winterthur neu definiert und somit für mehr Diversität und nachhaltige Profitabilität sorgt: www. axa.ch/flexwork.

Die AXA Winterthur ging im Mai 2014 mit einer Kampagne an die Öffentlichkeit, um sich als flexibler Arbeitgeber zu positionieren. Worum geht es Ihnen?

Christoph Müller (CM): Bei diesem Ansatz geht es um ein flexibles Arbeitszeit-Modell, das den Mitarbeitenden viel Freiheit lässt und dadurch auch zu einem anderen Umgang mit den Mitarbeitenden führt. Da wir hierzu neben TV-Spots auch eine Online-Diskussionsplattform programmieren, auf der sich interessierte, externe Personen mit Mitarbeitenden, die bei uns flexibel arbeiten, austauschen können, wird sich die AXA Winterthur in einer authentischen Art als flexibler Arbeitgeber positionieren können.

Yvonne Seitz (YS): Die flexible Arbeitszeit ist sicherlich ein Kernthema, daneben geht es uns bei der Arbeit bezüglich Diversity um demografische Veränderungen, die Kraft gemischter Teams, aber auch den Einbezug der heutigen Technik. All das erlaubt uns, künftig besser auf die sich verändernden Bedürfnisse unserer Mitarbeitenden einzugehen. Wir sind überzeugt, dass Flexibilität auch wirtschaftlich sinnvoll und die Profitabilität steigt – dies kommt am Schluss auch unseren Kunden zugute.

Wie kam es zur dieser Kampagne?

YS: Wir haben den demografischen Wandel sowie gesellschaftliche Trends beobachtet. Die Menschen werden älter, das Bedürfnis, Beruf- und Privatleben optimal zu vereinen, wird immer größer. Unterschiedliche Bedürfnisse an die eigene Lebensplanung

© Springer Fachmedien Wiesbaden GmbH 2017
M. Kres, *Mutmacher: Unternehmen stärken durch mutige Führung*,
DOI 10.1007/978-3-658-14288-9_22

werden daher immer wichtiger. Dem müssen wir entsprechen, etwa auch, indem wir mit den technischen Möglichkeiten anders umgehen. Einen Teil der Arbeit von zu Hause aus zu erledigen, ist bei uns in vielen Bereichen absolut akzeptiert.

CM: Wir haben viele gute Beispiele in unserer Firma, etwa einen Projektleiter, der einen eigenen Day-Spa eröffnen und daher auf ein Teilzeitpensum reduzieren wollte. Bei seinem alten Arbeitgeber, einer Bank, war das nicht möglich. Also ist er zu uns gekommen und macht hier einen exzellenten Job. Während er seinen Traum erfüllen konnte, können wir von seinen Kompetenzen profitieren, die er sich dank unseren flexiblen Arbeitsmodellen abseits der AXA Winterthur aneignen kann – eine Win-win-Situation.

Wie kam der Mann zu Ihnen?

CM: Wir schreiben alle Vollzeitstellen als 80–100 % Jobs aus. Bei uns ist Teilzeit auf allen Positionen möglich. Als Versicherung, die nach außen etwas grau wahrgenommen wird, kriegen wir so mehr Farbe und erhalten exzellente Talente, die wir sonst nicht hätten.

Welche Auswirkungen hat Flexibilität Ihrer Meinung nach auf die AXA Winterthur generell – und auf die Führung im speziellen?

CM: Ich stelle fest, dass wir heute anders miteinander umgehen als früher. Führungskräfte müssen sich heute mehr mit den Personen auseinandersetzen als früher. Das klassische Control and Command ist bei uns einem Trust and Achievement gewichen. Es gibt bei uns seit 2009 das Programm der Blauen Kultur, bei dem es darum geht, Vertrauen und Zusammenarbeit zu erfahren und entsprechendes Verhalten zu propagieren bzw. zu erlernen. Bei den Führungskräften wird dies auch regelmäßig in Schulungen und anderen Veranstaltungen thematisiert. Heute ist diese – von Vertrauen gegenüber den Mitarbeitenden geprägte – blaue Kultur allen Mitarbeitenden ein Begriff.

Sie sprechen viel von Vertrauen. Einige Führungskräfte werden Ihnen widersprechen wollen, dass Vertrauen zwar gut, Kontrolle aber besser sei. Haben Sie keine negativen Erfahrungen gemacht?

CM: Wenige. In meinen sechs Jahren bei der AXA kann ich mich nur an zwei Fälle erinnern, in denen das Vertrauen missbraucht winde. In einem Fall mussten wir uns von der Führungskraft trennen, bei einem anderen sind wir in einem guten Entwicklungsprozess.

YS: Unsere jährlichen Mitarbeiter-Umfragen zeigen, dass die Mitarbeiterzufriedenheit sehr hoch ist. Dank eines solchen Unternehmensklimas wird Vertrauensmissbrauch zudem unwahrscheinlicher.

Worauf kommt es an, damit Flexibilität zu einem Grundprinzip der Zusammenarbeit wird?

CM: Zentral ist, dass die Leistung stimmt. Es ist doch entscheidender, dass die Mitarbeitenden ihre Arbeit gut und professionell erledigen, als die genaue Zeit, die sie im Büro verbringen zu kontrollieren. Natürlich sind wir als Arbeitgeber gegenüber unseren

Mitarbeitenden auch verpflichtet, dafür zu sorgen, dass die gesetzlichen Bestimmungen eingehalten werden und sie auch ihre Erholungspausen einhalten. Zudem bin ich auch persönlich überzeugt, dass eine gesunde Work-Life-Balance die Grundlage für eine langfristig qualitativ gute Arbeit bildet.

YS: Auch auf die Rahmenbedingungen kommt es an. Wir versuchen, daher die richtigen Anreize zu schaffen. Seit 2008 arbeiten bei uns 50 % mehr Männer in Teilzeit, wir haben 80 % mehr Frauen in Senior- und rund 30 % mehr Frauen in Middle Management Positionen. Dies u. a. auch darum, weil wir mit diversen Maßnahmen daran sind, Stolpersteine aus dem Weg zu räumen, die verhindern, dass Männer und Frauen bei uns Karriere machen können. So ermöglichen wir, dass auch Personen, welche Beruf und Familie vereinbaren möchten, sich bei uns beruflich weiterentwickeln können.

Wenn man Ihnen zuhört, scheint es eigentlich logisch zu sein, dass Firmen viel mehr Wert auf Flexibilität setzen sollten, um ihr Potenzial profitabler nutzen zu können. Warum tun sich dann viele Unternehmen schwer, hier etwas zu bewegen?

YS: Wir haben festgestellt, dass die Leute gerade auch im Beschreiten von neuen, ungewohnten Wegen Unterstützung brauchen. Dies kann auf unterschiedliche Weisen geschehen. Zudem braucht es die Möglichkeit, sich mit dem Vorgesetzten darüber unterhalten zu können und gemeinsam Lösungsansätze zu definieren. Wichtig ist aber auch, dass das Thema vom Management mitgetragen wird und man muss Mitarbeitenden die Möglichkeit geben, sich mit anderen Personen in der Firma auszutauschen, die allenfalls ähnliche Bedürfnisse haben.

CM: Was nützlich ist, sind gute Beispiele. Davon haben wir viele, wie den genannten Projektmanager, ein GL-Mitglied, das Teilzeit arbeitet oder ein erfahrener Manager, der soeben eine CD aufgenommen hat, weil er nebenbei noch Musik machen möchte. Seit Jahren bieten wir mit großem Erfolg Vaterseminare an. Dort können Väter ihre Bedürfnisse miteinander abgleichen und Mut schöpfen, auch neue Wege auszuprobieren. Zudem führen wir über Mittag sogenannte Lunch & Learn-Veranstaltungen durch, die den Dialog fördern und wo individuelle Fragen gestellt werden können.

Wenn Sie Ihre Erfahrungen zusammenfassen: Worauf sollen interessierten HRlerInnen/ Führungskräfte achten, wenn Sie ein ähnliches Modell bei sich einführen wollten?

CM: Die Human Resources-Abteilung sollte im obersten möglichen Entscheidungsgremium vertreten sein. Und – seien wir ehrlich – das ist nicht jedermanns/jederfraus Sache. Viele HR-Spezialisten sind ausgezeichnete Prozessfachleute. Das reicht aber nicht. Wir brauchen Leute, die weitergehen können, Visionen kreieren und auch wissen, wie man diese neuen Ziele erreicht. Zudem sind es im Idealfall Leute, die aus dem Business ins HR gewechselt haben. Alleine die HR-Sicht zu vertreten, reicht nicht aus. Sodann braucht es die absolute Überzeugung von der Idee. Ich glaube an das, was ich tue und das spüren die Mitarbeitenden.

YS: Eine ehrliche Kommunikation ist enorm wichtig. Zudem müssen wir Momente kreieren, die bleiben. Wenn man etwas Einzigartiges machen möchte, dann muss man

das auch auf eine besondere Weise kommunizieren. So haben wir uns beispielsweise entschieden, das Thema Diversity anfangs nicht als weiterer Agendapunkt in der vollen to-
do-Liste der Geschäftsleitung einzubringen, sondern eine Vernissage zu veranstalten. Ein
andermal haben wir vor dem Fenster des CEO einen Diversity-Baum gepflanzt, einen
Baum mit männlichen und weiblichen Blütenständen. Dadurch haben wir die Analogie
hergestellt, dass es Zeit braucht, Diversity wachsen zu lassen – und dass es neben einem
guten Boden auch den eigenen Willen braucht, um weiterzukommen. Solche symboli-
schen Handlungen sind hilfreich – denn sie erinnern an ein Erlebnis – und das Thema
bleibt in einer anderen Form sichtbar.

Biografie Christoph Müller
Christoph Müller hat seine Karriere als Underwriter und Account Manager bei der
Swiss Re gestartet, bevor er ins HR wechselte. Nach einem Ausflug in die Banken-
welt gelangte er 2008 als Head of Human Resources zur AXA Winterthur. Herr
Müller hat eine Passion für die bei der Firma gelebte „Blaue Kultur" und Eisho-
ckey.

Biografie Yvonne Seitz
Yvonne Seitz hat ursprünglich das Primarlehrerinnen-Patent erworben, ist jedoch
rasch in den Journalismus umgestiegen und war als Redaktorin, Moderatorin und
Produzentin für das Schweizer Fernsehen tätig. Seit 2006 bekleidet sie nunmehr
die Position des Head Diversity und Family Care bei der AXA Winterthur.

Schlussbemerkungen

Mutig zu sein ist einfach. Jeder kann mutig im Unternehmen etwas bewegen. Hier, jetzt und überall. Manchmal jedoch sind die einfachsten Dinge die schwierigsten. Etwa dann, wenn wir uns mit selbst geschaffenen Mutschluckern im Weg stehen. Der ärgste Mutschlucker ist unser eigener Machtanspruch. Unser Machbarkeitswahn, alles selbst entscheiden zu wollen, uns kontinuierlich am Markt behaupten zu müssen und unsere Unternehmen in aberwitzigem Tempo mit neuen Veränderungs- und Lösungsvorschlägen zu bombardieren; der Anspruch, uns gegenüber unseren Kollegen andauernd positionieren zu wollen, trägt dazu bei, dass nichts mehr ohne uns läuft – dafür aber alles gegen uns. Macht erzeugt irgendwann Gegenmacht. Und führt schließlich zu Stillstand und Erschöpfung. So erreichen wir gerade das nicht, was wir durch unseren Machtanspruch erreichen wollen. Es ist also Zeit, umzudenken. Wenn wir erkennen, dass wir trotz großem Aufwand kaum die gewünschten Resultate erzielen, müssen wir hinterfragen, was wir falsch machen. Spätestens wenn die organisationale Energie korrosiv geworden ist und wir unsere Echtheit aufgegeben haben, ist es Zeit, darüber nachzudenken, wo unser Mut geblieben ist.

Mut ist paradox: Wir können mehr erreichen, wenn wir weniger tun. Durch eine Kultur des Weglassens können wir stärker werden und auch in VUKA-Zeiten ohne Druck wachsen. Die „positive Kraft des negativen Denkens" (vgl. Sprenger 2015, S. 352) gibt durch Bremsen Gas, indem wir uns Zeit für die Reflexion nehmen. In der eng getakteten Zeit fällt es jedoch vielen Führungskräften schwer, den Nutzen von Reflexion zu sehen. Die operative Hektik und das fast manische Agieren am und im Markt verhindern Prozesse des Nachdenkens, Besinnens und der Einsicht. Viel zu selten gönnen wir uns – auch ohne äußeren Zwang – inspirierende Auszeiten. Dabei lohnt es sich, die Dinge zu reflektieren. Mut macht ökonomisch Sinn. Auf keine alternative Art kann so viel kreatives Potenzial in Unternehmen freigemacht werden wie durch mutige Führung.

Mutige Führungskräfte verstehen: Nur wer sich selbst führen kann, kann andere führen. Sie erkennen die eigenen Bedürfnisse, Grenzen und Ängste. Auf der Basis dieser neuen Authentizität werden sie sich bewusst, was sie brauchen, um Wirkung zu erzielen. Meistens geht es dabei nicht um noch mehr Macht, Verantwortung und Einfluss, sondern darum, gewisse Dinge nicht mehr zu tun und uns von unseren eigenen Annahmen und

© Springer Fachmedien Wiesbaden GmbH 2017   197
M. Kres, *Mutmacher: Unternehmen stärken durch mutige Führung,*
DOI 10.1007/978-3-658-14288-9

Glaubenssätzen zu lösen. Wenn wir unsere Mutschlucker loslassen, entwickeln sich Vertrauen, eine neue Risikokultur und mehr Verantwortung im Unternehmen.

Dazu müssen wir die Welt nicht neu erfinden. Sie ist schon da. Wir müssen nur genauer hinsehen. Wir brauchen weder Change-Programme noch neue Managementprinzipien. Wir müssen nur das, was ist, annehmen. Oder, um mit Klaus Schwab zu sprechen, von Veränderungen lernen. Dazu müssen wir achtsamer werden und den scheinbar weniger bedeutenden Dingen im Führungsalltag mehr Aufmerksamkeit schenken. Wir müssen die kleinen Schritte erlernen, bevor wir große Sprünge machen können. Erich Fromm sagte, man brauche einen eigenen Kern, um widerstehen zu können (vgl. Gauck 2013, S. 145). Wirkliche Transformation stammt von innen. Sie entwickelt sich vom Kleinen ins Große, oft schweigend Bottom-up in Unternehmen. Wenn wir uns zurücknehmen und anderen mehr Raum geben, können wir das Potenzial in unseren Firmen besser sehen und hören. Wir können zunehmend als Vernetzer von Ideen und Chancen auf dem Markt agieren und dabei Multiplikatoren sein für wirkliche Transformation. Dazu müssen wir lernen, mit Widersprüchen umzugehen. Dieses Verhalten ist für uns als Problemlöser ungewohnt und muss erst im geschützten Rahmen, im eigenen Team ausprobiert werden. Die neuen Regeln mutiger Führung brauchen Zeit, um sich zu entfalten. Falls sie es dann aber tun, setzen sie ungeheure Energien frei. In unseren Unternehmen steckt viel mehr, als wir glauben – nutzen wir das frei werdende Potenzial!

Letztlich geht es in der Mutdiskussion nicht um Führung, sondern um Kultur; nicht um hehre Führungsprinzipien, sondern um einfache, verbindliche Regeln des Miteinanders. Was wir brauchen, ist ein konstruktiver Dialog rund um das Thema Gemeinsamkeit, Verantwortlichkeit und Verlässlichkeit, um wieder miteinander in Beziehung zu treten und unsere Ressourcen besser zu nutzen. Dann können wir die Vielfalt des Lebens umfassen und an jeder Veränderung wachsen. Und dann können wir Unternehmen stärken durch mutige Führung.

Literatur

Gauck J (2013) Nicht den Ängsten folgen, den Mut wählen. Denkstationen eines Bürgers. Siedler, München

Sprenger R (2015) Das anständige Unternehmen. Was gute Führung ausmacht und was sie weglässt. Deutsche Verlags Anstalt, München

Sachwortverzeichnis

© Springer Fachmedien Wiesbaden GmbH 2017
M. Kres, *Mutmacher: Unternehmen stärken durch mutige Führung,*
DOI 10.1007/978-3-658-14288-9

The manufacturer's authorised representative in the EU is Springer
Nature Customer Service Centre GmbH, Europaplatz 3, 69115 Heidelberg,
Germany. If you have any concerns regarding our products, please
contact ProductSafety@springernature.com

Printed and bound by CPI Group (UK) Ltd, Croydon, CR0 4YY
27/04/2026
02097643-0007